MODERNO,

MODERNIDADE

E MODERNIZAÇÃO:

a educação nos projetos de Brasil - séculos XIX e XX

Marcus Vinicius C. Carvalho
Rita Cristina Lima Lages
Vera Gaspar
(Organizadores)

MODERNO,

MODERNIDADE

E MODERNIZAÇÃO:

a educação nos projetos de Brasil - séculos XIX e XX

(volume 4)

MAZA
edições

MODERNO, MODERNIDADE E MODERNIZAÇÃO: a educação nos projetos de Brasil – séculos XIX e XX (Vol. 4)

Capa
Túlio Oliveira

Revisão
Nathan Matos I LiteraturaBr Editorial

Projeto Gráfico e diagramação
Casadecaba Design e Ilustração

O financiamento da publicação deste livro contou com recursos do Programa de Estímulo à Mobilidade e ao Aumento da Cooperação Acadêmica da Pós-Graduação em Sergipe (PROMOB). Edital CAPES/FAPITEC/SE No. 08/2013.

M689 Moderno, modernidade e modernização: a educação nos projetos de Brasil – séculos XIX e XX / Marcus Vinicius C. Carvalho, Rita Cristina Lima Lages, Vera Gaspar, (organizadores). – Belo Horizonte: Mazza Edições, 2016.

276 p. ; 16x23 cm; V. 4. – (Série Estudos Históricos que integra a Coleção Pensar a Educação Pensar o Brasil).

ISBN: 978-85-7160-677-7

1. Educação – Brasil. 2 .Universidades Publicas 3. Educação Modalidades. 4. Formação – Profissão. I. Carvalho, Marcus. II. Lages, Rita. III. Gaspar, Vera. IV. Série.

CDD: 370.981
CDU: 37(81)

Produção Gráfico-editorial
MAZZA EDIÇÕES LTDA.
Rua Bragança, 101 – Pompeia
30280-410 BELO HORIZONTE – MG
Telefax: + 55 (31) 3481-0591
email: edmazza@uai.com.br
site: www.mazzaedicoes.com.br

Sumário

Apresentação

Este livro integra a Série Estudos Históricos da Coleção Pensar a Educação Pensar o Brasil, vinculada ao projeto de igual nome que articula ações de ensino, pesquisa e extensão em universidades públicas brasileiras, na busca de alternativas para se pensar o Brasil, a partir de uma reflexão sistemática sobre um dos grandes desafios do nosso tempo: a educação pública.[1] Se a tarefa de pensar a educação num Brasil que, ainda que em passos lentos, caminhava para a consolidação de uma sociedade mais democrática, na qual a ampliação do acesso à escolarização foi um dos vetores, quando o Estado democrático é ameaçado, a tarefa que se coloca é ainda maior. O combate ao famigerado projeto "escola sem partido", à redução de verbas destinadas a programas de apoio ao ensino (Bolsa Família, Bolsa Permanência, Ciências sem Fronteiras entre tantos outros), às ameaças a conquistas como o piso salarial do magistério são alguns dos itens de um longo cardápio que exigem posicionamentos claros e intervenções precisas. A multiplicidade de ações do "Pensar a Educação, Pensar o Brasil" é uma das ferramentas de que dispomos para dar forma a esta luta. Reunir diferentes formas de abordar os problemas da educação é, então, qualificar o debate e subsidiar as reflexões. Assim, os textos aqui reunidos apresentam resultados de pesquisas oriundas de um esforço conjunto de investigação no âmbito do Projeto "Moderno, modernidade, modernização: a educação nos Projetos de Brasil — séc. XIX e XX", financiado pelo CNPq e pela

[1] Extraído do site do Projeto Pensar a Educação, Pensar o Brasil - 1822/2022, acessível no endereço http://www.pensaraeducacao.com.br/index.php?option=com_content&view=article&id=2&Itemid=1.

FAPEMIG ao longo dos seis últimos anos.[2] Este projeto de pesquisa se propôs o desafio de "fazer avançar a elaboração de uma teoria sobre o lugar da intelectualidade brasileira na construção da esfera pública e produzir entendimentos sobre as noções de moderno, modernidade e modernização".

A abertura dos trabalhos da obra ora apresentada se dá com a pesquisa realizada pela autora Rita Cristina Lima Lages que culmina na escrita do artigo "A marcha da civilização: civilidade e modernidade nos discursos sobre instrução pública em Minas Gerais no século XIX". A autora afirma que ao analisar "o uso contínuo do termo 'civilização' nos relatórios da presidência da Província de Minas Gerais produzidos no decorrer do século XIX, nota-se uma relação teleológica sobre esse termo" e considera que a 'civilização' se apresenta como uma finalidade, ou seja, uma meta em direção à qual a nação brasileira deveria se dirigir continuamente. Ao tomar como fonte principal os relatórios da Presidência da Província de Minas Gerais, Rita Lages destaca a presença do tema da modernidade vislumbrado no desejo de progresso, que se promoveria pelas vias da instrução, do ensino profissional, do comércio, da agricultura moderna, das ferrovias, etc. Tratar-se-ia da relação inequívoca de causa e efeito entre instrução e civilização, visto que pela instrução se promoveria a 'civilização', a grandeza e a opulência dos Estados, Por essa razão, a autora pondera que "não podemos desvincular a promoção da civilização — desdobrada nos princípios da civilidade, progresso e modernidade — à afirmação do Estado Nacional".

Vera Lúcia Nogueira, no texto "Civilização, modernidade e filantropia na educação de adultos no Império Brasileiro (1870-1880)", trata das iniciativas voltadas para a instrução dos adultos nas várias províncias brasileiras no rol das projetos de educação para o Brasil do século XIX. A autora indica que, nas décadas finais do Império, ter-se-ia mobilizado "um conjunto de experiências educativas, criadas e mantidas por distintas forças sociais e políticas, vinculadas não somente ao Estado como também à igreja e à sociedade civil, tais como sociedades protetoras da instrução, maçonarias, clubes literários, musicais, abolicionistas etc". A autora analisa tais iniciativas como parte de "um repertório discursivo moderno inserido no projeto de construção da nação empreendido pela intelectualidade brasileira ao longo do Oitocentos".

[2] O Projeto foi formalizado em 2010 e como resultado das investigações desenvolvidas já foram publicados outros 3 volumes dentro dessa mesma Coleção e dezenas de outras produções acadêmicas como Teses, Dissertações, artigos e capítulos de livros.

Em seu artigo "Elaborações oitocentistas a respeito do que viria a ser modernidade brasileira", Matheus da Cruz e Zica discute as teorias dos intelectuais Jessé de Souza e Florestan Fernandes, considerando que a "'baixa autoestima' detectada por Florestan constitui conceito reelaborado por Jessé através do termo '*habitus* precário', sendo uma importante chave para se compreender trajetórias e modos-de-vida de boa parcela da população brasileira". O autor também se propõe a compartilhar "o percurso metodológico que considera imprescindível um retorno ao século XIX brasileiro se se considera compreender de modo mais aprofundado as singularidades de nossa modernidade".

Marcus Vinicius Corrêa Carvalho, em seu texto "Tradição, modernidade e interesse público nos primeiros escritos de Sergio Buarque de Holanda", se propõe a "ponderar criticamente sobre a trajetória intelectual e política de Sérgio Buarque de Holanda nos anos 1920". Segundo Carvalho, o seu interesse é argumentar como uma "atividade intelectual, marcada por um regime escritural poligráfico, articula-se à interpretação social e cultural do Brasil sendo indissociável de suas intervenções políticas". Afirma o autor que as tensões existentes entre "modernidade e tradição na crítica literária, cultural e política em seus primeiros artigos produzidos entre 1920 e 1921", publicados no *Correio Paulistano* e no *Rio-Jornal*, "serão chave para o argumento". O autor se preocupa em considerar "como e em que medida questões relativas à arte, à cultura material e à república brasileiras articulam problemáticas que arranjam a visada holandiana sobre a tradição brasileira com sua perspectiva sobre a formação de uma sensibilidade moderna no cultivo de um sentimento nacional brasileiro a partir de sua interpretação crítica sobre a urbanização, a modernidade e a política no Brasil do início dos anos 1920".

Por sua vez, ao se dedicar ao estudo sobre "Tobias Barreto e a educação: ideias de um moderno no Império Brasileiro", Raylane Andreza Dias Navarro Barreto atenta para a produção biobibliográfica de Tobias Barreto de Menezes "a fim de compreender o que este pensou em termos de modernidade atrelada à educação". A autora analisa o percurso desse intelectual, busca perceber suas intenções e sistematizar a forma, "bem como o alicerce que fez ele pensar o que pensou tendo em vista o espaço público brasileiro". Ela afirma que seu trabalho pretende colaborar para a compreensão não só do indivíduo, do jurista, do filosofo, do crítico Tobias Barreto de Menezes, mas que seu objetivo principal é antever um dos múltiplos perfis de intelectuais do século XIX brasileiro e que tipos de expedientes podem ser mobilizados em prol de tocar um discurso que revelaria "indícios e evidências a favor de uma teoria sobre o lugar da intelectualidade brasileira a partir das ontem ações e hoje noções de moderno, modernidade e modernização".

Em um trabalho conjunto, Rosana Areal de Carvalho e Raphael Ribeiro Machado tratam dos "subsídios de Primitivo Moacyr para a modernização da educação brasileira". Preocupados em definir o termo "modernidade educacional", os autores procuram compreender em que medida Moacyr fora porta-voz dessa modernidade. Eles procuram entrever as "relações estabelecidas por Primitivo que garantiram, por exemplo, a publicação de seus livros pela Companhia Editora Nacional e pela Imprensa Oficial, os quais apresentam as diferentes vozes e ecos circulantes que ajudaram a (con)formar projetos educacionais e de sociedade, em concomitância a produção moacyrniana". Os autores concluem que tais relações foram determinantes para a "consubstanciação de um projeto de modernidade educacional brasileira e na construção de um *modus operandi* de fazer política no país".

Ainda na esteira dos percursos e das ações dos intelectuais brasileiros, os autores Ilka Miglio de Mesquita, Daniel Luiz Santos Meneses e Gustavo dos Santos analisam a obra de Plínio Barreto "Cultura jurídica do Brasil (1822-1922). Para empreender suas análises sobre as contribuições dessa obra para o campo da cultura jurídica no Brasil, os autores apresentam as seguintes questões: "Qual espaço de experiência se configura nos cem anos de evolução da cultura jurídica brasileira? Como o espaço de 100 anos de independência do Brasil pôde produzir horizonte de expectativa para a cultura jurídica brasileira?" Para eles, a obra "contribui para o entendimento do olhar do autor, tendo em vista a identificação no espaço de experiência o horizonte de expectativas, em relação aos objetivos dos legisladores brasileiros que caminharam atrelados às expectativas da modernidade, progresso e razão vinculados às regras e às normas do direito dos séculos XIX e XX". Eles refletem ainda que a construção ou experiência do pensamento jurídico teria servido como embasamento para afirmação do Estado-Nação moderno.

Ao analisar como os projetos educacionais brasileiros voltados para o meio rural na República recém-instaurada foram se alterando com o tempo e como os defensores do agrarismo acreditavam em uma mudança do rumo civilizatório, Henrique de Oliveira Fonseca trata, em seu artigo "Sociedade dos Amigos de Alberto Torres e a Educação Rural (1930-1940)", das diversas concepções e condutas que as pessoas vinham assumindo desde o final do século XIX no Brasil. O autor destaca como um dos expoentes desse posicionamento Alberto Torres, que, "nas primeiras décadas de 1900, iniciou um ciclo de publicações que visavam criticar a recém-instaurada República". Segundo Fonseca, Alberto Torres, embasado em um concepção anti-urbana, "argumentava que a República não havia conquistado nem estruturado uma unidade nacional não existia o espírito patriótico em seu povo". Segundo argumenta o autor, esse intelectual fora desenhando uma concepção para o Brasil por meio de reflexões acerca do nacionalismo, do agrarismo, da imigração, da reorganização do trabalho e do Estado.

Preocupados, igualmente, com os projetos de educação para o meio rural brasileiro na primeira metade do século XX, Bruno Geraldo Alves e Ana Carolina de Almeida Bergamaschi apresentam o artigo Constituição do Aprendizado Agrícola de Barbacena (1910-1933). Alves e Bergamaschi tomam os primeiros decênios do século XX como "um momento em que a demanda pelo ensino agrícola esteve fortemente presente em discursos de políticos e educadores", tendo como referência o projeto educacional desenvolvido no Aprendizado Agrícola de Barbacena, o qual é analisado "à luz de sua inserção política e pedagógica no cenário educacional de Minas Gerais, no período de 1910 a 1933".

Ao observar as duas últimas décadas da primeira metade do século XX, Elaine Aparecida Teixeira Pereira discute a formação de professores para as escolas rurais no Estado de Santa Catarina, relacionando-a a contextos mais amplos. Igualmente preocupado com os projetos de educação rural para o Brasil, seu estudo privilegia questões presentes nos discursos sobre a formação docente no período, em especial, os que se referem à preparação dos professores para atuação no meio rural. A autora destaca que "a defesa da necessidade de superação de problemas da educação brasileira e o entusiasmo em relação ao poder da escola na construção de um país moderno são permanências dos discursos em circulação nas décadas de 1940 e 1950". A autora adverte que a constatação da má qualidade da educação rural adquire tom acusador como problema educacional ainda não resolvido, sobretudo nas escolas primárias e nos cursos de formação de professores,.

Atenta às formas de pensar o Brasil assumidaspor determinados grupos sociais" e afirmando que tais formas constituíram projetos que informam "ainda hoje valores, condutas e práticas sociais", Maria das Dores Daros traz o artigo

"Desenvolvimentismo e Transnacionalização na Discussão Educacional no Brasil dos Anos de 1950 e 1960". A autora enfatiza que interpretações sobre o Brasil indicam a necessidade de problematizar processos históricos que gestaram projetos de país. Nesse contexto, ela cita "o nacional-desenvolvimentismo", dos anos de 1950-1960, como "um exemplo destas interpretações, que podem ser utilizadas como chave analítica para interrogar conceitos, argumentos e intencionalidades presentes nos discursos que atribuem à educação escolar o lugar de instância mediadora dos processos de construção da nação".

Na mesma direção de análise, encontra-se o trabalho de Marilândes Mól Ribeiro de Melo, o qual circunscreve sua abordagem também ao Brasil dos anos 1950/60, período em que, segundo ela afirma, "a cooperação técnica internacional não era uma raridade". A autora se dedica à análise dos Colóquios Estaduais sobre a Organização dos Sistemas de Educação (CEOSE) como lócus para pensar a orientação do planejamento educacional no Brasil do período analisado. A realização do Ceose no Estado de Santa Catarina teria contribuído, em grande medida, "para delinear algumas questões, que no aspecto educacional poderiam comprometer o projeto de modernização, considerando que a qualidade dos recursos humanos era imprescindível para o desenvolvimento econômico e social".

Ao se preocuparem com os espaços de mediação e sociabilidades intelectuais, Vanessa Costa de Macedo e Luciano Mendes de Faria Filho tratam da constituição e da atuação do Instituto de Estudos Brasileiros (1937-1944) na cena brasileira. De acordo com os autores, "o IEB apresenta como objetivo o conhecimento do Brasil e a solução dos seus problemas, e para isto busca congregar a *elite cultural* do país estimulando ideias e o debate das questões de interesse nacional". O IEB se colocaria, portanto, como "um espaço de exercício do pensamento onde a reunião destes homens [possa] gerar um *espírito construtivo* para a nação". Os autores consideram que em "um momento de conflagração política, de grande fortalecimento das estruturas de Estado e de cooptação da intelectualidade, os fundadores da nova instituição reforçaram seu caráter *apolítico e não oficial*". Eles afirmam que o IEB, ao pretender atuar como uma espécie de *tribuna livre*, "cria condições para a congregação das várias matrizes da elite intelectual e cultural do país e para se constituir num espaço privilegiado de convergência dessa intelectualidade em torno da missão de solucionar os problemas da nação".

Os textos reunidos neste volume pretendem expressar o interesse em problematizar a construção da esfera pública e as interpretações sobre as noções de moderno, modernidade e modernização presentes nos projetos de educação para o Brasil nos séculos XIX e XX. De tal modo, com este quarto volume que se agrega à série produzida até o momento, encerra-se uma etapa de investigação conjunta que se impôs o desafio de congregar diferentes instituições e pesquisadores em diferentes etapas de formação, a fim de exercitar o diálogo crítico e plural sobre a realidade histórica dos processos educacionais brasileiros nos séculos XIX e XX.

Marcus Vinicius Corrêa Carvalho
Rita Cristina Lima Lages
Vera Lucia Gaspar da Silva
(Organizadores)

A *marcha da civilização*: civilidade e modernidade nos discursos sobre instrução pública em Minas Gerais no século XIX

Rita Cristina Lima Lages

> A civilização avançará nos sertões impelida por essa implacável força motriz da História [...].
> [...] porque, etnologicamente indefinidos, sem tradições nacionais uniformes, vivendo parasitariamente à beira do Atlântico dos princípios civilizadores elaborados na Europa, e armados pela indústria alemã – tivemos na ação um papel de mercenários inconscientes.[1]

A proposta deste trabalho é identificar e analisar – nos Relatórios de Presidentes de Província de Minas Gerais, produzidos ao longo do século XIX – quais princípios e finalidades deveriam reger a instrução pública primária e secundária nesse período. Evidenciou-se, nos estudos realizados, uma *listagem* de princípios e finalidades derivados daquilo que se mostrara como a reverberação dos ideias do iluminismo e do liberalismo em terras mineiras. Uma listagem que se organiza, principalmente, em torno do léxico: *luzes, liberalismo, civilidade, civilização, progresso* e *modernidade*. Na medida em que se identifica o uso frequente do termo *civilização*, destaca-se aí uma relação teleológica com esse termo. Visto que a *civilização* se apresenta como uma finalidade, ou seja, uma meta em direção à qual a nação brasileira

[1] CUNHA, *Os Sertões*, 1901, p. 27.

se dirige continuamente, ou deveriam se dirigir, os discursos analisados deixam ver uma perseguição à *civilização*.

Ao tomar como mote a citação de Euclides da Cunha na epígrafe deste, que nos diz de uma força, de uma inevitabilidade da civilização que "avançará nos sertões impelida por essa implacável força motriz da História" - isso, "porque, etnologicamente indefinidos, sem tradições nacionais uniformes, vivendo parasitariamente à beira do Atlântico dos princípios civilizadores elaborados na Europa" –, aproveitei-me desse determinismo negativo para fazer um contraponto com os discursos produzidos pelos presidentes da Província de Minas Gerais que buscam nesses princípios civilizadores da Europa, de forma deliberada e positiva, referenciais para a construção da nação brasileira. E tais princípios, aqueles da instrução pública, as práticas desenvolvidas pelos países considerados adiantados nesse ramo de serviço, são continuamente reverenciadas ao longo do século XIX. Percebemos uma relação de causa e efeito entre instrução e civilização, como bem coloca o presidente Olegário Herculano de Aquino e Castro, em 1885: "Queres que os costumes estejam de acordo com as leis, que a *civilização* progrida e o direito seja uma realidade? Eis todo o segredo: – povo, instrui-te!" (MINAS GERAIS: Relatório de 1885, p. 17, grifo nosso).

A mesma relação pode ser identificada já, em 1828, quando o presidente João José Lopes Mendes Ribeiro afirma que devemos "exercitar a instrução pública, na razão direta da qual se promove a *civilização*, grandeza, e opulência dos Estados" (APM OR PERI 0012 XIX - Fala, 1828, p. 2-3, grifo nosso).

Ao tratar da racionalidade escolar como processo civilizador, Carlota Boto (2011) afirma a escola como uma forma específica de civilizar. O conceito de civilização abarcaria, a partir de estratégias educativas escolares, "também uma dimensão de projeto social pressuposto na tarefa de educar" (p. 48).

> A escola alicerça-se na vida social como um passaporte para o mundo dos adultos. Estratégias escolares de instrução, formação e civilização instituem maneiras de preparar a infância e adolescência para habilidades e saberes que lhes serão, por suposto, requeridos na vida adulta.[2]

[2] BOTO, 2011, p. 48.

Podemos abordar esse projeto social, ou de dimensão social, pressuposto na tarefa de educar, e tendo como alvo a *civilização,* a partir de outras instituições de natureza não escolar. Estudos de Thais Nívia de Lima e Fonseca (2009) analisam as atuações do Estado e da Igreja "no uso da educação como estratégia de civilização dos povos" na América Portuguesa (p. 10). Preocupada em apreender os processos educativos em seus múltiplos sentidos, através das práticas sociais e culturais cotidianas do período colonial, a autora afirma que

> a ocupação do território não ocorreu no sentido de mera transplantação da civilização europeia, mas foi um processo profundamente marcado pelo encontro de diferentes culturas e pelas condições materiais concretas de vida e de trabalho nessas terras. Nas Minas Gerais, cuja ocupação iniciou-se nas últimas décadas do século XVII, a preocupação com o ordenamento da sociedade manifestou-se cedo, fortemente influenciada pelos conflitos ocorridos entre os diversos grupos que disputavam o controle da região e pela necessidade de implantação da autoridade metropolitana.[3]

partir de documentos produzidos por autoridades portuguesas durante o século XVIII, cujo objetivo era "fazer análises detalhadas da situação não só da Capitania de Minas Gerais como também do seu entorno", Fonseca identifica a educação como

> solução possível para o propalado estado de desordem e de falta de civilidade, mesmo antes que os assuntos educacionais tomassem a atenção do Estado e fossem instituídas políticas específicas, a partir da segunda metade do século XVIII, em decorrência da administração Pombalina.[4]

Em tal contexto, a ideia de educação associada à civilização envolvia "diferentes aspectos e podia manifestar-se no comportamento e nos costumes na sua dimensão moral, nas práticas de trabalho e da produção, nas relações entre a população e as

[3] FONSECA, 2009, p. 31.

[4] FONSECA, 2009, p. 31.

instituições dominantes"[5]. Fonseca (2009) toma os discursos analisados como "justificadores de políticas que visavam corrigir os 'desvios' daquela sociedade". E sobre a questão do ordenamento, identifica-o como voltado "para as camadas mais baixas da população, especialmente os setores tidos como potencialmente perigosos, como os escravos e os livres pobres, particularmente os mestiços." (p. 31-34).

Para exemplificar as políticas ou ações do Estado que visavam corrigir supostos desvios de determinados grupos sociais, Fonseca cita o relatório do vice-rei, Marquês do Lavradio, de 1779, cujo conteúdo trata de ações dirigidas aos grupos de escravos recém-chegados da África. Tais grupos deveriam ser mantidos longe do centro do Rio de Janeiro para serem submetidos ao aprendizado do comportamento minimamente adequado às regras de civilidade.

Se no século XIX, os relatórios de presidentes da Província de Minas Gerais nos deixam saber que é pelas vias da instrução pública – como projeto social e político – que se constrói uma nação ordeira e civilizada, os estudos de Fonseca (2009) nos esclarecem que a preocupação com a ordem, civilidade e bons costumes, em direção à civilização, já estava em pauta nas políticas governamentais do Brasil colonial, sobretudo no século XVIII, mas ainda não centrada em ações educativas escolares:

> [...] como aquela qualidade de gente, enquanto não tem mais ensino, são o mesmo que qualquer outro bruto selvagem, no meio das ruas onde estavam sentados em umas taboas, que ali se estendiam, ali mesmo faziam tudo o que a natureza lhes lembrava, não só causando o maior fétido nas mesmas ruas e suas vizinhanças, mas até sendo espetáculo horroroso que se podia apresentar aos olhos. As pessoas honestas não se atreviam a chegar às janelas; as que eram inocentes ali aprendiam o que ignoravam, e não deviam saber; e tudo isso se concedia sem se lhe dar providência... [6]

As práticas civilizatórias acima tratadas – escolares ou outras – podem ser compreendidas a partir dos pressupostos de Norbert Elias (1990), na medida em que

[5] Quanto às instituições, Fonseca (2009, p. 34) chama a atenção para o fato de que a maior intervenção do Estado só ocorreria na segunda metade do século XVIII, pois, "até então o discurso e as práticas civilizadores ainda estavam mais voltadas para a população indígena, no âmbito da Companhia de Jesus, o que pouco afetava a Capitania de Minas Gerais [...]."

[6] RELATÓRIO..., 1842, p. 450-451 *apud* FONSECA, 2009, p. 35.

esse autor considera o conceito de *civilização* como uma construção processual e que se constitui em um contraconceito geral a outro estágio da sociedade, a barbárie. Temos, pois, segundo Elias, que a

> civilização não é apenas um estado, mas um processo que deve prosseguir [... Ela] absorve muito do que fez a corte acreditar ser – em comparação com os que vivem de maneira mais simples, mais incivilizada ou mais bárbara – um tipo mais elevado de sociedade: a ideia de um padrão moral de costumes, isto é, tato social.[7]

Ao explorarmos a semântica do termo civilização nos discursos dos presidentes, ao longo do século XIX, deparamo-nos com a dualidade barbárie x civilização, homem selvagem x homem civilizado, homem rude x homem instruído. Embora no relatório presidencial ao Conselho Geral da Província de Minas Gerais, de 1828, já eram textualizados os termos *civilizado* e *civilização*, os dicionários de Antonio de Moraes Silva, de 1813, e aquele de Luiz Maria da Silva Pinto, de 1832, ainda não registravam o termo *civilização*. Entretanto, registravam os termos, civil, civilidade, urbanidade, bárbaro, etc.; palavras essas que, seja por relações de sinonímia ou antonímia, participam do campo semântico daquilo que se compreende por *civilização*.

A título de ilustração, tomemos alguns registros de termos do dicionário de Luiz Maria da Silva Pinto, de 1832:

> *Bárbaro*, adj. Que não tem civilidade, que não é civilizado. Cruel,desumano.*Civil*, adj. O mesmo que Cível. Que pertence à cidade, a homens que vivemdebaixo de certas leis. Concernente a bens, interesses, etc. Urbano, Cortez. [...] *Morte Civil*, diz-se do que perdeu a qualidade de cidadão, por castigo.
>
> *Civilidade*, s. f. Antigamente se tomava no sentido de Civilidade. Agora se tomapor urbanidade.
>
> *Urbanidade*, s. f. Civilidade, cortesia, modos de gente civilizada.

Os termos acima definidos nos permitem uma aproximação dos sentidos conferidos aos termos civilidade e civilização presentes nos discursos presidências. O

[7] ELIAS, 1990, p. 62.

estudo da semântica do termo *civilização*, a partir de documentos de uma mesma natureza, como os relatórios de presidentes de província ora analisados, produzidos em uma duração mais estendida, permite explorar permanências e/ou mudanças de sentidos. Se a dualidade entre civilizado X bárbaro permanece, outras antinomias serão incorporadas ao termo; que não necessariamente se modifica, mas tem seu campo semântico dilatado. Se no Brasil, no início do século XVIII, uma sociedade civilizada é aquela que vence a barbárie, ao longo do século XIX, a civilização não se constrói somente com a moral e os bons costumes de um povo civilizado que se opõe ao bruto, selvagem ou perigoso, mas também deve ser construída rumo ao progresso e à modernidade. Logo, ao termo civilização são acrescidos os sentidos de progresso e modernidade. A civilização também passa a ser construída sobre bases materiais. Tomemos, pois, alguns exemplos:

Em 1871, o presidente Antônio Luiz Afonso de Carvalho se refere à construção de estradas, além da instrução, como condição para a civilização.

> Os dois grandes capítulos no orçamento da civilização não devem ser apenas representados no livro dos gastos oficiais, de modo que se possa dizer, figurarem apenas para que não nos taxem inteiramente de amanhecer para a cultura intelectual e para a civilização econômica deste século.
> A educação nacional e as vias de comunicação devem ter uma dotação conveniente, lembrando-nos que se referem às duas condições que tornam fértil o trabalho – a inteligência e o transporte.
> Sem instrução, sem estradas, não há povo civilizado. [8]

Convencido de que a instrução pública e a viação férrea promovem a felicidade pública, uma vez que seriam as propulsoras magnas da prosperidade da nação, identificamos na fala do presidente Teófilo Otoni, em 1882, uma condição material para o progresso social e construção da civilização.

> Suprimir as distâncias, anulando o deserto; e aproximando dos mercados os centros produtores [...]
> Compenetrados, como vos achais, de que a escola e a locomotiva são os legítimos impulsores da felicidade pública; convencidos de que desses dois

[8] MINAS GERAIS, Relatório de 1871, p. 40.

> e tão poderosos elementos depende em magna parte a prosperidade da nossa, como de todas as províncias do Império. [9]

As considerações de Elias (1990) sobre as diferentes acepções que podem ser atribuídas ao termo civilização levam-nos a compreender melhor essa dilatação de sentidos do conceito. O autor, ao afirmar existir uma dificuldade de definição do conceito, leva-nos a apreendê-lo, como já afirmado, em sua dinâmica processual, em uma construção contínua de sentidos. Esses estariam ligados, conforme o autor,

> [...] a uma grande variedade de fatos: ao nível da tecnologia, ao tipo de maneiras, ao desenvolvimento dos conceitos científicos, às ideias religiosas e aos costumes. Pode se referir ao tipo de habitações ou à maneira de como homens e mulheres vivem juntos, à forma de punição determinada pelo poder judiciário ou ao modo como são preparados os alimentos. Rigorosamente falando, não há nada que possa ser feito de forma civilizada ou incivilizada. Daí ser sempre difícil sumarizar em algumas palavras o que se pode descrever como civilização. [10]

Temos, de acordo com Elias, nos significados atribuídos ao termo em questão, um conjunto de acepções através das quais "a sociedade ocidental, dos últimos dois ou três séculos se julga superior a sociedades mais antigas ou a sociedades mais contemporâneas 'mais primitivas'". (p. 23, grifo do autor). Por meio da palavra *civilização,*

> a sociedade ocidental procura descrever em que constitui seu caráter especial e tudo aquilo de que se orgulha: o nível de sua tecnologia, a natureza de suas maneiras (costumes), o desenvolvimento de seu conhecimento científico, ou visão do mundo. [11]

Ao observarmos os discursos da classe política dirigente do Brasil pós-independente – tomando como centro de análise aqueles proferidos sobre a instrução

[9] Idem. Relatório de 1882, p. 5.

[10] ELIAS, 1990, p. 23.

[11] Idem. Ibidem.

pública – identificamos o desejo manifesto da construção do Estado Nacional; a construção da nação brasileira sob a égide da civilização. Desejo esse, vislumbrado a partir dos exemplos dos países estrangeiros, que já teriam alcançado esse lugar. Temos uma manifestação evidente do desejo de fazer parte do concerto das nações civilizadas, no Relatório de 1828, quando o Presidente João José Lopes Mendes Ribeiro, na Instalação do Conselho Geral da Província de Minas Gerais, afirma que:

> Tudo vence a inteligência e a mão do homem civilizado. A França, Inglaterra, Alemanha, e quase toda a Europa, centro agora das ciências, artes, e indústria, comércio e civilização, estavam há alguns séculos submersas em barbárie e bruteza.[12]

E essa posição a ser atingida, esse *locus* das nações civilizadas – no qual a nação brasileira também deve se instalar, ao modo dos países europeus –, será alcançada com o exercício da instrução pública, "na razão direta da qual se promove a civilização, grandeza, e opulência dos Estados" (MINAS GERAIS, Relatório de 1828, p. 3).

Por meio dos discursos estudados, tornou-se possível a apreensão das transformações dos sentidos atribuídos ao termo *civilização* – para o qual concorrem os substantivos civilidade, progresso material, modernidade, etc. – na medida em que analisamos documentos produzidos em uma duração mais estendida: entre 1828 e 1889.

Identificamos no conteúdo dos relatórios, não apenas uma dilatação de sentidos do termo *civilização*, mas também um deslocamento dos referenciais de *civilização*; no caso, os países considerados civilizados, cujos exemplos deveriam ser seguidos. Ou seja, não muda apenas a semântica da civilização, mas os lugares de civilização: se na primeira metade do século XIX, a França desfruta de uma hegemonia como referencial para a organização da instrução pública em Minas Gerais, a partir da final da década de 1850, os Estados Unidos começam a surgir também como paradigma para o campo educacional. Talvez, a mudança de lugares de civilização não seja a designação mais adequada para esse fenômeno, mas, sim, uma ampliação ou justaposição de lugares de civilização. Visto que os exemplos da França e demais países europeus continuam a ser citados ao lado das práticas norte-americanas.

---

[12] MINAS GERAIS, Relatório de 1828, p. 2-3.

Ao acompanharmos as transformações semânticas do conceito *civilização* no percurso dos relatórios analisados, deparamo-nos com referências aos países europeus cujos conteúdos remetem, sobretudo, à ideia de civilidade. E a França, nessa primeira metade, sobressai-se pelos referenciais que são tomados desse país nas práticas concernentes à organização da instrução pública. Ao passo que, a partir da segunda metade do século XIX, os Estados Unidos são reverenciados, principalmente, como país moderno, como *locus* do progresso alcançado em curto espaço de tempo, tributário também da organização da instrução pública.

A teleologia da modernidade anunciava em um de seus momentos tradicionalmente fundadores – a partir das promessas do Iluminismo – a perfectibilidade humana. O próprio projeto iluminista previa em sua amplitude que o conhecimento do mundo e sua ordenação, por meio da razão, conduziria a humanidade ao bem-estar coletivo, ao estado de felicidade coletiva. Podemos identificar essas aspirações nas reflexões apresentadas no relatório da comissão nomeada, em 1865, pelo Presidente Pedro de Alcântara Cerqueira Leite, cujo objetivo era avaliar o estado da instrução pública em Minas Gerais. Percebe-se claramente o anúncio dos conhecimentos, dos saberes, como "uma necessidade social, um elemento de ordem e progresso", fundamentais para a "felicidade de uma nação".

> Nos *tempos modernos*, Ex. Sr., em que *a felicidade de uma nação depende da instrução* e educação popular, *em que os conhecimentos* não são mais como outrora, o privilégio de uma classe ou casta [...] em que o tempo em sua marcha civilizadora fez deles uma necessidade social, *um elemento de ordem e de progresso para todos* [...]
> O poder do homem reside exclusivamente em sua inteligência. As conquistas da civilização, os progressos da indústria, a riqueza, a moralidade mesma de um povo, tudo isso depende de sua instrução, do seu grau de adiantamento nas ciências e artes [...]. [13]

Boto (1996), em sua obra *A Escola do Homem Novo:* entre o Iluminismo e a Revolução, já mencionada neste estudo, mostra-nos como as ideias iluministas manifestaram o poder transformador que o ato de educar exerce sobre os homens.

[13] MINAS GERAIS, Relatório de 1865, Anexo Comissão da Instrução, p. 28, grifos nossos.

Para isso, utiliza os clássicos, como Rousseau, Diderot, Helvetius, e os verbetes da Enciclopédia que fornecem elementos para elaboração de um projeto dessa magnitude. A autora nos apresenta reflexões sobre como os ideais iluministas influenciaram a missão revolucionária de regeneração do homem, ao propor elementos essenciais para a construção de uma nova sociedade, baseada no estado do bem-estar coletivo.

Essa dimensão de projeto social pressuposto na tarefa de educar, da qual trata Boto, foi anteriormente tomada pelas discussões sobre o conceito de *civilização*. Foram aproveitados os estudos da autora que discutem a racionalidade escolar e as especificidades da escola em seus modos de civilizar (BOTO, 2011).

Como já fora demonstrado, por meio dos relatos dos presidentes da Província de Minas Gerais produzidos ao longo do XIX, assim como nos estudos de Fonseca (2009), há uma manifestação contínua por parte da elite política dirigente pela inserção do Brasil no rol das nações civilizadas; contando para isso, estratégias de educação da população, seja pela via da escola, seja por outras instituições, como a igreja e o Estado. Por meio do léxico utilizado, explorou-se a semântica da civilização, pois, em um primeiro momento – mais exatamente, na segunda metade do século XVIII (FONSECA, 2009) e início do XIX –, civilizar era promover hábitos de civilidade, de moral e bons costumes, como expressão de combate à barbárie. E, sobretudo, a partir da segunda metade do século, a esse ideal de civilidade, acrescenta-se aquele do desejo de colocar a nação na rota do progresso e da modernidade; visto que era em tal rota que marchava a civilização. Já seguiam essa marcha os países do Velho Mundo e os países europeus. Mas, a partir de então, destacavam-se, sobremaneira, os Estados Unidos em seus prodígios de progresso.

Nesses modos – conjugando os prodígios dos países europeus àqueles dos Estados Unidos –, professa o Presidente Pedro Vicente de Azevedo à Assembleia Legislativa Provincial de Minas Gerais, no ano de 1875, o desejo de "imitar" essas nações:

> Quem dera que *nos fosse dado imitar tantas das escolas da livre Suíça, ou da grandiosa pátria de Lincoln,* colocando um jardim à porta de cada escola em que o professor pudesse entreter com os discípulos no intervalo dos estudos, explicando-lhes algumas noções tão uteis para quem, como nós, habita estas regiões ubérrimas da América, e que tanto tem a esperar do desenvolvimento da agricultura e das indústrias, em geral, bem dirigidas e aproveitadas.

> [...] e oxalá pudéssemos *organizar juntas escolares, à imitação das que em muitos lugares da Inglaterra e da Bélgica* tão bons resultados produzem em favor das escolas municipais. [14]

Ao se referir à necessidade de reforma do ensino público – necessidade continuamente anunciada ao longo dos discursos analisados – o presidente Manoel José Gomes Rebello Horta anuncia que tal reforma deve ir em direção a ideias modernas, praticadas nos países mais adiantados. E, na sequência do seu discurso, reverencia os Estados Unidos como modelo nesse ramo de serviço; país cujo progresso fora alcançado graças à difusão universal da instrução.

> A reorganização do ensino público era desde muito aconselhada pelas necessidades de adaptá-lo ao aumento da população disseminada na província e *às ideias modernas, postas em prática nos países mais adiantados.* [...] Longe de indicar *os Estados Unidos como um modelo, que nos seria impossível imitar* em sua atividade prodigiosa e progresso surpreendente; devo ponderar que a difusão universal da instrução, do desenvolvimento das faculdades intelectuais dos indivíduos de todas as classes, foram os móveis poderosos da preeminência reconhecida àquele país.

Ajudam-nos a analisar o conteúdo das falas presidenciais, com seus propósitos de progresso e ideias modernas, as considerações de Jacques Le Goff (1997) que refletem sobre o caráter histórico e polissêmico do par *antigo/moderno*. Se, para Le Goff, o jogo histórico e dialético é gerado entre aquilo que é moderno – a consciência da modernidade – em ruptura com o antigo, o fato de o adjetivo moderno compor os discursos, referindo-se, pois, a ideias em prática nos países adiantados e conferindo uma positividade a tais práticas, podemos concluir que há uma consciência da modernidade por parte daqueles indivíduos. Haja vista, a manifestação em favor do novo, em direção às ideias modernas. E, além disso, uma conotação laudatória em relação ao novo. Uma das práticas enaltecidas nos extratos acima citados é a difusão universal da instrução, e o desenvolvimento das faculdades intelectuais dos indivíduos de todas as classes, avaliados como "móveis poderosos" do progresso da pátria norte-americana. Lugar ainda a ser alcançado pelo Brasil.

[14] MINAS GERAIS, Relatório de 1875, p. 20, grifos nossos.

Para prosseguir com essas reflexões sobre a consciência da modernidade como propulsora de rupturas, como nos ensina Le Goff, vale conferir como eram significados – bem como suas relações de sinonímias ou antonímias – os termos modernos ou modernidade nos dicionários do século XIX.

Temos no dicionário de Silva Pinto, de 1832:

> *Modernice*: s. f. Uso moderno.
> *Moderno*: adj. Novo, de pouco tempo.
> Já Moraes Silva, em 1813, traz estes registros:

> *Modernice:* s. f. Uso moderno, diz-se à má parte, para significar que seadotou a coisa em razão da novidade; ou que por nova não merece a atenção, que tem as aprovadas polo [sic] decurso dos anos.
> *Moderno*: adj. Novo, recente, v. g., uso, estilo, doutrina [moderno – a];livro [moderno]; autor [moderno].[15]

Constatamos, pois, nos dois dicionários, o registro do adjetivo *moderno* referindo-se ao novo, recente, em oposição ao antigo. Moraes Silva é mais generoso em suas definições, na medida em que traz as composições substantivo + adjetivo, ao exemplificar com *estilo moderno, doutrina moderna, livro* ou *autor moderno.*

Quanto ao substantivo, encontramos, nos dois dicionários, o registro do termo *Modernice* que pode ser tomado no registro posterior ou atual por *Modernidade.* Enquanto em Silva Pinto, de 1832, temos apenas o significado de "uso moderno" para esse termo, já em Moraes Silva, de 1813, encontramos uma conotação pejorativa para tal substantivo na medida em que *modernice* serve para referir-se "à má parte", ou "para significar que se adotou a coisa em razão da novidade; ou que por nova não merece a atenção". Aqui, ajudam-nos, mais uma vez, as avaliações de Le Goff (1997, p. 02) quando esse autor pondera que o par *antigo/moderno* pode ser acompanhado de conotações laudatórias ou pejorativas.

No sentido etimológico, modernidade é derivada do latim, *modernus*, formada pela contração dos termos *modus + hodiernus,* ou seja, o modo atual; do dia. Le Goff (1997), ao tratar do verbete *modernus*, informa-nos que o termo havia surgido

[15] PINTO, 1832.

entre os séculos V e VI, com a queda do Império Romano. Mesmo com sua abrangência e complexidade de acepções do termo modernidade, ao explorarmos seu campo semântico, vamos encontrar sempre recorrência à analogia novo/velho, antigo/moderno. Os sentidos negativos para o novo, a partir das definições do dicionário de Moraes Silva (1813), aqui apresentados, guardam relações com as conotações pejorativas preservadas desde a Idade Média, período no qual o novo significava o impuro, o desprezível, e consequente rompimento com os padrões tradicionais, então, valorizados.

O sentido de modernidade, do novo como positivo, entra em um campo semântico diferente, a partir do século XVI, com as "transformações operadas nos terrenos político, religioso, ético, social e técnico", segundo Franco Cambi (1999, p. 244). Quando profundas mudanças são propostas nos campos da religião e da ciência, nas formas de organização da sociedade, engendrando, pois, novas formas de compreender o mundo, natural e social, baseadas na racionalidade. Nesse sentido, destacam-se as figuras de Francis Bacon e René Descartes e suas proposições para uma ciência moderna.

A propósito das novas maneiras de se compreender o mundo a partir das ciências modernas, Paolo Rossi (2000) afirma que

> os métodos, as categorias, as instituições da ciência moderna foram construídos em alternativa a uma visão mágico-hermética do mundo que era, naqueles séculos, não um fato de folclore, mas um fato de cultura, que se punha diante daquilo que hoje chamamos "ciência" e que era então definido como 'filosofia natural' [...].[16]

Se o novo entra em uma acepção positiva, contrapondo-se às antigas/tradicionais visões de mundo, isso nos mostra, mais uma vez, que o termo modernidade se instala sempre no terreno das dicotomias. O que nos remete à construção dialética dos sentidos de *modernidade*. Ao jogo histórico e polissêmico do par *antigo/moderno*, assim como pensa Le Goff (1997). Esse propõe uma compreensão da modernidade como uma "ideologia do inacabado, da dúvida e da crítica. [...] também impulso para a criação, ruptura declarada com todas as ideologias e teorias da imitação, cuja

[16] ROSSI, p. 48, grifos do autor.

base é a referência ao antigo e a tendência para o academismo." (LE GOFF, 1996, p. 190). O autor afirma que o caminho para a entrada na *modernidade* se faz pela *modernização*, compreendida como processo político-econômico pelo qual se ascende aos padrões da modernidade.

A partir da segunda metade do século XVIII, tem-se a ideia de modernidade compreendida como a era de superações tecnológicas contínuas, um período de progresso contínuo. No que se seguiu ao século XVIII, sob os ares da modernidade, acrescentaram-se os aportes intelectuais dos pensadores do Iluminismo para o desenvolvimento da ciência objetiva, da moral, da lei e das artes. Esse acúmulo de conhecimentos com vistas à emancipação humana, ao domínio científico da natureza, ao progresso econômico, material e social. À ideia de que, por meio do progresso da humanidade, da racionalização da vida em todas as suas instâncias – material, cultural, social, moral, etc. – ascender-se-ia à perfectibilidade humana, ao estado de felicidade de toda a sociedade. Enfim, à promoção do bem comum. Todo esse conjunto de aspirações comumente denominado como o *projeto da modernidade* ou as *promessas da modernidade*. Aspirações e transformações assim sintetizadas por Rossi:

> A ideia de um crescimento e de um desenvolvimento do gênero humano, a noção do *advancement of learning*, foram se transformando no final do século XVIII numa verdadeira e própria *teoria* na qual entravam em jogo: a noção de perfectibilidade do homem e de sua natureza alterável e modificável; a ideia de uma história unitária ou 'universal' do gênero humano; os discursos sobre a passagem da 'barbárie' à 'civilização', sobretudo a afirmação de constantes ou de 'leis' operando no processo histórico. Entre a metade do século XVIII e a metade do século XIX, a ideia de progresso acabará por coincidir – no limite com a de uma ordem providencial, imanente no devenir da história, [17]

Em estudos sobre o avanço da modernidade no Brasil, dentro do recorte temporal 1870-1914, José Murilo de Carvalho (1998, p. 107) faz a seguinte ponderação: "Apesar de existir consenso na literatura sobre o avanço da modernidade no Brasil após 1870, a tradição foi suficientemente forte para manter os valores de uma sociedade rural, patriarcal, hierárquica". Teria a modernidade, segundo Carvalho, aspectos

[17] ROSSI, 2000, p. 95, grifos do autor.

que a distinguiam do modelo clássico representado pela experiência anglo-saxônica. Considera o período entre 1870 e 1914 como "uma preparação para a modernização conservadora dos anos 30." (p. 107). Quanto à tese sobre o avanço da modernidade nesse período, o autor a declina em seus aspectos: econômicos, sociais, políticos, bem como "do mundo das ideias". Aspectos a serem brevemente resumidos no que se segue.

No que concerne ao *aspecto econômico*, Carvalho o caracteriza em toda a América Latina como aquele do "auge do desenvolvimento para fora, da integração da área na economia capitalista em fase de expansão imperialista" (p. 107). No contexto brasileiro, "é o ponto alto do ciclo cafeeiro [...] concentrado em São Paulo; é também o tempo do ciclo da borracha no Amazonas [...]. É o tempo do investimento estrangeiro, sobretudo inglês, em ferrovias, navegação, serviços urbanos e comércio [...]". (p. 107).

Quanto ao *aspecto social*, o caracteriza como a "época de extinção da escravidão, acelerada em 1871 pela libertação do ventre escravo e completada em 1888 pela abolição total. [...]". E no qual "promovia-se a imigração estrangeira, que chega ao ponto máximo no período. Entre 1884 e 1920, três milhões de imigrantes entram no país". (p. 108).

Já os *aspectos políticos*, Carvalho os demarca incluindo 1870, ano do "fim da Guerra do Paraguai e do manifesto do Partido Republicano". O ano de 1871 indica o começo "do governo reformista de Rio Branco, que enfrenta todos os grandes problemas do País", quais sejam: a escravidão, a imigração, a Guarda Nacional, o recrutamento militar, o sistema judiciário, a reforma dos sistemas de pesos e medidas, as relações Igreja-Estado". E, a partir de 1873, desenvolve-se o Partido Republicano de São Paulo, que seria a base civil mais sólida de oposição ao regime monárquico. (p. 108).

A partir da pergunta "Que modernidade?", Carvalho avalia que, no período de 1870 a 1914, "a força da tradição não se revelava apenas na reação às mudanças", que "ela estava presente no próprio conteúdo do que era visto e considerado como moderno por setores da elite". No período por ele estudado, enfatiza que "moderno, modernidade, modernização significava muita coisa" (p. 119). O autor faz interessantes contrapontos entre o que era moderno e o que era antigo/tradicional.

Ao nos aproximarmos dos contrapontos estabelecidos por Carvalho, temos que *moderno*,

> eram as novidades tecnológicas: as estradas de ferro, a eletricidade, o telégrafo, o telefone, o gramofone, o cinema, o automóvel, o avião; eram as

> instituições científicas: Manguinhos, Butantã, a Escola de Minas, as escolas de Medicina e Engenharia; eram as novas ideias, o materialismo, o positivismo, o evolucionismo, o darwinismo social, o livre cambismo, o secularismo, o republicanismo; era a indústria, a imigração européia, o branco; era a última moda feminina de Paris, a última moda masculina de Londres, a língua e a literatura francesas, o dândi, o *flâneur*; e era também o norte-americanismo, o pragmatismo, o espírito de negócio, o esporte, a educação física.[18]

Quanto aos que entravam na classificação *antigo/tradicional*: "[...] o português, o colonial, o católico, o monárquico; era o índio, o preto, o sertanejo; era o bacharel, o jurista, o padre, o pai-de-santo; era o centralismo político, o parlamentarismo, o protecionismo, o espiritualismo, o ecletismo filosófico." (p. 120).

À enumeração citada, Carvalho dá o nome de "listagem", por meio da qual, "pode-se verificar o que a modernidade brasileira não era. Começando pelo aspecto político, ela não incorporava a ideia de igualdade e de democracia". Argumenta: "se alguns republicanos [...] falavam de democracia e fim de privilégios, não iam além da retórica". (p. 120).

Das proposições de progresso, baseadas em referências a países modernos – identificadas nos discursos sobre educação em Minas Gerais no século XIX, aos quais este trabalho se dedica – derivam expressões que remetem à modernidade, aos tempos modernos, às ideias modernas; o que se vê mais flagrante a partir da segunda metade do século, com ênfase maior aos Estados Unidos como referencial de adiantamento no campo da educação; como "como um modelo, que nos seria impossível imitar em sua atividade prodigiosa e progresso surpreendente". Isso, graças "à difusão universal da instrução, do desenvolvimento das faculdades intelectuais dos indivíduos de todas as classes", tal qual observa o Presidente Manoel José Gomes Rebello Horta em seu relatório de 1879 (p. 28-29).

A partir das análises dos ideais iluministas e liberais e a instrução pública, e sua difusão no Brasil, consideramos a circulação desses ideais nos relatórios dos presidentes da Província de Minas Gerais produzidos ao longo do XIX, dos quais podemos destacar o uso do léxico: liberdade, liberal, indivíduo, instrução, talento,

[18] CARVALHO, 1998, p. 119-120.

mérito, gratuidade, obrigatoriedade, etc.. E sobre tais princípios, apropriados para a organização da instrução pública, não se verifica uma consonância de propostas. Ao contrário, há uma tensão contínua nos discursos analisados, se considerarmos para isso não apenas a diversidade de proposições/projetos para a instrução, mas, algumas vezes, questionamentos sobre a adequação desses mesmos princípios à realidade educacional de Minas Gerais e do Brasil naquele século.

REFERÊNCIAS

BOTO, Carlota. *A escola do homem novo*: entre o iluminismo e a Revolução Francesa. São Paulo: Ed. UNESP, 1996, 207 p.

__________. A Racionalidade Escolar como Processo Civilizador: Moral que Captura Almas. In: CARVALHO, Marta Maria Chagas de; PINTASSILGO, Joaquim (Org.). *Modelos culturais, saberes pedagógicos, instituições educacionais*. São Paulo: Edusp, 2011.

__________. Na revolução francesa, os princípios democráticos da escola pública, laica e gratuita: o relatório de Condorcet. *Educ. Soc.*, Campinas, v. 24, n. 84, p. 735-762, set. 2003. Disponível em: <http://www.cedes.unicamp.br>. Acesso em: 12 mai. 2016.

CAMBI, Franco. *História da Pedagogia*. São Paulo: UNESP: 1999.

CARVALHO, José Murilo de. *A construção da ordem*: a elite política imperial. Brasília: Editora UnB, 1981.

__________. *A formação das almas*: o imaginário da república no Brasil. São Paulo: Cia das Letras, 1990.

__________. *Pontos e bordados:* escritos de história e política. Belo Horizonte: Editora UFMG, 1998.

CUNHA, Euclides da. *Os Sertões*. Rio de Janeiro: Nova Aguilar, 2005.

ELIAS, Norbert. *O processo civilizador*: formação do Estado e Civilização, v. 2, Rio de Janeiro: Jorge Zahar editor, 1993.

__________. *O processo civilizador*: uma história dos costumes, v. 1, Rio de Janeiro: Jorge Zahar editor, 1990.

FONSECA, Thais Nivia de Lima e. *Letras, ofícios e bons costumes*: civilidade, ordem e sociabilidades na América portuguesa. Belo Horizonte: Autêntica, 2009.

ROSSI, Paolo. *Naufrágios sem espectador:* a ideia de progresso. São Paulo: editora UNESP, 2000.

Dicionários

MORAES SILVA, Antonio de. *Diccionario da linguaportugueza* – recompilado dos vocabulários impressos até agora, e nesta segunda edição novamente emendado e muito acrescentado, por ANTONIO DE MORAES SILVA. Lisboa: Typographia Lacerdina, 1813. Disponível em: <http://www.brasiliana.usp.br/en/dicionario/edicao/2>. 23 jun. 2016.

PINTO, Luiz Maria da Silva. *Diccionario da Lingua Brasileira* por Luiz Maria da Silva Pinto, natural da Provincia de Goyaz. Na Typographia de Silva, 1832. Disponível em: <http://www.brasiliana.usp.br/?q=dicionario/edicao/3>. Acesso em: 23 jun. 2016.

Fontes Impressas E Manuscritas

MINAS GERAIS. Arquivo Público Mineiro (APM). *Relatórios ao Conselho Geral da Província* – 1828-1833. Divisão Obras Raras. OR PERI 012, séc. XIX.

__________ *Relatórios dirigidos à Assembleia Legislativa Provincial de Minas Gerais pelos Presidentes da Província* – 1837-1889. Disponível em: <http://www.crl.edu/catalog/index.htm>. Acesso em: 05 jun. 2016.

Civilização, modernidade e filantropia na educação de adultos no Império Brasileiro (1870-1880)[1]

Vera Lúcia Nogueira

INTRODUÇÃO

Este texto apresenta uma análise a respeito do sentido das iniciativas voltadas para a instrução dos adultos nas várias províncias brasileiras e que, nas décadas finais do Império, mobilizou um conjunto de experiências educativas, criadas e mantidas por distintas forças sociais e políticas, vinculadas não somente ao Estado como também à igreja e à sociedade civil, tais como sociedades protetoras da instrução, maçonarias, clubes literários, musicais, abolicionistas etc. Tais iniciativas compreendem parte de um repertório discursivo moderno inserido no projeto de construção da nação empreendido pela intelectualidade brasileira ao longo do Oitocentos.

Embora seja possível constatar um volume crescente de investigações históricas sobre a temática da educação de adultos, ainda é relativamente baixa e lacunar a produção sobre o século XIX.[2] Abordagens que se tornaram clássicas na historiografia brasileira, mas que apresentam uma compreensão bastante sumariada da educação de adultos, nesse período, ainda persistem como principais referências no

[1] Este texto resulta da pesquisa "Política e educação na província de Minas Gerais: implicações da alta rotatividade no cargo de presidente na formulação das políticas de instrução pública primária (1850-1889)", financiada pela Fundação de Amparo à Pesquisa de Minas Gerais – FAPEMIG – Edital Universal/2104.

[2] Um breve comentário dessas produções encontra-se em NOGUEIRA (2014). As lacunas podem ser constatadas em Gondra e Schneider (2011).

campo.[3] Dos estudos já realizados, uma das principais constatações converge no fato de que o Brasil imperial comportou uma diversidade de iniciativas voltadas para a instrução elementar de adultos, especialmente, por meio de escolas noturnas criadas, com intenso vigor, a partir da década de 1870, em quase todas as províncias brasileiras (NOGUEIRA, 2014).

Este trabalho intenciona, portanto, possibilitar uma compreensão sobre o discurso mobilizado pelos ilustrados que tornaram tais iniciativas possíveis nesse período, seja por meio de ações isoladas ou de grupos sociais cujo argumento principal ancorava-se no vocabulário moderno da filantropia. Encontra-se, assim, organizado em quatro seções. A primeira apresenta uma reflexão sobre a construção do adulto como sujeito da escolarização e, bem assim, civilizado. A segunda destaca a organização do ensino para adultos nas décadas finais do Império; a terceira situa o repertório discursivo da filantropia que acompanha o curso de modernização imperial e, por fim, a quarta analisa o lugar da instrução de adultos nesse discurso filantrópico e modernizante.

CIVILIZAÇÃO E PRODUÇÃO DA DISTINÇÃO GERACIONAL

O século XIX viveu um intenso momento de difusão de um modelo de conduta civilizada que se tornou o horizonte almejado por várias nações ocidentais, dentre as quais se encontra o Brasil. Segundo Cynthia Greive Veiga:

> Civilização, sociedade civilizada, civilizar o povo foram expressões constantes e presentes de forma unânime nos discursos das elites políticas e intelectuais. A ideia de instituir padrões de moral e costumes, ou ainda de que era necessário tornar toda a sociedade civilizada, irradiou por todo o ocidente.[4]

[3] Sem dúvida, a principal referência continua sendo o livro de Vanilda P. Paiva, "Educação Popular e Educação de Adultos", de 1983. Num levantamento da produção do campo, realizado por Osmar Fávero e Marinaide Freitas (2011), constatou-se que "do ponto de vista mais específico da História da Educação de adultos, as contribuições de Lemme (1940) e Paiva (2003) foram as poucas referências acessadas, dada uma ausência de produção mais atualizada sobre a área".

[4] VEIGA, 2007, p. 1.

Para Jacques Revel (2009), esse lento processo de "transformação das sensibilidades e das práticas" inicia-se a partir do século XVI quando se tem "um intenso esforço de codificação e controle dos comportamentos", pois passam a ser submetidos "às normas da civilidade, isto é, às exigências do comércio social" que "projeta o indivíduo para fora de si mesmo e o expõe ao elogio ou à sanção do grupo".[5] Para o sucesso desse processo de disciplinarização social, é à criança que se dirigem as primeiras orientações pedagógicas. Ensinar às crianças a se comportarem civilizadamente por meio da interiorização de um código gestual adequado foi o propósito da obra considerada o marco do processo civilizador – *A civilidade Pueril*, de Erasmo.[6] Entretanto, o sucesso da obra destinada inicialmente às famílias, a faz extrapolar o seu projeto inicial; é, então, apropriada pelos pedagogos reformadores. Assim, "nascido de um projeto humanista, em alguns anos o modelo da civilidade entra na esfera das Reformas protestantes, luterana e calvinista". Para os reformadores, "o problema da educação das crianças é primordial" (p. 177) e, bem assim

> a aprendizagem da civilidade desempenha um papel essencial, na medida em que permite, ao mesmo tempo, disciplinar as almas por meio da coerção exercida sobre o corpo e impor à coletividade das crianças uma mesma norma de comportamento sociável. Além disso, tem a vantagem de permitir que a criança exerça sobre si mesma um controle constante de seu tempo, de suas ocupações e de suas atitudes[7]

Praticar e aprender a autocoerção e o controle dos tempos por meio de uma disciplina mais rígida, era algo que a família, embora considerada uma instância de "educação específica, colocada sob a autoridade do pai", não daria conta de fazer, na opinião dos reformadores. Para eles, era "preciso acrescentar-lhe uma *disciplina*, que só pode[ria] ser uma aprendizagem socializada pela escola. A partir daí a civilidade tende a tornar-se um exercício escolar destinado a dispensar uma instrução inextri-

[5] REVEL, 2009, p. 169.

[6] Essa obra, segundo Revel, foi "publicada pela primeira vez em Basiléia em 1530 e logo destinada a imenso sucesso. Ao mesmo tempo que reformula a própria noção de civilidade, esse breve tratado didático, escrito em latim, fixa – e por três séculos – o gênero literário que garantirá à pedagogia das "boas maneiras" sua mais ampla difusão social" (2009, p. 171).

[7] REVEL, 2009, p. 178.

cavelmente religiosa e cívica"[8]. "É sob essa forma que a civilidade invade as práticas escolares. Seu sucesso é tal que, no último terço do século XVI, não se restringe mais ao mundo reformado".[9]

A escola assume, com isso, um lugar de grande importância na socialização de um modelo de comportamento civilizado que deve ser aprendido pela criança. Daí que a monopolização do ensino pelo Estado Nacional se torna, conforme Veiga (2007), uma ação fundamental. Isso porque a criação e a difusão da escola estatal possibilitaram universalizar não somente os saberes elementares como também os comportamentos considerados civilizados e reconhecidos como "fator preponderante de progresso social".[10] De fato, como destacam Castan, Lebrun e Chartier, comentando Norbert Elias, o papel do Estado moderno, nesse processo, é inegável:

> O Estado do tipo novo, desenvolvido na Europa entre o final da Idade Média e o século XVII, institui um modo inédito de ser em sociedade, caracterizado pelo controle mais severo das pulsões, pelo domínio mais seguro das emoções, pelo senso mais elevado do pudor. Tais mudanças, que criam um novo *habitus*, primeiro restrito ao homem da corte e depois difundido por toda a sociedade, determinam a esfera do privado.[11]

À escola coube, assim, a transformação dos comportamentos considerados lícitos, bem como a proscrição daqueles considerados irregulares ou maus. Dessa forma,

> tornando-se uma das bases da formação escolar, a civilidade escapa à conjuntura que a originou e conquista a longa permanência dos modelos pedagógicos. Numa época em que o material escolar é disparatado, sobretudo nas pequenas escolas, ela continua sendo um dos valores seguros, inalteráveis, até o século XIX.[12]

---

[8] Idem, p. 179.

[9] Idem, p. 180.

[10] VEIGA, 2007, p. 2

[11] CASTAN; LEBRUN; CHARTIER, 2009, p. 29.

[12] REVEL, 2009, p. 180.

A instituição da monopolização do ensino pelo Estado, afirma Veiga (2007) dentre as suas várias consequências, possibilitou a elaboração das *distinções geracionais* e a efetivação da escola como espaço privilegiado de formação das gerações, isso porque:

> Tanto a criança como o adulto, em determinado momento histórico, precisaram modelar sua sensibilidade em relação ao tempo seja como coerção externa, seja como autocoerção. Agir ou comportar-se como criança ou como adulto, foi parte de um processo que envolveu a individualização da regulação social do tempo e o desenvolvimento do sentimento da passagem do tempo como referente ao curso da própria vida e também das transformações da sociedade.[13]

Nesse sentido, a distinção entre esses tempos se produziu enquanto um "símbolo socializador com função de regulação sociocultural e de orientação na cadeia das gerações", cuja afirmação "demandou um longo processo de aprendizagem das gerações adultas e das crianças".[14]

O que ensaio, nos limites deste texto é, dessa forma, compreender a importância que assume a instrução os adultos como parte desse processo de transformação das sensibilidades e de construção de comportamentos civilizados, ou seja, tomar como pressuposto que o processo de distinção geracional tenha se consolidado, historicamente, como uma "face de mesma moeda". Quero dizer que podemos compreender, sob a perspectiva do próprio adulto, o processo de produção da distinção entre o tempo da infância e o seu tempo como ocorrendo de forma simultânea. Também, compreender as motivações dos investimentos em propostas de alfabetização dos adultos pobres como parte de um projeto de civilização e modernização da nação.

ESCOLARIZAR E CIVILIZAR O ADULTO

Os estudos de Phillippe Ariès (1978) evidenciam a indistinção entre os adultos e as crianças até por volta do século XVIII, quando ambos compartilhavam dos mes-

[13] VEIGA, 2007, p. 5, grifos meus.

[14] Idem.

mos espaços e atividades culturais. Em seguida, conforme destaca Veiga, consolida-se uma nova identidade do adulto "como pai de família, como negociante, como administrador, ou como ocupante do poder ou como mãe de família e dona de casa" [15]. Dessa forma, "a consagração do adulto honrado e civilizado em distinção aos pobres e rudes, favoreceu também a distinção em relação à criança, pela expectativa social produzida ao longo desse século em relação aos hábitos, costumes e comportamentos de um adulto civilizado".[16] Para que essa conformação ocorresse, a monopolização do ensino pelo Estado e, bem assim, a difusão da instrução foi um dos requisitos principais:

> Debatida desde início do século XVIII, a monopolização da instrução elementar ou da escola primária pelo Estado se consolidou ao longo do século XIX. Em fins do mesmo século em vários países do ocidente é o Estado quem normaliza, seja para as escolas privadas ou as públicas, sobre o currículo mínimo, o tempo de escolaridade, a formação de professores, emissão e reconhecimento de certificados, autorização para abertura de escolas.[17]

Ainda segundo Veiga, "a constituição do modelo de adulto civilizado foi fundamental para demarcar as diferenças geracionais", e, para isso,

> foi necessário educar o seu corpo, os seus instintos, a sua rudez. Até meados do século XVIII, esse tratamento também serviu para os adultos, mas a partir desse contexto e, principalmente, ao longo do século XIX, se fizeram necessários procedimentos cada vez mais diferenciadores.[18]

Muito contribuiu para isso a produção científica sobre a pedagogia moderna com seu processo de "pedagogização das civilidades, através da adoção de diversos tratados e manuais de civilidades nos colégios ou pelos mestres particulares"[19].

[15] VEIGA, 2008, p. 7.

[16] Idem.

[17] VEIGA, 2007, p. 2.

[18] Idem, 2008, p. 7.

[19] Idem.

Não se pode negar, dessa forma, que o processo de produção da infância tenha produzido também o adulto como sujeito diferenciado e, no caso dos processos escolares, também tenha havido um olhar diferenciado para esse sujeito como demonstra o Diretor Geral da Instrução Pública, da Bahia, Cônego Dr. Emilio Lopes Freire Lobo:

> É incontestável que *uma escola de adultos não pode reger-se da mesma forma que uma eschola de meninos.* Ellas exigem um *programa especial* e um *methodo* todo *apropriado* às *condições excepcionais do discípulo adulto.* A eschola carece de certas disposições particulares que as nossas não tem. E o que aprendem? Ensinão-lhes os professores tudo quanto é determinado para o curso primário. E depois? Ainda os mais hábeis mestres nenhum resultado apresentam. É claro. À vista do que fica exposto, que não podiam continuar as escholas nocturna sem passarem por uma transformação.[20]

O que se pode depreender desses questionamentos é, exatamente, a percepção da distinção entre os sujeitos destinatários das aulas diurnas e noturnas, ou seja, da necessidade de uma outra escola com programa e método apropriados e regida em conformidade com as características próprias do adulto. Situações como essa podem ser localizadas em outras províncias do país, no século XIX, e, também, ao longo do seguinte (NOGUEIRA, 2012).

A escola, ao mesmo tempo em que se ocupa da internalização e da socialização de um padrão de comportamento indicativo do que é próprio para a criança, também está produzindo um entendimento do adulto do qual ela se distingue. O que tenho percebido, no entanto, é que o questionamento sobre a adequação das práticas escolares e da pedagogia ao público adulto perpassa os séculos e, ainda hoje, nos deparamos com a denúncia de tratamento infantilizado ou de uso de materiais inapropriado nas classes de Educação de Jovens e Adultos (EJA) evidenciando que esse processo de diferenciação de longa data pode ser considerado ainda inconcluso.

[20] LOBO, 1879, p. 51, grifos meus. Pronunciamento feito diante do esvaziamento das aulas noturnas, na província baiana, no ano de 1879.

A ORGANIZAÇÃO DO ENSINO PARA ADULTOS NO BRASIL

Congruente com os processos de difusão da instrução promovidos pelas nações civilizadas, o Brasil instituiu, como parte do processo de formação do Estado, os dispositivos legais de monopolização do ensino, reconhecendo, na Lei de 15 de outubro de 1827,[21] a gratuidade da instrução primária a todos os cidadãos brasileiros, indistintamente, se criança ou adulto. O que se viveu, porém, durante o processo inicial de construção e institucionalização do Estado foram intensas lutas políticas, revoltas, e uma Constituição outorgada (1824)[22] na qual se concebeu a cidadania,[23] definiu-se a religião do Estado e institui-se a gratuidade da instrução primária a todos os cidadãos brasileiros. Tem-se início, a partir de então, um processo de regulamentação do ensino no que se refere ao método, aos saberes elementares a serem difundidos à população, bem como à entrada no magistério, com a criação do concurso para admissão do professor, ao lado da difusão das bases da cidadania brasileira. Esse processo de regulamentação se intensifica, no final do século XIX, como parte do conjunto de reformas vivenciado pelo país.

Embora a ênfase da escolarização ocidental, e no Brasil não foi diferente, tenha incidido sobre a "homogeneização dos padrões da infância civilizada por meio do estabelecimento de modelos universalizados de aprendizagem e de comportamento"[24] o que quero destacar é que o processo de distinção geracional decorrente desse acontecimento foi também importante para a construção do adulto como um sujeito escolarizável. Para isso, contribuiu de forma incisiva a regulamentação de uma escola própria para esses sujeitos, criada com o propósito de acolher, exclusivamente, aos adultos e, como exceção, às crianças que os acompanhassem. Pode-se dizer que a produção do adulto como sujeito da escolarização é um processo que se inicia *pari passu* com a difusão da escolarização da infância no século XIX,

[21] Manda criar escolas de primeiras letras em todas as cidades, vilas e lugares mais populosos do Império. Coleção de Leis do Império. 1827. Disponível em: <https://legislacao.planalto.gov.br/>. Acesso em 05 de março de 2015.

[22] São as seguintes, as únicas referências nesse dispositivo: "A instrução primária é gratuita a todos os cidadãos" (art. 179, § 32); "Colégios e universidades, onde serão ensinados os elementos das ciências, belas letras e artes" (art. 179, § 33).

[23] Não é intenção, neste texto, discutir a configuração da cidadania brasileira, tema de farta bibliografia, por exemplo: CARVALHO (1967, 1995); FÁVERO (2001) CURY (2002).

[24] VEIGA, 2007, p. 5.

principalmente, a partir da segunda metade e se prolonga no século XX, quando se tem um debate específico acerca da definição da idade escolar para se frequentar a escola noturna e, bem assim, para o estabelecimento da obrigatoriedade escolar para esse sujeito.[25]

O primeiro investimento do Estado Imperial na regulamentação da instrução pública de adultos se deu com o Decreto Imperial de n. 1331, que reformou o ensino primário e secundário na Corte, por intermédio do Regulamento de 1854.[26] Por meio desse instrumento, tenta se impor o ensino primário dos adultos como obrigação aos professores públicos, porém tal iniciativa não alcança êxito e nova tentativa é feita na década de 1870, um momento referencial para a compreensão da história da sua educação no Brasil.[27]

As ideias irradiadas pela Corte serviam de modelo a ser seguido por todas as províncias do país, em vista de seu "papel de centro criador e difusor de ideias e de um projeto consistente de sociedade e estado" no qual a instrução pública cumpriria uma função promordial.[28] Com os olhos postos na Corte, as demais províncias buscavam a disseminação da instrução publica mobilizando diversos segmentos da sociedade como na província de Alagoas. Em anúncio reproduzido em um jornal de Maceió, no ano de 1879, a situação é assim apresentada: "Escreve o *Guarany* da Cachoeira, na Bahia, que a capital do Pará conta com 60 estabelecimentos de instrução, entre as quaes uma escola nocturna à expensas da camara municipal, e outra diurna, mantidas pela loja maçonica 'Harmonia'". Na sequência do anúncio, o redator comenta: "Relativamente está, pois, a instrucção publica alli mais disseminada do que na côrte, na Bahia, em S. Paulo, Pernambuco e Maranhão".[29] Nessa "competição" para a difusão das luzes, importantes também foram as iniciativas não estatais.

[25] Sobre essas questões em Minas Gerais, ver NOGUEIRA (2009, p. 61-67). Conhecer processos semelhantes nos demais entes federativos é uma das lacunas que a história da educação dos adultos também apresenta.

[26] Diz o Decreto: Quando uma escola do segundo grau tiver dois professores, serão estes obrigados alternadamente por mês ou por ano, a ensinar matérias de instrução primária duas vezes por semana, nas horas que lhes ficarem livres, ainda que sejam em domingos e dias santos, aos adultos que para esse fim se lhes apresentarem (Collecção..., 1854, p. 59)

[27] No âmbito do Governo Central, destaca-se o Decreto de n. 7031-A, de 1878, do Governo Imperial, que determinou a criação de cursos noturnos para adultos analfabetos nas escolas públicas de instrução primária da Corte.

[28] CASTANHA, 1999, p. 62.

[29] Jornal de Maceio *O Orbe*, n. 0013, 1879, p. 3

O entendimento da importância e do lugar ocupado pela instrução dos adultos, para além da comparação interprovincial e com a Corte, pode também ser percebido nos discursos dos legisladores que advogavam em favor da difusão do ensino, como o deputado Ferreira e Costa durante sessão, na Assembleia Provincial de Minas Gerais, no ano de 1878. O deputado defendia a criação de uma cadeira de instrução primária noturna para o sexo masculino no arraial de Sant'Anna do Jacaré, interior do Estado. Com a palavra, assim se dirigiu ao presidente da Casa:

> Sr. presidente, já perante esta assemblea tem sido apresentadas e desenvolvidas as razões mais que justificadas que nos devem levar até à prodigalidade na decretação de estabelecimentos de instrução primária em nossa província, o pão do espírito, que nos faz conhecer os nossos direitos e deveres perante a sociedade, finalmente, a pedra angular da civilização dos povos. A instrucção, Sr. presidente, é actualmente a necessidade mais urgente e palpitante de nossa sociedade: desde que a tivermos disseminada e bem desenvolvida por toda a sociedade, desde que perguntar-se a um cidadão se sabe ler e escrever, e sua resposta for afirmativa, nada teremos a temer do futuro grandiosos que nos aguarda.[30]

Como *pedra angular*, a instrução se colocava como a primeira e a mais importante a ser considerada na construção do edíficio civilizatório da nação. A felicidade da nação seria alcançada com uma reforma dos costumes e dos espíritos pela difusão das letras e, para isso, era necessário investir na instrução da população pobre de modo a acompanhar a marcha da civilização da nações. Atentar-se para o importante papel da instrução no projeto de modernização do país era uma necessidade destacada, também, na avaliação feita pelo Ministro do Império, João Alfredo Corrêa de Oliveira, em 1870:

> Não temos infelizmente acompanhado o grande movimento da civilização moderna em relação à instrucção pública. Quase estacionária tem-se esta conservado entre nós, ao passo que se empenham todos os esforços e nenhum sacrifício se poupa para dar-lhe o mais amplo desenvolvimento nos paízes onde se tem comprehendido toda a sua importância, refletindo-se

[30] Jornal da cidade de Ouro Preto, *A Actualidade*, ed. 104, p. 8

> que ela não só eleva o indivíduo pelo aperfeiçoamento de suas faculdades moraes, como é o mais poderoso elemento de engrandecimento e prosperidade nacional, e condição essencial do exercício regular das instituições livres.[31]

A instrução encontra seu lugar como promotora da civilização, das reformas e do aperfeiçoamento moral da população. A defesa da necessidade de instrução do adulto foi legitimada por sua compreensão como elemento fundante da moderna cidadania brasileira, como destacou o Ministro dos Negócios do Império, Carlos Leôncio de Carvalho, ao justificar o investimento nas escolas noturnas para adultos:

> [...] criando cursos noturnos para adultos nas escolas públicas de instrução primária do 1° grau do sexo masculino veio [o decreto de criação] preencher uma lacuna a muito sentida na organização do ensino elementar. Creio que não há duas opiniões sobre a utilidade e importância de semelhante instituição. No seio dos povos livres nada há tão digno de compaixão como o adulto analfabeto, isto é, o homem que, adiantado na vida física, mas alheio às evoluções da vida moral, está separado da comunhão social pelo negro abismo da ignorância. Sabemos todos que a magna aspiração das sociedades modernas consiste principalmente em alargar, quanto possível, o círculo dos seus associados, pela igualdade no exercício dos direitos e no cumprimento dos deveres. Como, porém, realizar tão nobre aspiração, sem que a noção desses direitos e deveres haja penetrado mais ou menos profundamente a consciência e a razão de todos? Como garantir um direito a quem não saber exercer, e impor uma obrigação a quem não pode cumprir? Foi atendendo a estas considerações que empreendi e levei a efeito a criação dos mencionados cursos.[32]

O forte apelo à indulgência pelo adulto analfabeto e o anseio de civilização parece ter sensibilizado os ilustrados das mais variadas províncias do país, que, incorporando o vocabulário da filantropia iluminista, investiram na criação de aulas noturnas, derramando as luzes aos desfavorecidos da fortuna, que viviam no

[31] BRASIL, 1870, p. 9.

[32] Idem, 1871, p. 62.

"negro abismo da ignorância". Tais ideias permeavam o pensamento da intelectualidade brasileira que se dedicava a alçar o país no rol das nações civilizadas, tendo como horizonte o ideário da modernidade europeia e norte-americana. Uma das condições para se alcançar o *status* de nação civilizada era a de superar o estado de natureza, alcançando o reino do domínio da vontade livre dos homens, em seu aperfeiçoamento moral, técnico e político. A crença no uso da razão e o interesse pelo domínio da ciência se justificam pelo entendimento de que o homem, ao conhecer as leis que regem a natureza e a sociedade, pode não somente explicá-los como também intervir e dominar tecnicamente a natureza e, por conseguinte, a sociedade. Sob a inspiração da filosofia positivista, constrói-se uma teleologia que estabelece a relação intrínseca entre a ciência e o progresso da sociedade e da humanidade. A essa perspectiva, soma-se uma das principais tarefas a serem cumpridas pela instrução e educação no começo do século XIX: a ideia de iluminar o povo com o intento de promover o aperfeiçoamento da razão, da moral e a realização do progresso das civilizações.

As iniciativas voltadas para a educação do adulto compartilham dos debates, ideias e ações propostas pelas elites brasileiras em prol da modernização da sociedade. À educação imperial atribuía-se a função unificadora no vastíssimo território nacional e, para isso, mobilizaria um conjunto de experiências educativas criadas e mantidas por distintas "forças políticas" vinculadas não somente ao Estado como também à igreja e à sociedade civil. Seja de modo associado ou concorrente elas instituíram debates e estabeleceram medidas concretas no sentido de promover e manter projetos ligados à educação e à construção da nação.[33]

Tais questões permeiam o pensamento dos letrados brasileiros que se dedicam a tornar possível alcançar esse *status* tendo como horizonte a concepção de civilização europeia e, nesse sentido, dois processos concomitantes caracterizam o movimento brasileiro de produção, circulação e apropriação das ideias civilizatórias e difusão das luzes: a industrialização e a homogeneização cultural. Desse ideário faziam parte o trabalho livre, o progresso industrial e tecnológico, o aperfeiçoamento das instituições, o crescimento e urbanização das cidades e a aquisição de direitos civis e políticos, entre outros (CHALHOUB, 2012). No tocante à homogeneização cultural,

[33] GONDRA; SCHUELER, 2008, passim.

promovida pela escola, e à cidadania, o Ministro Leôncio de Carvalho reconheceu que a marcha da expansão da escolarização moderna privilegiara as crianças deixando o adulto analfabeto fora da rota da civilização:

> Na distribuição do ensino, fôra injusto o Estado se atendendo exclusivamente às gerações que despontam, deixasse no olvido aquela que já ocupa um lugar na cena política do país e que conta em seu seio uma numerosa classe completamente deserdada do benefício da instrução. Faz-se mister, portanto, ao lado das escolas destinadas a infância, promover a criação de cursos para o ensino primário dos adultos analfabetos, e esta necessidade assume uma importância particular quando se trata da realização de uma reforma como a do sistema eleitoral, para cujo êxito poderosamente contribuirá o desenvolvimento da instrução popular.[34]

A referida reforma, levada a termo em 1881,[35] ao restringir o voto aos analfabetos, deslocou a questão da cidadania do âmbito da esfera econômica e política para a esfera educacional, colocando de vez a temática da educação do adulto no centro dos debates e das preocupações mais gerais. Para o êxito desse projeto, o Governo Imperial contava com a ação dos presidentes das províncias, no entanto, tendo a filantropia como uma das formas de sociabilidade intelectual as elites letradas também promoviam, voluntariamente, a criação de aulas ou de escolas noturnas, por intermédio de ações individuais ou de associações.

O VOCABULÁRIO DA FILANTROPIA MODERNA

A recorrência com que o tema da filantropia circulava pelas províncias brasileiras, por meio da imprensa periódica, evidenciava a importância que essa ação havia alcançado em meio a distintos grupos sociais no país. Considerada a "missionária da civilização", a imprensa buscou ocupar, na virada do século XIX para o XX, um lugar privilegiado de difusão dos princípios da nova civilidade requerida pela nova sociabilidade advinda da transformação do espaço urbano, um dos elementos centrais da modernidade.

---

[34] BRASIL, 1871, p. 62.

[35] Promovida pelo Decreto n. 3029 de 09 de janeiro de 1881.

Diferindo-se da caridade tradicional, a filantropia moderna rompia com o sentido conferido à ajuda aos pobres e à relação estabelecida com o Estado-nação. No oitocentos, acentuaram-se as diferenças entre o sentimento relacionado a ambas, evidenciadas com as transformações operadas pelas Luzes no sentimento de caridade. Anne Monier (2013) destaca, a partir dos estudos de Olivier Zunz, o surgimento da filantropia no contexto americano, por exemplo, no seu sentido moderno, ao final do século XIX, ligada à reconciliação do país, logo após a guerra civil ou Guerra de Secessão (1861 a 1865), quando, amparada por uma reforma do quadro jurídico, os grandes filantropos reformadores passaram a se constituir como responsáveis pela reunificação e progresso nacional.[36] Com esse sentido, a filantropia moderna, diferindo da caridade tradicional, promoveu naquele momento histórico uma dupla ruptura: por um lado, não visava mais o alívio temporário aos pobres, todavia, mobilizava soluções mais duradouras para os problemas sociais, lançando mão da investigação, da denúncia e do combate, em especial, de suas causas; por outro, ela se voltava para a construção do bem-estar e do progresso moral da humanidade.[37]

Maria da Conceição Meireles Pereira (2004) destaca a distinção entre o sentimento de caridade e de filantropia, na produção do Oitocentos, na sociedade europeia, evidenciando as transformações operadas pelas Luzes no sentimento de caridade. Tais transformações a levou a se afastar "da piedade tradicional e da comoção religiosa profunda", como prescrita no Evangelho, para se desenvolver de "forma cívica e secular", dando origem a um novo sentimento, social e coletivo, e ação, justificados à luz da utilidade pública[38]. Essa mudança é uma das consequências do deslocamento da finalidade das ações humanas promovidas pelo espírito iluminista, que não se volta mais para o céu visando a Deus, mas desce à terra dirigindo-se à humanidade, daí a sua característica humanista ou antropocêntrica.

---

[36] Segundo Monier (2013), no contexto americano, a historiografia marca, entretanto, o nascimento da filantropia moderna no início do século XX, com as ações de dois grandes filantropos criadores das primeiras grandes Fundações de interesse geral: Andrew Carnegie e John D. Rockefeller.

[37] Nesse contexto, realizam-se alianças colaborativas entre reformadores e filantropos, que disponibilizam suas fortunas como importante recurso público para o progresso social. Com isso, o papel do Estado foi o de acompanhar, definir e regular o desenvolvimento desse tipo de ação, proibindo, por exemplo, a participação da filantropia na política partidária e autorizando sua atuação, em especial, no campo da educação, como nova forma de ativismo (MONIER, 2013).

[38] PEREIRA, 2004, p. 832.

Sabine Rozier[39], ao comentar a distinção entre a filantropia americana e a francesa, ressalta que, na França, como legado dos ideais revolucionários e republicanos, o sentido da filantropia não é o de caridade, mas o de solidariedade, no qual se reconhece a adesão de todos a um mundo de indivíduos livres e iguais. Marco Morel (2005), refletindo com Maurice David (1992), analisa a distinção entre a filantropia, a caridade e a fraternidade, no contexto da França revolucionária, reconhecendo que

> a filantropia é distinta tanto da tradicional prática da caridade cristã quanto da fraternidade revolucionária. A Filantropia, tocada pelo espírito das Luzes, era o movimento dos que podiam ajudar (os ativos) em direção aos percebidos como despossuídos (passivos). A filantropia, também identificada como beneficência, era uma forma de expansão da civilização ocidental e, ao mesmo tempo, um meio eficaz de criar redes de poder e laços de clientela.[40]

Tais entendimentos estiveram presentes, conforme demonstra Marcilaine Soares Inácio (2010), no âmbito das ações desenvolvidas nos espaços coletivos, no Brasil imperial, pelas sociedades políticas, literárias e filantrópicas, uma das forças mais atuantes surgida no interior da sociedade civil com objetivo de contribuir para a civilização da população, por meio da difusão da cultura escrita e disseminação das luzes. No âmbito da pedagogia, o "terreno comum com a beneficência" era o de "levar as Luzes do saber para os que não possuíssem, retomando, pela via da instrução, a incorporação de setores da população aos costumes, ideias e ao progresso civilizatório, bem como a formação de mão de obra"[41]. Tal concepção se encontrava presente nos mais variados discursos proferidos pela elite letrada e política do século XIX que via a instrução como "o pão do espírito" devido a "uma numerosa classe completamente deserdada do benefício da instrução", como já visto. Assim, "a ideia de civilizar e disciplinar estava diretamente relacionada com a redefinição de percepções sociais a respeito da 'caridade, da 'pobreza' e da 'mendicância'"[42] .

---

[39] ROZIER *apud* PERETZ, 2012, p. 7.

[40] MOREL, 2005, p. 221-222.

[41] MOREL, 2005, p. 221.

[42] GONDRA; SCHUELER, 2008, p. 75.

O vocabulário da filantropia comportava práticas que possibilitavam a identificação dos letrados beneméritos como construtores de lugares de referência de ações e de pertencimento, vinculados a um projeto de construção de Nação embasado nos ideais de modernidade e de civilização. Tais discursos, reproduzidos em diversos jornais da época,[43] possibilitavam a circulação das informações e a construção da opinião nos espaços coletivos, públicos ou privados, influenciando os costumes e a moral pública. Como destacado por Humberto Fernandes Machado, parte significativa das elites intelectuais veiculava na imprensa "ideias que exaltavam o 'progresso', a 'civilização' e a necessidade de eliminar a escravidão, responsável pelo 'atraso' do Império", assim como os resquícios da 'sociedade colonial'"'[44]

A imprensa atuava na difusão e, ao mesmo tempo, na construção dessa concepção de filantropia moderna, seja pela visibilidade que conferia às mais variadas práticas de benevolência realizadas por indivíduos e associações, ou pela possibilidade de fazer circular e de socializar um vocabulário comum que traduzia o sentido de tais ações, destacando, ora seu alinhamento às nações civilizadas, ora o sublime significado humanitário dessas práticas que deveriam ser imitadas por toda a sociedade. O sentido de tais palavras pode ser ainda mais bem compreendido no trecho seguinte que realça a relação entre os atributos dos indivíduos e o papel da opinião pública:

> [...] O que distingue um cidadão [...] o que o eleva acima de seus iguaes, são as qualidades pessoaes, a virtude, a ilustração, o patriotismo, a dedicação, a philanthropia, os serviços prestados ao paiz ou à humanidade. A opinião pública o vai procurar na sua obscuridade, o exalta e faz conhecido, respeitado de seus concidadãos [...] entendem, Senhor, que a opinião

[43] Ciente de que a produção de um jornal comporta "escolhas, recortes, subjetividades pessoais e conjunturais", entendo também que ele conserva as "marcas dos processos sociais pelos quais passou uma sociedade" nos variados campos, como o da política, dos costumes, das técnicas, da educação e outros; enfim, o jornal "recebe o reflexo da sociedade, mas também projeta sua própria luz sobre ela" tornando-se "um agente construtor daquele determinado contexto" com intento de também construir discursos hegemônicos. O jornal, entendido não como um "repositorio da verdade", mas como um documento que registra as "vivências de certos grupos em certos lugares num certo tempo", nos coloca diante de relatos "produzido por um conjunto de pessoas, as quais interpretam essas vivências de acordo com alguns pressupostos, procurando dar coerência aos seus registros, e propondo-os a outras pessoas" (GOODWIN JUNIOR, 2007, p. 75-6).

[44] MACHADO, 2006, p. 142.

> púbica não se engana, não se deixa levar por interesses reprovados, não abdicão o direito de apreciar o mérito, não o delegão ao governo, essencialmente domindado por paixões políticas.[45]

Era exatamente esse o papel cumprido pela imprensa imperial: construir a direção intelectual e moral da sociedade, revelar, por meio da opinião pública, e conferir visibilidade aos beneméritos, tirando-os da obscuridade e tornando-os conhecidos. Mas, para isso, os seus atos deveriam ter uma função, reconhecida como humanitária pelo espírito público.

INSTRUÇÃO DE ADULTOS: FILANTROPIA E CIVILIZAÇÃO

No âmbito da pedagogia, atuava a filantropia na instrução primária dos adultos, com o objetivo de levar as luzes àqueles que viviam nas trevas provocadas pelo analfabetismo e, bem assim, operar na transformação de comportamentos, atitudes e valores indispensáveis ao progresso moral e material da sociedade. Nesse caso, a função da escola noturna para adultos seria a de promover a transformação das sensibilidades e das práticas, incorporando, dessa forma a população pobre aos costumes, às ideias e ao progresso civilizatório.

O estudo sobre as escolas noturnas imperiais destinadas aos adultos não pode, no meu entendimento, prescindir dessa compreensão, pois, concomitante à preocupação com a socialização e a escolarização da infância, a partir da segunda metade do século XIX, a instrução primária dos adultos mobilizou um grupo cada vez mais crescente de indivíduos ou de associações civis que, imbuídos do desejo de modernização do país e de civilização dos povos, assumiu a tarefa de difundir as luzes a todos os recantos do país. É da ação de beneméritos, de associações literárias e propagadoras da instrução pública, e de cidadãos da elite letrada que surgiram diversas iniciativas com vistas a socializar um modelo de comportamento civilizado bem como os benefícios das luzes.

Os "rasgos de generosidade e filantropia" dessa elite circulavam cotidianamente na impressa periódica brasileira, nos permitindo corroborar a reflexão de Mach-

[45] Jornal *O Jequitinhonha* – Folha política, literaria e noticiosa. Diamantina, 19 de dezembro de 1869, anno IX, n. 8, p. 2.

ado ao afirmar que "a imprensa não se limitava a noticiar; fazia parte da construção do próprio acontecimento"[46]. Entendemos que a forma de qualificar e descrever tais ações possibilitava a construção e a fixação de um imaginário social fazendo com que os sujeitos nomeados se identificassem com ele e partilhassem visões de mundo, inserindo grupos sociais distintos numa subjetividade comum coletiva por meio de sua circulação no espaço público (CHARAUDEAU, 2008). Vale lembrar que os responsáveis pelas publicações estavam sempre identificados com as disputas políticas e ideológicas do final do Império, e que seus jornais possibilitavam a circulação de um amplo conjunto de ideias e ideologias. A construção dessa subjetividade comum e do processo identificatório ganha sentido nas páginas desse jornal:

> Naturalmente comentamos, falamos com prazer, quando nos referimos aos grandes actos de philantropia e patriotismo, praticados pelos nossos patrícios; e se esses actos são espontâneos, o nosso júbilo confunde-se com uma admiração que se converte numa espécie de exaltamento, que pode ser traduzido em desejo de os imitar [...] Estes actos devem se fazer conhecidos por mais de um motivo: revelão a gratidão [...] e podem ser imitados por muitas pessoas que, possuindo-se de uma inveja agradável e tão vehemente, se resolvão a praticar iguaes e maiores, que serão sempre bem vindos e melhor aceitos.[47]

Imitar os atos de filantropia e construir uma nação civilizada e moderna cuja contribuição da pedagogia se faria na confluência da instrução com a construção de um padrão universal de moral e de costumes. A democratização educacional, que ocorre a partir da segunda metade do século XIX, embora tivesse como foco os cidadãos de amanhã, as crianças, promoveu, concomitantemente, o reconhecimento dos adultos, cidadãos ou não, como demandatários da instrução pública.

A sociedade brasileira provincial, por meio de seus mais dignos cidadãos, se mobilizou de forma a construir um quadro de estratégias, com vistas a transformar os costumes, os comportamentos, a mentalidade da população pobre com propósito de civilizá-la e, bem assim, inseri-la num projeto mais amplo de civilização. Para isso,

---

[46] MACHADO, 2006, p. 151.

[47] Jornal *O liberal Mineiro*, 16 de setembro de 1882, n. 121, p. 2, grifos meus.

foram acionados diversos espaços de sociabilidade institucionalizados, espaços privados e públicos nos quais se construíam as relações sociais, indo do espaço privado da casa do professor ao espaço público das associações filantrópicas, literárias, maçonaria, mobilizando crenças, ciências, circulando ideias, bem como lançando mão de dispositivos distintos como a imprensa, o teatro, a música, as bibliotecas, para promover, por meio da difusão da cultura escrita, a reforma dos costumes e do espírito da população pobre. O principal instrumento de transformação dos costumes, dos comportamentos e das atitudes dos adultos foi o vocabulário da filantropia cujo poder instituiu um modo de vida digno de ser imitado, exaltado e publicizado nas páginas da imprensa oitocentista.

A escola moderna foi assumindo, dessa forma, um lugar de grande importância na socialização de um modelo de comportamento civilizado que deveria ser aprendido não somente pela criança, arauto do futuro, como também pelo adulto, deserdado da sorte.

REFERÊNCIAS

ARIÈS, P. *História social da infância e da família*. Tradução: D. Flaksman. Rio de Janeiro: LCT, 1978.

BASILE, Marcello. Projetos de Brasil e construção nacional na imprensa fluminense (1831-1835). In: NEVES, L.M.B. P.; MOREL, M.; FERREIRA, T. M. B. da C. (Orgs). *História e imprensa:* representações culturais e práticas de poder. Rio de Janeiro: DP&A, 2006, p. 60-93.

BRASIL. Ministério do Império. Ministro João Alfredo Corrêa de Oliveira. Relatório do anno de 1870 apresentado à Assemblea Geral na 3ª sessão da 14ª legislatura. Publicado em 1871. Disponivel em: http://brazil.crl.edu

CARVALHO, J. M. *El Desenvolvimiento de la ciudadania en Brasil*. México: Fondo de Cultura Económica, 1995.

CARVALHO, Laerte Ramos de. *Introdução ao estudo da História da Educação Brasileira*: o desenvolvimento histórico da educação brasileira e a sua periodização. São Paulo, 1972. (Mimeog.)

CASTAN, Yves; LEBRUN, François; CHARTIER, Roger. Figuras da Modernidade. In: CHARTIER, Roger (Org.). *História da vida privada*: da Renascença ao Século das Luzes. Vol. 3. Tradução Hildegard Feist. – São Paulo: Companhia das Letras, 2009, p. 21-27.

CASTANHA, A. P. *Pedagogia da Moralidade*: o estado e a organização da Instrução. Pública na província de Mato Grosso. 1999. Dissertação (Mestrado em Educação). Instituto de Educação/UFMT, Cuiabá, 1999.

CHALHOUB, Sidney. População e Sociedade. In: CARVALHO, J. M. (Org.) *A Construção Nacional* (1830-1889). Rio de Janeiro: Objetiva, 2012, p. 37-81.

CHARAUDEAU, Patrick. *Discurso político.* Trad. Fabiana Komesu Edilson Ferreira da Cruz. 1ª. ed. São Paulo: Contexto, 2008.

COLEÇÃO DE LEIS DO IMPÉRIO DO BRASIL Decreto n. 1. 331 A, de 17 de fevereiro de 1854. Approva o Regulamento para a reforma do ensino primário e secundário no Município da Côrte. Collecção da leis do Império, 1854.

FÁVERO, Osmar; FREITAS, Marinaide. A educação de adultos e de jovens e adultos. Um olhar sobre o passado e o presente. *In Inter-Ação*, Goiânia, v. 36, n. 2, jul./dez. 2011, p.365-392.

GONDRA, José Gonçalves; SCHNEIDER, Omar. (Org.) *Educação e instrução nas províncias e na corte imperial (Brasil, 1822-1889).* Vitória: EDUFES, 2011.

GONDRA, José Gonçalves; SCHUELER, Alessandra. *Educação, poder e sociedade no império brasileiro.* São Paulo: Cortes, 2008.

GOODWIN JUNIOR, James William. *Cidade de papel:* imprensa, progresso e tradição. Diamantina e Juiz de Fora, MG (1884-1914). 2007. Dissertação (Mestrado em História). Universidade de São Paulo, São Paulo, 2007.

INÁCIO, Marcilaine Soares. *Educação e política em Minas Gerais:* o caso das sociedades políticas, literárias e filantrópicas no período regencial (1831/1840). 2010. Tese (Doutorado em Educação). UFMG, Belo Horizonte, 2010.

MAC CORD, Marcelo. A década de 1870 e as políticas de "instrução popular": a complexa arquitetura do Liceu de Artes e Ofícios do Recife (2010) *Revista UNIABEU.* Belford Roxo, v.1. n.1 set/dez. p. 152-176.

MACHADO, Humberto Fernandes. Imprensa e identidade do ex-escravo no contexto do pós-abolição. In: NEVES, L.M.B. P.; MOREL, M.; FERREIRA, T. M. B. da C. (Orgs). *História e imprensa*: representações culturais e práticas de poder. Rio de Janeiro: DP&A, 2006, p. 142-152.

MONIER, Anne. De la philanthropie en démocratie. *La Vie des idées*, 4 février 2013. ISSN:2105-3030. Disponível em : <http://www.laviedesidees.fr/De-la-philanthropie-en-democratie.html>. Acesso em 28 de setembro de 2014.

MOREL, Marco. As *transformações dos espaços públicos*: imprensa, atores, políticos e sociabilidades na Cidade Imperial (1820-1840). São Paulo: Hucitec, 2005.

NOGUEIRA, V. L. As aulas noturnas no Brasil império: espaços de sociabilidade na instrução e civilização dos adultos livres, libertos e escravos na segunda metade do século XIX. In: XI CONGRESO IBEROAMERICANO DE HISTORIA DE LA EDUCACIÓN LATINOAMERICANA, 2014, Toluca. Sujetos, poder y disputas por la educación. Toluca: Cinvestav. El Colégio Mexiquense, 2014. v. único. p. 2711-2724.

NOGUEIRA, Vera Lúcia. *A escola primária noturna em Minas Gerais (1891-1924)*. Belo Horizonte: Mazza, 2012.

PAIVA, Vanilda Pereira. *Educação popular e educação de adultos*. São Paulo: Loyola, 1983.

PERETZ, Pauline. Pratiques du don. La philanthropie em France et aux États-Unis: débat entre Anne Bory, Nicolas Guilhot, Sabine Rozier et Olivier Zunz. *La vie des idées*, 27, mars 2012, ISSN: 2105-30-30. Disponível em : <http://www.laviedesidees.fr/pratiques-du-don.html>. Acesso em 23 de março de 2014.

REVEL, Jacques Os usos da civilidade, In: CHARTIER, Roger (Org.). *História da vida privada*: da Renascença ao Século das Luzes. Vol. 3. Trad. Hildegard Feist. – São Paulo: Companhia das Letras, 2009, p. 169-210.

VEIGA, C. G. A produção da infância nas operações escriturísticas da administração da instrução elementar no século XIX. *Revista Brasileira de História da educação*. n° 9 jan./jun. 2005.

VEIGA, Cynthia Greive. Monopolização do ensino pelo estado e a produção da infância escolarizada. In: X SIMPÓSIO INTERNACIONAL PROCESSO CIVILIZADOR. Campinas (SP) – 1 a 4/04/2007 – Anais Eletrônicos –ISBN 978-85-99688-02.

VEIGA, Cynthia Greive. O processo escolarizador da infância em Minas Gerais (1835-1906): geração, gênero, classe social e etnia. 2008. Disponível em: <http://31reuniao.anped.org.br/>. Acesso em 21 de março de 2014.

Elaborações oitocentistas a respeito do que viria a ser Modernidade Brasileira

Matheus da Cruz e Zica

INTRODUÇÃO

No contexto atual podemos citar o sociólogo Jessé de Souza como um dos principais teóricos da "modernidade brasileira", se assim quisermos dizer. Dialogando criticamente com clássicos como Gilberto Freyre, Sérgio Buarque de Holanda e, sobretudo, com Florestan Fernandes, o referido estudioso tem produzido leituras instigantes na tentativa de compreender as especificidades que marcam a experiência da modernidade no Brasil, sendo confundida com termos como "modernidade periférica" e "construção social da subcidadania" em uma de suas principais obras.[1] Para Jessé de Souza, a principal característica dessa "nossa" modernidade seria a "produção social de uma 'ralé estrutural'", a naturalização da desigualdade como um "fenômeno de massa".[2]

O interessante é que nessa argumentação a ideia de modernidade não fica de fora. Mesmo com características que poderiam ser associadas ao "pré-moderno" – parcelas enormes da população que não consideram estar vivendo como "gente" –, na reflexão do sociólogo citado acima, o Brasil segue sendo visto como integrante de um movimento maior que tem sido apreendido pelo conceito de "modernidade".

Para a compreensão da especificidade dessa modernidade marcada pela naturalização da subcidadania, Jessé de Souza travará um diálogo fortíssimo com um

[1] SOUZA, 2012.

[2] SOUZA, 2012, p. 177.

livro específico de Florestan Fernandes: *A integração do negro na sociedade de classes.*[3] Para compreender a situação precária da vida de milhões de negros no Brasil da década de 1960, boa parte do que se considera ser a "ralé brasileira", Fernandes teve de retornar até a segunda metade do século XIX em seu estudo.

Um silêncio conivente de nossa própria intelectualidade do século XX, em relação ao dramático fim da escravidão no Brasil, viria a ser apontado por Florestan Fernandes: o nascimento de nossa república democrática foi acompanhado da inclusão precária de um grande número brasileiros advindos da escravidão. A sociedade brasileira desde então permaneceu contendo um fosso em seu interior, fator que tornaria impertinentes leituras que tomam "o brasileiro" no singular. Por esse prisma, no Brasil ou se é "do morro" ou se é "do asfalto", ou se é "Zona Norte" ou se é "Zona Sul". "O" homem cordial de Sérgio Buarque de Holanda, "o" sujeito que vive a democracia racial de Gilberto Freyre, ou "o" brasileiro carnavalesco de Roberto Da Mata, é do "morro" ou é do "asfalto"? Essas figuras estariam acima do fosso que marca o cotidiano das experiências de vida no Brasil?

Apesar do rigor intelectual a partir do qual foram formuladas as teorias de Jessé de Souza e de Florestan Fernandes é sempre bom lembrar que elas não são todo-poderosas e livres de contradições e limites. O que queremos deixar claro é que nossa aproximação em relação a esses autores tem a ver com nosso posicionamento diante do que consideramos serem os atuais problemas brasileiros. Consideramos que a "baixa autoestima" detectada por Florestan, conceito reelaborado por Jessé através do termo "*habitus* precário", segue sendo uma importante chave para compreendermos trajetórias e modos de vida de boa parcela da população brasileira. Com esses autores compartilhamos também o percurso metodológico que considera imprescindível um retorno ao século XIX brasileiro se se considera compreender de modo mais aprofundado as singularidades de nossa modernidade. É, pois, nesse sentido que caminharemos pelas próximas páginas. Nossas análises ora tendem a corroborar as teorias de Jessé de Souza e Florestan Fernandes, ora tendem a complexificá-las, buscando trazer novos elementos e desafios para o debate sobre a modernidade brasileira.

[3] FERNANDES, 1978.

MODERNIDADE A PARTIR DAS ESGUEIRAS DE ANÚNCIOS DE JORNAL

> **NOTÍCIAS DIVERSAS**
> **Teatro** – Como anunciamos, teve lugar na noite de 14 a representação da comédia – Phantasma branco – pela sociedade particular.
> Correu perfeitamente o seu desempenho, sobressaindo o menino Brandão, os srs. João Vitor, Cabral e Queiroga, que fizeram os primeiros papéis. Os outros senhores também por sua compenetraram-se de seus papéis e executaram bem.
> A farsa também agradou, especialmente por não ser conhecida no teatro da capital.
> O produto dos camarotes e platés foi cedido a benefício das obras da capela de S. Francisco de Paula.
> Louvores, pois, à filantropia desses cavalheiros.
> Seria para desejar que continuassem em tão nobre, quão meritória missão.
> Seja-nos, por fim, permitido lembrar à sociedade dramática particular, que quando tiver que levar à cena qualquer peça, nomeie *um chefe de polícia, tirado dentre os sócios, afim de policiar o edifício, e evitar* que se fume no recinto do teatro, incomodando às senhoras, e *que por detrás dos camarotes se aglomerem escravos*[4].

Escanteados nessa notícia do jornal ouro-pretano de 1870, *O Noticiador de Minas*, assim como no teatro, nela quase podemos ver os vultos dos cativos, atentos à apresentação, esforçando-se por ouvir uma fala e outra, por acompanhar a sequência da história, por desfrutar ao máximo da beleza das vestimentas dos atores e da decoração do palco. Mesmo não estando no camarote principal, das esgueiras esses sujeitos escravizados participavam à sua maneira daquele evento, compartilhavam com os livres daquele espaço de experiência.

Em suma, não havia como banir os escravos de vivências que eram próprias daquele tempo, mesmo que muitos senhores tenham querido fazê-lo conforme o próprio autor anônimo da notícia citada acima parecia desejar. A difusão do teatro, integrante do processo da modernidade, era uma experiência própria daquela conjuntura histórica e não de uma classe. Mesmo que reconheçamos as desigualdades de

[4] *Noticiador de Minas*, n. 235, 20/09/1870, p. 3, ênfase adicionada.

condições de acesso a tais experiências, elas atingem a todos os setores sociais que compartilham uma mesma conjuntura histórica.

Ainda analisando o já mencionado jornal ouro-pretano, em suas páginas podemos ver com clareza que a Europa é representada como elemento articulador da miragem da modernidade. Isso fica evidenciado nos abundantes anúncios de remédios e em outros não tão frequentes, como era o caso dos de roupas, cursos científicos e livros. Todas as fartas menções à linguagem da ciência e ao padrão europeu, presentes em anúncios dos diversos produtos propagandeados, pareciam sugerir aos leitores que suas marcas acompanhavam o progresso.

As propagandas de roupas, no jornal analisado, são as únicas que chegam a ousar, mesmo que bem mais timidamente que as de remédio, na utilização de vinhetas maiores para chamar mais atenção aos seus anúncios nas páginas do periódico. O texto seguinte se repete ao longo de quase todos os anos em que analisamos o referido jornal (1869-1871), sempre precedido por três desenhos simples alinhados de um vestido, uma sobrecasaca e uma calça:

> ATENÇÃO
> 42-Rua S. José-42
> O abaixo assinado faz ciente a seus numerosos amigos e fregueses, que recebeu um grande sortimento de fazendas de seda, lã, linho e algodão, como sejam lãs em peças para vestidos, cortes de dita, cassas em peças e cortes, precales, roupas feitas, sendo cavours de diferentes qualidades, sobretudos, sobrecasacas, fraques, alabamas de pano, casimira, merinó, alpaca e brins; assim como, calçados para homens, senhoras e crianças; chapéus dos *mais modernos* idem idem; perfumaria, miudezas de armarinho, papel, ferragens, e uma variedade de artigos que seria longo enumerar-se num anúncio; tudo do *mais moderno e apurado gosto.*
> Espera, portanto, a concorrência de seus fregueses e protesta-lhes que os preços serão os mais razoáveis possíveis. Para as pessoas que quiserem escolher à vontade tem uma sala sobre a loja.
> Ouro Preto, 8 de dezembro de 1868. – Albino da Costa Guimarães.[5]

[5] *Noticiador de Minas*, n. 47, 15/12/1868, p. 3, ênfase adicionada.

Destacaríamos na narrativa citada anteriormente a presença de peças descritas de maneira muito semelhante as das utilizadas por alguns escravos em suas fugas. A loja de roupas que anuncia num dos jornais mais importantes da Província, naquele período, exibe as mesmas sobrecasacas, sobretudos, alpacas, brins e chapéus que vemos os fugidos carregarem consigo, conforme evidenciam os anúncios dos "negros fujões" presentes no mesmo jornal.

Em relação ao "bem falante" escravo Veríssimo, fugido da fazenda da Barra de São Domingos, termo da cidade do Pomba (MG), o anúncio diz o seguinte: "bom alfaiate, levou boa roupa; uma camisa de flanela vermelha com abotoadura de pedra, um chapéu de lebre fino, uma foucinha e uma pistola velha..."[6]. Além de procurar garantir sua proteção com uma foice e uma garrucha, Veríssimo também parece ter utilizado seu talento como alfaiate para se proteger de outro perigo: o de ser identificado com o mundo da escravidão, estrato do qual pretendia se distanciar, simplesmente por conta de seu modo de se vestir. As "roupas finas" poderiam facilitar a confusão de sua condição com a de negro alforriado ou liberto, do mesmo modo que o seu "bem falar".

Outro escravo que também "falava bem" e que adota uma conduta próxima da de Veríssimo era Ludgero ao levar "muita roupa fina, poncho e chilenas. Foi montado em um macho russo pedrez andador"[7]. Como sugere esse anúncio do cativo Ludgero, algumas vezes os escravos se valeram de cavalos ou muares no momento da fuga, contradizendo mais uma vez a imagem estereotipada da vinheta do negro a pé. No caso do escravo Cândido, capoeirista, esse elemento também está presente, além de mais uma vez a atenção ao vestuário:

> Fugiu levando um burro pequeno arreado, cor pelo de rato claro, uns alforjes pretos de goma, com roupa, entre a qual se acha uma calça de brim amarelo e um chapéu de sol branco. Quem o apreender e levar ao seu senhor na cidade de Ubá, será generosamente gratificado.[8]

[6] *Noticiador de Minas*, n. 334, 18/07/1871, p. 4.

[7] *Noticiador de Minas*, n. 44, 03/12/1868, p. 3.

[8] *Noticiador de Minas*, n. 82, 10/03/1869, p. 4.

A descrição do escravo Francisco, por seu turno, também já mencionado em páginas anteriores, outra vez traz a expressão "levou muita roupa fina", em consonância com sua "bonita figura", sua "fala pausada e andar moderado", e em contraste com seus "dentes da frente sujos e amarelos"[9].

Já o escravo Jerônimo era "bastante conversado" e parecia procurar somar a isso o hábito de se vestir de modo elegante já que levara consigo "calça de brim pardo, paletó de alpaca preta e camisa de algodão americano"[10].

Isso parece indicar que os escravos descritos não estariam alheios à valorização das roupas que, em diferentes níveis e capacidades de consumo, afetava a todos os que experimentaram aquela conjuntura histórica determinada. Mas eles parecem ter tido uma percepção sagaz das consequências que acompanhavam a nova organização dos grupos humanos influenciada pelos movimentos de moda a partir daquele século: os objetos e as roupas utilizados estariam passando a dizer tão ou mais da condição social de um indivíduo que as próprias características fenotípicas dos sujeitos.

A valorização dos objetos que compõem as vestimentas ao mesmo tempo faz parte e dá a ver o triunfo da ordem burguesa sobre o mundo das hierarquias de sangue e de nobreza, o triunfo do dinheiro sobre o sobrenome. Símbolo dessas hierarquias agora flutuantes de acordo com quem acumula mais dinheiro, as indumentárias mais do que nunca passavam a ter o poder de funcionar como convincentes mascaradas.

Outro elemento importante a se ressaltar na última citação feita é a utilização do argumento do *moderno* associado a *apurado gosto* como meio de atrair clientes. A ideia de que o que é moderno é bom por si só, sem precisar de maiores explicações, indica que a estrutura mental de organização temporal via noção de progresso já parecia estar disseminada e tacitamente aceita em interiores do Brasil na segunda metade do XIX. Por outro lado, indica também que as pessoas conectavam positivamente o avanço da modernidade às mudanças no vestuário.

COMPLEXIFICANDO A MODERNIDADE BRASILEIRA

Nós, pesquisadores da História da Educação, temos nos perguntado sobre as multifaces dos processos pelos quais o Brasil engendra sua modernidade. As ideias

[9] *Noticiador de Minas*, n. 287, 14/03/1871, p. 3, ênfase adicionada.

[10] *Noticiador de Minas*, n. 246, 18/10/1870, p. 4.

de cópia e atraso têm pautado essa discussão quando temos nos referido à educação nos contextos de modernização do país. Importantes teóricos que têm se debruçado sobre as temáticas da modernidade têm destacado que, de fato, a noção de progresso acaba trazendo consigo certo impulso à hierarquização entre regiões, o que sugere imagens de aceleração, avanço e retardamento. Mas essa mesma modernidade é portadora de um otimismo enorme em relação ao futuro. Para Reinhart Koselleck,[11] essas teriam sido as principais características da noção que ganhou espaço em boa parte dos países do mundo naquele contexto:

> O progresso reunia [...] experiências e expectativas afetadas por um coeficiente de variação temporal. Um grupo, um país, uma classe social tinha consciência de estar à frente dos outros, ou então procuravam alcançar os outros ou ultrapassá-los. Aqueles dotados de uma superioridade técnica olhavam de cima para baixo o grau de desenvolvimento dos outros povos, e quem possuísse um nível superior de civilização julgava-se no direito de dirigir esses povos. Na hierarquia dos estamentos via-se uma classificação estática, que o impulso das classes progressistas deveria ultrapassar. Os exemplos podem ser multiplicados ao infinito. [...] Afirmar que nenhuma experiência anterior pode servir de objeção contra a natureza diferente do futuro torna-se quase uma lei. O futuro será diferente do passado, vale dizer, melhor.

Uma primeira questão a ser esclarecida é que o engendramento dessa modernidade brasileira se inicia já nos primórdios do século XIX. Eivado de discussões a seu respeito, nos anos iniciais daquele século, tal processo não parece ter sido posto nos termos familiares do dualismo simplista com o qual muitos dos nossos contemporâneos ainda trabalham: atraso / avanço.

Alguns viajantes estrangeiros preferiram utilizar como modelo explicativo a ideia de um processo de modernização que brotava do diálogo com a Europa, muito mais que de uma réplica subserviente. Esse parece ter sido o caso de Henri Koster, por exemplo. De nacionalidade inglesa, visita as províncias de Pernambuco, Parahyba, e Rio Grande do Norte, durante a segunda década do século XIX. Em seu relato, podemos destacar várias tensões captadas por essa escrita marcada pelo seu lugar so-

[11] KOSELLECK, 2006, p. 317-318.

cial de europeu nos trópicos, tencionando a própria maneira como o teórico alemão Reinhart Koselleck, com quem temos dialogado, tem compreendido esse processo em escala global:

> Pode ser observado, depois do que escrevi e tenho feito menção, que não é possível julgar a sociedade por uma mesma regra. Famílias de igual posição, importância e riqueza, têm maneiras inteiramente diversas. O fato é que a sociedade sofreu uma transformação rápida. Não que o povo imitasse os hábitos europeus embora esses tivessem influência, mas a proporção que a prosperidade aumenta, maior luxo é exigido; quando a educação se aperfeiçoa, os divertimentos são mais polidos e altos, e, alargando-se o espírito, pelas leituras, muitos costumes tomam forma diversa. As mesmas pessoas vão insensivelmente mudando e já olham com ridículo e desgosto, em poucos anos, os hábitos que as haviam subjugado longamente.[12]

O viajante repele a ideia de que as mudanças de hábitos nessa porção portuguesa da América fossem um simples reflexo do contato com a Europa. Em compensação, a crença em determinados elementos que acompanham a ideia de progresso está ali inabalada. O Brasil estaria se civilizando na medida em que aumentava seus lucros; investia em educação; refinava o lazer; e estranhava costumes do passado. Koster nos dá a ver uma lógica própria da modernidade que segue parâmetros estritos, mas que parte de realidades próprias e desemboca em resultados bastante únicos e distintos.

Isso nos ajuda a compreender melhor o processo de experiência da modernidade, tal qual a tem estudado Reinhart Koselleck. As ideias apresentadas complexificam a afirmação de Koselleck sobre a percepção da história global ou mundial como um processo que acontece simultaneamente, não necessariamente reafirmando-a:

> O conceito de "progresso" só foi criado no final do século XVIII, quando se procurou reunir grande número de novas experiências dos três séculos anteriores. O conceito de progresso único e universal nutria-se de muitas novas experiências individuais de progressos setoriais, que interferiam com profundidade cada vez maior na vida quotidiana e que antes não exis-

[12] KOSTER, [1809-1820] 2003, p. 61.

> tiam. Menciono a revolução copernicana, o lento desenvolvimento da técnica, o descobrimento do globo terrestre e de suas populações vivendo em diferentes fases de desenvolvimento, e por último a dissolução do mundo feudal pela indústria e o capital. Todas essas experiências remetiam à contemporaneidade do não-contemporâneo, ou, inversamente, ao não-contemporâneo no contemporâneo.[13]

Alcide D'Orbigny, naturalista francês que chega após a Independência do Brasil, mais especificamente em 1826, também recolhe informações as mais variadas sobre as regiões em que circula, notadamente as províncias que ficam entre Bahia e Maranhão, da geologia à fauna, da flora aos comportamentos humanos. Em seu relato, a dimensão do cronótopo do tempo histórico e o pressuposto das leis do progresso também estão bastante marcados. Assim como nos registros de Koster, em D'Orbigny também podemos perceber a ideia de que o Brasil não seria, em sua compreensão, mero copiador da Europa, mas um lugar de interlocuções únicas e inusitadas. Lócus de engendramento de uma modernidade bastante específica, diferente da europeia:

> Sob esse ponto de vista, o Brasil passou diante de nós, com seus costumes antigos e seus costumes novos, suas raças indígenas, que se retiram aos poucos diante da civilização, e suas raças civilizadas que se fundem, se cruzam e se transformam. Qual será o futuro desse império transatlântico, que fórmula política e social ali prevalecerá para o progresso e bem-estar da humanidade? É bem difícil prever-se em face dos elementos confusos que ainda se combatem e se entrechocam.[14]

Em vista do que relata, podemos ver a luta entre o antigo e o novo; a hierarquização entre raças e hábitos culturais; valorização da Europa; certeza depositada em um futuro como sinônimo de novo, e no novo como sinônimo de melhor. Segundo a lógica explicitada por D'Orbigny, para além das diferenças em relação à Europa, isso não necessariamente significava atraso. Mesmo contendo "raças incivilizadas", o Brasil continuaria em condições de formular um modelo sócio-político distinto e único para o "progresso e bem-estar da humanidade". Não há dúvidas se o Brasil con-

---

[13] KOSELLECK, 2006, p. 317.

[14] D`ORBIGNY, [1826-1830]1976, p. 190.

seguiria ou não formular esse regime político para o progresso e bem-estar. A dúvida dizia respeito apenas em relação a qual seria o modelo. O Brasil, portanto, não estaria em condição de atraso.

É bem interessante notar ainda que a própria noção de "tensão" está presente na reflexão do autor, representando um belo exemplo de sensibilidade para o que futuramente chamaríamos de pesquisas em Ciências Humanas, fugindo da simplificação e do esquematismo no modelo explicativo que sustenta. Não podemos deixar de mencionar que o Brasil, naquele momento, foi percebido por alguém como o país que se realizaria num futuro. Futuro pelo qual muitos de nós ansiosamente ainda esperamos.

SUBJETIVIDADES CINDIDAS: POÉTICAS DA MODERNIDADE BRASILEIRA OITOCENTISTA

A poesia a seguir foi acrescida na terceira edição do livro *Cantos da Solidão*, de Bernardo Guimarães, de 1865, e parece estar relacionada à experiência do autor na capital do Rio de Janeiro. *A Baía de Botafogo, canto épico*[15] parece conter um esforço de compreensão histórica a respeito da origem das contradições que então teria dificuldades de compreender naquelas décadas iniciais da segunda metade do século XIX. Tomando como inspiração a vista das grandes pedras que abundam naquela parte do litoral carioca, o autor fará uma reflexão poética sobre a história do Brasil:

> Por sobre vós os séculos passaram,
> E um dia o nauta audaz transpondo os mares,
> Do inculto Éden veio bater às portas,
> E devassar recônditos mistérios
> Que em vosso seio os fados ocultavam.
> Quebrou-se a paz das solidões profundas,
> E o silêncio que há séculos pousava
> Sobre estes lindos, ignorados ermos.
>
> Estas viçosas e gentis colinas
> Aos golpes do machado um dia viram

[15] GUIMARÃES, 1865 [1959], p. 206.

Tombar-lhe aos pés a secular madeixa
De selvas seculares, que oscilavam
A sussurrar-lhes nos sombrios topes;
E gemeram os ásperos fraguedos
Atônitos ouvindo em suas bases
Retinindo a alavanca e a picareta
A lacerar-lhe os flancos de granito,
E aos sons estranhos nas profundas grutas
Em sobressalto os ecos acordavam.
Eis já da indústria o espírito fecundo
Da natureza inculta se apodera,
E a branca pedra e os lenhos da montanha
No incessante lidar vai transformando
Em risonhos casarios, jardins formosos
[...]
Rasgam-se os véus que em carregadas trevas
Do novo mundo os fados escondiam,
E às novas gerações o anjo das artes
Vai pelos campos do porvir traçando
As do progresso luminosas sendas.[16]

Na descrição do encontro dos europeus com o continente americano, são destacadas imagens que demarcam a característica desta chegada. É o "nauta audaz" quem vem "bater", "devassar", "quebrar a paz" que existia, "golpear com machado", "alavanca" e "picareta", "lacerar os flancos". É a indústria que vem se apoderar do espírito fecundo da natureza inculta. As ferramentas do progresso são cúmplices desse processo de "rasgar os véus" do novo mundo. É preciso frisar que nesse tipo de formulação, o progresso parece estar associado aos universos da violência e da masculinidade.

Haveria um Querubim, segundo a mesma poesia, que, incumbido por Deus, guardava os portões do novo mundo, aonde esperava a chegada de humanos que fizessem daqui um novo éden. Ao ver os europeus chegarem, o dito Querubim pensa ter cumprido a promessa pela qual esperava. Mas, ainda assim, a chegada destes

[16] GUIMARÃES, 1865 [1959], p. 206.

homens é descrita com imagens e verbos violentos como: com seus "mastros", "singram", e "as portas vêm abrindo":

> Enfim lá surge um dia, em que nas orlas
> Extremas do oriente vê singrando
> – Como galhos de arbustos enfezados
> Medrando a custo em páramos de areia –
> No equóreo plaino os suspirados mastros,
> Que vêm ao continente americano
> Novos homens trazer, destinos novos.
>
> Então sorriu-se o Querubim formoso,
> E de celeste júbilo banhadas
> As faces lhe resplendem; – crava os olhos
> De inefável fulgor no firmamento,
> E este hosana de amor aos céus exalça:
>
> Salve, dia feliz, que no oriente
> Entre formosas galas despontando,
> De uma era nova as portas vens abrindo!
> [...]
>
> Já do seio da esconsa eternidade
> Nova série de séculos dourados
> Vejo surgirem!... – Novos horizontes
> Cheios de luz pelo porvir resplendem!...
> Já desaparece a bárbara rudeza
> Dos primitivos íncolas das selvas,
> E à luz imensa que da aurora surge
> Da ignorância as sombras esvaecem!
> [...]
>
> Não mais abrigarão estas florestas
> Co'as sussurrantes, perfumadas sombras,
> Fadadas a mais plácidos místeres,
> Ritos de sangue e bárbaras usanças;
> E leis mais brandas, mais humano culto
> Aqui bafejarão os áureos berços

De novas gerações, a quem os fados
No regaço da paz e da abundância
Grandioso porvir hão preparado.[17]

Nessa passagem, os indígenas são apontados como "bárbaros", "primitivos" e "rudes". Mas a essa altura da poesia, o Querubim tem um pressentimento e parece compreender que não seriam estes recém-chegados os responsáveis por todas as melhorias que alimentavam suas esperanças, alicerçadas na ideia de progresso tal qual triunfa na Europa e a partir da Europa após finais do século XIX:

Mas ah! – que véu fatídico e sinistro
Me enturva os olhos!... Lutuosas sombras
Pairam pelo horizonte, que inda há pouco
Se me antolhava límpido e sereno!...
De luta e sangue séculos ainda
Sobre estas regiões têm de volver-se,
Té que se cumpra a última palavra
Dos desígnios do Eterno, e abra-se esplêndido
Esse porvir de luz e de venturas,
Do qual hoje desponta o albor primeiro
Na infinita cadeia das idades!
[...]
Mal regradas paixões, torpe cobiça,
Covarde ignávia, cálculos estúpidos,
Trarão ainda à terra da abundância,
Da riqueza e da paz, miséria e fome,
Guerra e flagícios, cativeiro e morte![18]

Em meio ao lamento, a promessa de um "porvir de luz e de venturas" ainda é detectada, como possibilidade que tem de acontecer via noção de progresso, associada a uma visão cristã de um paraíso que nos espera no futuro. O autor demonstra criticidade em relação a essa promessa europeia do progresso e da civilização. O Queru-

[17] GUIMARÃES, 1865 [1959], p. 211-213.

[18] GUIMARÃES, 1865 [1959], p. 211-213.

bim assume aqui a função de anunciar ou, ainda, prenunciar o que está por vir. E aqui a crítica à escravidão empregada pelos europeus aparece explicitamente em sua voz:

> Ó vós, a quem os fados incumbiram
> De abrir o seio destas virgens plagas
> Às luzes da verdade e do progresso,
> Cuidais que aos sons da algema e do azorrague
> A missão cumprireis santa e sublime,
> Que mal compreendeis?... oh! sois indignos,
> Sois traidores ao céu, que vos envia!...
> Ingratos!... aqui onde a liberdade,
> De vossos tristes climas foragida,
> Um asilo feliz vos preparava,
> Onde nunca aos ouvidos dos humanos
> O retinir dos ferros ecoasse,
> Por que vindes vós mesmos algemá-la,
> E com dobrados nós atá-la ao tronco,
> A cuja sombra em doce paz dormia?...[19]

Nessa citação, palavras como "luz", "verdade", "progresso" estão associadas ao "retinir dos ferros" trazidos pelos europeus, chamando atenção para uma esfera muito mais técnica da modernidade, do que de fato de "abrandamento de costumes", tal como o próprio autor costumava se referir para falar de um progresso no relacionamento entre humanos. Para Bernardo Guimarães, a instituição da escravidão soava como um contrassenso em relação ao modelo de progresso que passava a triunfar no mundo ocidentalizado.

A comparação entre nações já naquele momento se constituía em uma das principais marcas da experiência da modernidade, tal como a tem analisado Reinhart Koselleck. Afinal, há algumas décadas, por diversos motivos, os europeus haviam construído uma percepção que iria ser bastante influente de uma história global ou mundial como um processo que acontece simultaneamente, com todas as desigualdades que ela abarca dentro de um mesmo período.[20]

[19] GUIMARÃES, 1865 [1959], p. 214-215.

[20] KOSELLECK, 2006, p. 317.

Esse lado da modernidade faz com que autores nacionais procurem identificar traços do "não moderno" em seus contextos como tentativa de fugir do "atraso" em relação aos outros países. Em relação à poesia que temos analisado até aqui, devemos chamar atenção ainda para o fato de que ela também alcança uma função bastante recorrente da escrita literária, de um modo mais geral: a de captar devires.[21] Conforme veremos em seu próximo trecho, a poesia expressa uma sensibilidade ao violento clima europeu do período, deixando entrever algumas imagens do porvir nas quais estão envolvidos "decadência", "ruínas", "guerras" e "holocaustos"... E não nos esqueçamos de que era aquele modelo europeu o abraçado por muitos dirigentes brasileiros do período. Bernardo Guimarães, através da voz de seu Querubim, além de estar pensando as questões da Europa e de seu tempo, parecia também estar pensando sobretudo a respeito dos modelos de Brasil a se construir.

> Deixai, deixai lá nos talados campos
> Da velha Europa, aonde em holocausto
> De seus tiranos ao feroz capricho
> Os povos uns aos outros se degolam,
> Onde os tronos um'hora se levantam
> Sobre montões de ruínas e cadáveres,
> Ora tombando com fracasso horrendo
> Com seus destroços as nações se esmagam,
> Deixai o jugo, e códigos de sangue,
> Ominoso legado que heis herdado
> Da tirania aos séculos ferrenhos.
> Não, não venhais nestes tão puros climas
> Inocular o pestilente gérmen
> De ruins paixões, de vícios execráveis,
> Que das velhas nações corrompe a seiva;
> E nem tenteis plantar por estas margens
> Vãos preconceitos, fósmeas da antigualha,
> Estranhas leis, instituições caducas,

[21] SEVCENKO, 1985.

Que em vosso mal impróvidos deixastes
Cravar no chão raízes seculares![22]

Associado a esse movimento de perseguição do moderno como competição entre nações, outro se desenrola na passagem do século XVIII para o século XIX, segundo Gumbrecht:

> ...o papel do sujeito conecta-se ao tempo histórico. Em cada momento presente, o sujeito deve imaginar uma gama de situações futuras que têm de ser diferentes do passado e do presente e dentre as quais ele escolhe um futuro de sua preferência. Somente por meio dessa ligação com o tempo histórico e da função que ela cumpre nessa dimensão pode a subjetividade integrar o componente de ação na autoimagem que ela oferece à humanidade. E é essa inter-relação entre tempo e ação que cria a impressão de que a humanidade é capaz de "fazer" sua própria história.[23]

Assim, ao fazer a crítica aos europeus, Bernardo Guimarães parece ainda estar ligado à crença na possibilidade do progresso. Parece acreditar que com sua crítica contribui para a construção de um futuro melhor. Um dos aspectos da fala final do Querubim é a manutenção de um tom de esperança associando "racionalidade", "leis", "novos costumes" e "liberdade" à "tolerância":

Deixai, que nestas veigas solitárias
Renasça a tolerância, e que algum dia
Novos costumes, leis, que se harmonizem
Aos ditames da eterna sapiência,
Da liberdade à sombra aqui floresçam...[24]

Por outro lado, a poesia de Bernardo Guimarães parece ser mais forte que os grilhões do cronótopo do tempo histórico, preso aos desígnios da corrida do progresso. O eu-lírico não se contenta com uma esperança desmedida no futuro. Ele nos

[22] GUIMARÃES, 1865 [1959], p.214-215.
[23] GUMBRECHT,1998, p.16.
[24] GUIMARÃES, 1865 [1959], p.215.

oferece também a possibilidade da desorganização e dilaceramento no porvir, em determinadas circunstâncias até desejando essa morte:

> Porém se um dia, ó santa liberdade,
> Tens de ver teus altares profanados
> Neste país, que os céus te destinaram;
> Estas imensas regiões fecundas,
> Com toda opulência e louçania,
> Aos olhos dos mortais, indignos delas,
> De chofre pelas ondas devoradas,
> De novo nos abismos se sovertam![25]

AFINAL QUAL É O *PROGRESSO BRASILEIRO*?

O autor irá se debater com os descaminhos da modernidade brasileira nos oitocentos em outra importante poesia no mesmo volume de 1865 de seus *Cantos da Solidão*. Falamos do poema *Dilúvio de Papel, sonho de um jornalista poeta.*[26] A figura do trabalho, aliada às da economia e da rapidez (protagonistas principais das histórias escritas e reescritas frequentemente, e em muitos pontos do mundo, nos jornais do século XIX), será pintada ainda como a responsável pela morte da poesia, esta vista como símbolo de ociosidade e perda de tempo naquele contexto. Isto fica explícito no diálogo entre o eu-lírico e sua musa, a poesia, no mesmo *Dilúvio de Papel, sonho de um jornalista poeta*:

> Peregrina gentil, de que te serve
> Andar vagando aqui nestes retiros,
> Na solidão dos bosques exalando
> Melódicos suspiros?...
>
> Não vês que o tempo assim perdes embalde,
> Que tuas imortais nobres canções

[25] GUIMARÃES, 1865 [1959], p.215.

[26] GUIMARÃES, 1865 [1959], p.112.

Entre os rugidos, abafadas morrem,
Dos rápidos vagões?

Neste país de ouro e pedrarias
O arvoredo de Dáfnis não medra;
E só vale o café, a cana, o fumo
E o carvão de pedra. [27]

E o diálogo termina da seguinte forma:

Esse ofício, que ensinas, já não presta;
Vai tocar tua lira em outras partes;
Que aqui nestas paragens só têm voga
Comércio, indústria e artes.
[...]
Ó minha casta, e desditosa musa,
Da civilização não estás ao nível;
Com pesar eu to digo, – nada vales,
Tu hoje és impossível.[28]

O eu-lírico é bastante cético em relação a esse contexto tão marcado pelo jornal, pelo comércio, pela indústria, símbolos de civilização via triunfo da técnica. Como Reinhart Koselleck bem pontua, apesar da visão de mundo do progresso ter abarcado promessas de melhorias em todas as esferas da atividade humana, já no século XIX, "a experiência dos progressos [...] realizados na ciência e na técnica contempla a constatação de que *o progresso moral e político sofre um certo retardamento*".[29]

É contra essa dimensão meramente técnica do progresso, que parecia vigorar no Brasil daqueles anos, que Bernardo Guimarães parece se insurgir com sua poesia. Seu eu-lírico se mostra bastante desconfiado em relação à noção de que a sua geração estaria melhor que as anteriores, como sugere tanto a ideia de progresso quanto a de civilização no período:

[27] GUIMARÃES, 1865 [1959], p.113.

[28] GUIMARÃES, 1865 [1959], p.114.

[29] KOSELLECK, 2006, p. 321, ênfase adicionada.

Oh! Século dezenove,
Ó tu, que tanto reluzes,
És o século das luzes,
Ou século de papel?!...[30]

PALAVRAS FINAIS (EM VERSOS)...

Com a permanência da ênfase na modernização material, esse aspecto não deixa de ser alvo das preocupações do autor, onze anos mais tarde, no poema intitulado *A Poesia, resposta a Pedro Fernandes*, em seu livro *Novas Poesias*, de 1876:

Sim, tu és imortal, virgem celeste,
Santa e nobre poesia!... Embora o carro,
Em que a mão da ciência atrela e doma
Da natureza as mais pujantes forças,
À conquista voando audacioso
De bens terrenos, que a matéria outorga,
Ao fragor do rodar vertiginoso
Busque abafar-te o sonoroso canto:
Embora o fumo da fornalha ardente,
Em que o progresso em afanosa lida
Industriais prodígios elabora,
Tente cobrir de véus caliginosos
O teu rosado, esplêndido horizonte:
Embora tristes agoureiras vozes
Clamem, que está já findo o teu reinado,
E que a história dos tempos, que ora correm
Sob o império do cálculo impassível
Só da fria ciência a mão severa
Pode escrevê-la em lâminas de ferro,
Não, tu não morrerás, virgem celeste.[31]

[30] GUIMARÃES, 1865 [1959] p.122.

[31] GUIMARÃES, 1876 [1959], p.312.

A voz do eu-lírico pinta seu período como que perseguido por uma lógica científica ameaçadora, que o quer domar: "fria", "severa", "calculista", "cortante", "dura feito ferro", "ardente", "audaciosa" e, por fim, "afanosa". Imagens que lembram o mundo do trabalho industrial e da ciência se misturam na figura de uma aceleração que é arrebatadora e que pretende ocupar tudo, tamanho o horror que revelam ao que é humano, ao que é, pois, incompleto, insuficiente, despreocupado, espontâneo, inesperado, não-planejado.

Muitos anos antes de ter escrito esse último poema citado, a outra face do vertiginoso "progresso material" já havia se mostrado para Bernardo Guimarães, conforme ele a traduziu em uma poesia contida na primeira edição de seu primeiro livro de poesias, *Cantos da Solidão*, 1852. Em *À sepultura de um escravo*, são as imagens da riqueza e da velocidade que tomam de assomo a voz do eu-lírico, quando reflete sobre a condição social em que vivia aquela sociedade brasileira deslumbrada com a promessa do progresso às custas do trabalho de sujeitos em condições degradantes:

> Filho da África, enfim livre dos ferros
> Tu dormes sossegado o eterno sono
> Debaixo dessa terra que regaste
> De prantos e suores.
> [...]
> A terra é só do rico e poderoso,
> E desses ídolos que a fortuna incensa,
> E que, ébrios de orgulho,
> Passam, sem ver que co'as velozes rodas
> Seu carro d'ouro esmaga um mendigante
> No lodo do caminho!...
> [...]
> E vós, que vindes visitar da morte
> O lúgubre aposento,
> Deixai cair ao menos uma lágrima
> De compaixão sobre essa humilde cova;
> Aí repousa a cinza do Africano,
> – O símbolo do infortúnio.[32]

[32] GUIMARÃES, 1852 [1959], p.53.

Acrescentaríamos aqui algo que talvez passe despercebido para o leitor menos arguto em relação à história do Brasil: o africano escravizado, aproximado à mercadoria, não é o símbolo do infortúnio de seu grupo étnico, mas do infortúnio de todos nós. Infortúnio, enfim, da modernidade brasileira que não conseguiu elaborar seu passado escravagista ao longo do extenso século XX.[33]

REFERÊNCIAS

D'ORBIGNY, Alcide (Org). *Viagem Pitoresca através do Brasil.* Belo Horizonte, Ed. Itatiaia; São Paulo, Ed. Da Universidade de São Paulo, 1976. [1826-1830]

FARIA FILHO, Luciano Mendes de. A escravidão foi abolida, mas o latifúndio continuou: Astrojildo Pereira leitor de Rui Barbosa. In: NOGUEIRA, Vera Lúcia. *População negra, escravismo e educação no Brasil*: séculos XIX e XX. Belo Horizonte: Mazza Edições, 2015. p.151-170.

FERNANDES, Florestan. *A integração do negro na sociedade de classes.* São Paulo: Ática, 1978.

GUIMARÃES, Bernardo. *Poesias Completas* (1852-1883). Rio de Janeiro: Instituto Nacional do Livro, 1959. (Org. Alphonsus de Guimarães Filho)

GUMBRECHT, Hans Ulrich. *A modernização dos sentidos.* São Paulo: Editora 34, 1998.

KOSELLECK, Reinhart. *Futuro Passado*: contribuição à semântica dos tempos históricos. Rio de Janeiro: Contraponto-Ed. PUC-Rio, 2006.

KOSTER, Henry (org.). *Viagens ao Nordeste do Brasil.* Rio-São Paulo- Fortaleza: ABC, 2003. [1809-1820]

[33] Astrogildo Pereira também destacou esse aspecto em meados do século XX, mostrando que a crítica a esse estado de coisas também não é nova em nosso solo. Cf. FARIA FILHO, 2015.

SEVCENKO, Nicolau. *Literatura como missão*: tensões sociais e criação cultural na Primeira República. São Paulo: Brasiliense, 1985.

SOUZA, Jessé. *A Construção Social da Subcidadania*: Para uma sociologia da modernidade periférica. Belo Horizonte: Ed. UFMG, 2012.

Jornais

– Todas as edições do *Noticiador de Minas* se encontram no seguinte endereço eletrônico: http://www.siaapm.cultura.mg.gov.br/ (Clicar no link: "Jornais Mineiros")

Noticiador de Minas. Da edição n. 01 (19/08/1868) até a última edição, n. 531 (25/01/1873).

Tradição, modernidade e interesse público nos primeiros escritos de Sergio Buarque de Holanda[1]

Marcus V. C. Carvalho

Minha proposta é ponderar criticamente sobre a trajetória intelectual e política de Sergio Buarque de Holanda nos anos 1920. Interessa argumentar que sua atividade intelectual, marcada por um regime escritural poligráfico, articula-se à interpretação social e cultural do Brasil sendo indissociável de suas intervenções políticas. As tensões entre modernidade e tradição na crítica literária, cultural e política em seus primeiros artigos, produzidos entre 1920 e 1921 – publicados, por exemplo, no *Correio Paulistano* e no *Rio-Jornal*, quando ele contava entre 17 e 19 anos –, serão chave para o argumento. Importa considerar como e em que medida questões relativas à arte, à cultura material e à república brasileiras articulam problemáticas que arranjam a visada holandiana sobre a tradição brasileira com sua perspectiva sobre a formação de uma sensibilidade moderna no cultivo de um sentimento nacional brasileiro a partir de sua interpretação crítica sobre a urbanização, a modernidade e a política no Brasil do início dos anos 1920, instruindo um olhar sobre a nação e os brasileiros que lançará, mais tarde, o horizonte de suas intervenções no período do governo Vargas junto ao Ministério da Educação e Saúde Pública e à UDF.

Merecerá relevo a proposição de uma crítica cultural e política que pretende operar no processo formativo da nação brasileira em sua pretensão modernizado-

[1] Dedicado, com gratidão, a todos os colegas e consultores do Programa de Pesquisa Moderno, Modernidade e Modernização: a educação nos projetos de Brasil – séculos XIX e XX.

ra, favorecendo considerações sobre seu impacto na emergência de tensões entre a esfera pública, a vida privada e as instâncias governamentais no Brasil. Este trabalho pretende contribuir para a história da educação e a historiografia brasileiras ao problematizar a proposição de uma "organização nacional através da organização da cultura", discutindo tensões entre a nascente trajetória individual de Buarque de Holanda em dinâmicas institucionais, levando a sério os limites entre a estabilização do espaço público e o âmbito dos interesses privados na definição de um campo ético para a estruturação educacional e a fruição cultural que visava dar forma ao Brasil moderno.

***

Entre os eventos que se agitaram a partir do gabinete do quartel-general onde se reuniram Deodoro da Fonseca e alguns ministros do governo não esteve incluído uma proclamação da República, como se fixou para a posteridade no que se conta sobre o dia 15 de novembro de 1889. No mesmo dia, Aristides Lobo escrevera um artigo, "possivelmente à tarde porque de manhã cedo esteve no quartel-general", em que avaliou que o que se dera na ocasião não fora mais que um "degrau, talvez nem tanto, para o advento da grande era" que deveria vir com a República. Na ocasião, ele dava a entender que participara do desfile a cavalo pelo centro da cidade do Rio de Janeiro após a reunião com Benjamin Constant, Quintino Bocaiúva e Deodoro da Fonseca, o qual ainda respondia com o quepe ao grito de "Viva Sua Majestade, o Imperador", daqueles que reconheciam no "cortejo algumas figuras republicanas".[2] Apesar deste movimento que "poderia consistir na destituição do ministério, mas não forçosamente na queda do regime", Lobo ainda se manifestava intrigado com a "apatia do povo" que assistiu como ele afirmou em expressão já consagrada: "bestializado, atônito, surpreso, sem reconhecer o que significava. Muitos acreditavam sinceramente estar vendo uma parada".[3] Por fim, Deodoro, que se retirara do desfile com uma crise de dispneia e se recolhera por todo o dia em sua casa, anuiu, na cama e no meio da madrugada, com a formação do gabinete do novo governo conforme encaminhado por Benjamin Constant e Francisco Glicério, bem como com os decretos

---

[2] Sergio Buarque de Holanda. "Uma república não proclamada I", In: COSTA, 2011 (a), p. 445-446.

[3] Cf. Sergio Buarque de Holanda. *Ibidem*, p. 446-447.

de nomeação, os quais, como a proclamação à nação, foram divulgados no dia 18 de novembro, porém tendo sua data antecipada para 15 de novembro de 1889.[4]

A expressão de Aristides Lobo é consagrada, mas, proporcionalmente polêmica, servindo de mote para uma construção historiográfica longeva e estabelecida, que percebe nessas palavras não a surpresa popular com aquele desfile, porém a negação da "participação popular no evento como sinal de desapreço do povo brasileiro pela República e, por derivação, sua vinculação à Monarquia".[5] Difundiu-se, assim, a noção de que "não havia motivo para se desejar a queda da Monarquia, pois o imperador era popular", sendo a mudança de regime "resultado de uma simples insubordinação da caserna", "um ato de força".[6] As ações dos "grupos reformistas contestadores", sem espaço de ação política e expressão no Parlamento, contribuíram, contudo, com a "ampliação do espaço público através de associações, conferências, imprensa, livrarias, confeitarias, clubes, mobilizações populares", fazendo de "*meetings*", de "ilustrações", de "formações discursivas" e de "repressão policial" elementos e "fatores eficazes na desintegração do regime", deslegitimando a Monarquia ao criar uma "disponibilidade afetiva" para a instalação do regime republicano. "A rua foi ressignificada", segundo tese e expressão de Maria Tereza Chaves de Mello, que acompanhou a "'crise de direção'" do final do Império interessada em "contribuir para a ampliação da capacidade explicativa da instalação da República no Brasil".[7]

Nos artigos de 1979, escritos nos precisos 90 anos de instauração do regime republicano brasileiro, Sergio Buarque de Holanda enfatizava, mais do que o ato de força e menos que a potência das ruas, o jogo de gabinete que marcou, também, a emergência do novo regime. Se a nomeação do gabinete de governo e a proclamação da república só vieram a público no dia 18 de novembro, ainda que com data antecipada para o dia 15, Buarque de Holanda fez questão de sublinhar o fato de estarem os representantes políticos norte-americanos já a par de toda a movimentação. Nos 10 anos do Ato Institucional número 5, Holanda fazia ver que Robert Adams Júnior – ministro plenipotenciário dos Estados Unidos junto ao Gabinete de São Cristóvão

[4] Ver: Sergio Buarque de Holanda. "Uma república não proclamada II", p. 451-452, e, "Uma república não proclamada III", p. 453. Ambos recolhidos em: COSTA, 2011 (a).

[5] MELLO, 2007, p. 9.

[6] *Ibidem*, p. 9.

[7] *Ibidem*, p. 11-12.

– já telegrafava a James G. Blaine, então secretário de Estado norte-americano, em 17 de novembro de 1889, para noticiar: "embarque da família imperial, composição do ministério, reafirmação de que reinava perfeita ordem", insistindo que os EUA se antecipassem reconhecendo a nova república latino-americana. Já no dia 19, Adams apresentava suas impressões sobre o desaparecimento da única monarquia americana, iniciando o despacho com o comentário de que a "revolução [...] absolutamente inesperada, produziu-se [...] sem pausa no trem da vida cotidiana".[8]

O enviado especial estadunidense, em suas impressões, não deixou de, em outro despacho, expor suas dúvidas quanto ao alcance de várias medidas do governo: "'Concluindo devo manifestar minhas hesitações acerca do efeito de vários atos da presente ditadura militar. O próprio teor dos decretos que se lê pelo Exército e a Armada, em nome do povo, revela o escasso respeito que se tem aqui pela voz do povo'".[9]

Entre "uma república não proclamada", urdida também nos jogos de gabinete, e, "a república consentida", vibrante nos afetos da rua ressignificada, certamente, ainda há muito a se investigar. Entretanto, ponderar criticamente sobre "a modernidade republicana"[10] e o que possa ter ela significado como "proclamação da modernidade"[11] no Brasil, naquele processo intenso do final do século XIX, sugere atenção ao debate a respeito do caráter incompleto daquela república que ganhou força nos anos que se seguiram, enraizando-se nos anos 1920 e 1930.

No processo de rearticulação do tema "escola republicana", no âmbito da Associação Brasileira de Educação, por exemplo, a questão da "desilusão com a República" apontara para o problema sobre os arranjos possíveis entre uma "nova escola para fazer uma nova República ou uma nova República para fazer uma nova escola".[12] No campo de debates educacionais o futuro republicano se fundia ao sucesso educacional enquanto a difusão da "escola nova" representava parte significativa daquilo que pudesse traduzir a modernidade brasileira. A fragilidade da escola pública expressa-

---

[8] Sergio Buarque de Holanda. "Uma república não proclamada III", In: COSTA, 2011 (a), p. 453-454.

[9] *Ibidem*, p. 454.

[10] MELLO, 2008.

[11] *Ibidem*, p. 28.

[12] Marcos Cezar de Freitas. "Pensamento republicano e reconstrução social no(s) Manifesto(s): formas e falas", In: XAVIER, 2004, p. 205-206.

va a situação do governo republicano, estimulando a exigência de uma crescente responsabilidade pública do Estado e do governo sobre a nação a fim de que a República, efetivamente, configurasse coisa pública.[13]

Nos anos 1920, a geração "nascida com a República", recém ingressa na vida política e intelectual, marcava o Brasil tendo a experiência de que "só então o Brasil começava".[14] Dispostos a reconstruir a República arruinada e a regenerar o povo inculto, esses ativistas do letramento esclarecido dispunham-se a remanejar ideias e valores, conjuminando interpretação sociológica e psicológica do fenômeno nacional, ao cultivar certa "consciência de ruptura" que aparecia como percepção acurada das demandas de seu tempo histórico.[15] Esses sujeitos arranjados em círculos entrelaçados públicos e privados do movimento reconstrutor alistavam-se nas fileiras de poderes locais e nacional, engendrando reformas de ensino espraiadas pelas capitais culturais brasileiras em seu afã modernizador.[16] A Associação Brasileira de Educação organizou-se em meio às reformas, caracterizando uma frente de combate pelo "Brasil novo" ao congregar interesses de elaboração e de reorientação das políticas nacionais em defesa da intervenção estatal no âmbito público e privado.[17] Depois de 1930, o estado de revolução golpista organizou um estatismo que impulsionava em estrita controladoria a legislação, a administração e a inspeção do sistema de ensino, configurando a educação nacional a partir dos programas do Ministério da Educação e Saúde Pública.

A imbricação dessas questões relativas à república, à educação e à modernidade, no Brasil, sugere que seria pertinente proceder à distinção entre as diferentes experiências republicanas a fim de delimitar os exercícios intelectuais desses ativistas do letramento esclarecido, percebendo seu regime de escritura, sua inserção nos processos de mediação social e cultural e nas relações sociais de produção escrita daquele período. Ao efetivar este procedimento discriminativo, suponho que seria possível interpretar com acuidade a dimensão crítica de suas intervenções políticas visando à formação dos brasileiros, como cidadãos, e do Brasil, como entidade na-

---

[13] *Ibidem*. p. 207-208.

[14] MONARCHA, 2009, p. 67.

[15] *Ibidem*, p. 68.

[16] *Ibidem*, p. 71.

[17] *Ibidem*, p. 71-72.

cional, inferindo, desde sua percepção sobre interesse público, a postulação de uma ética nacional.[18]

Sugere-se a importância de fazer distinções circunscritas a contextos específicos, baseado na convicção de que as distinções de conceitos e de contextos em seus processos de produção de significado devem prescindir da percepção de que "cada um de nós tem o direito de 'definir seus [próprios] termos'".[19] Assim, pondero sobre alguns elementos contextuais que delimitam parâmetros e critérios que, posteriormente, enunciarão possibilidades interpretativas críticas sobre os artigos de Sergio Buarque de Holanda produzidos entre 1920 e 1921, atendo-me, especialmente, à operacionalização de noções relativas às ideias de tradição e de modernidade. Parte significativa da questão é considerar como e em que medida questões relativas à arte, à cultura material e à política brasileira articulavam problemáticas que arranjavam sua visada sobre a tradição brasileira com sua perspectiva sobre a formação de uma sensibilidade moderna brasileira e o cultivo de um sentimento nacional a partir de uma interpretação crítica sobre a urbanização, a modernidade e a política no Brasil do início dos anos 1920.

Assim, a questão suscitada diz respeito ao movimento oscilatório que assumem as posições de Buarque de Holanda nesses escritos no que concerne às ideias relativas aos temas da tradição e da modernidade, cuja inter-relação e interdependência poderiam ser percebidas como paradoxais uma vez que não se atentasse às

---

[18] Interessa explicitar o recurso à expressão "ativistas do letramento esclarecido" a fim de que se perceba sua aplicação neste texto e o âmbito de questões que ela implica. Primeiro, observo que o termo letramento não se presta, neste contexto, a designar a aprendizagem inicial de escrita, como se convencionou utilizar a partir de sua introdução no Brasil. Antes, indico com "letramento" práticas sociais, políticas e históricas da cultura do escrito. Nesse sentido, letramento se coaduna com as noções de ativismo e esclarecimento, na medida em que é plausível associá-lo àquilo que Immanuel Kant propunha como "uso público da razão", cujo atributo precípuo seria "realizar o esclarecimento entre os homens". O "esclarecimento", *Alfklärung*, essência e objetivo da formação do cidadão, seria perpetrado, sobretudo, pelo "uso público da razão", sendo ele aquele "que qualquer homem, enquanto sábio, faz dela diante do grande público do mundo letrado". Esse processo de formação – em alemão *Bildung*, o qual representa a paidéia alemã – relacionar-se-ia, como instruiu Kant, àquele membro de uma comunidade que "na qualidade de sábio [...] se dirige a um público, por meio de obras escritas de acordo com seu próprio entendimento, [...]". Indica-se, portanto, com "ativistas do letramento esclarecido" aqueles que têm o interesse de intervenção por meio de textos no debate público, político, ético sobre a formação dos brasileiros e do Brasil no período circunscrito. Sobre letramento, ver: MARINHO & CARVALHO, 2010. Sobre o conceito de *Aufklärung*, ver: KANT, 1985.

[19] ARENDT, 2011, p. 132. Ver: "Que é autoridade?".

pendulações entre noções como sejam as de antigo e de moderno, de velho e de novo, de ultrapassado e de atual, e que tais, todas elas próprias dos períodos de crise, em que manifestações do presente pretendem romper com as marcas do passado entendidas como inadequadas.

Nesse sentido, não se pode deixar de considerar que o conceito de moderno carrega, invariavelmente, a noção de consciência do presente como momento de substancial distinção dos períodos antecedentes. A relação entre antigo e moderno, portanto, é sutil e extremamente matizada. No Renascimento, por exemplo, "'o moderno' só tem direito de preferência quando imita o 'antigo'", ou, em outras palavras, "o moderno é exaltado através do antigo";[20] como exemplifica a obra *De pictura*, de Leon Battista Alberti, reconhecida como o primeiro tratado sobre pintura.[21] O século XVIII, por sua vez, foi crucial na inflexão que adensou sobremaneira o espectro polissêmico do termo "moderno". Entre outros motivos, também porque em seu curso foi percebido, retrospectivamente, que esse mundo moderno começou a se constituir como tal com o Renascimento, com a descoberta das Américas, o "Novo Mundo", e com a Reforma protestante: "os três grandes acontecimentos que por volta de 1500" constituíram o limiar histórico entre a época moderna e a medieval.[22] Além disso, foi no século XVIII que o "*pathos* do novo, embora consideravelmente anterior", se desenvolveu "conceitual e politicamente".[23]

Não é ocioso sublinhar nessas datas acima "uma nítida coincidência entre os momentos em que os modernos vêm à tona e aqueles períodos em que os historiadores flagram as passagens radicais das idades da civilização" em uma periodização consagrada, e ainda operativa, para representar períodos em que "elementos econômicos, sociais, políticos e culturais aglutinam-se distintamente de outras épocas": "da Idade Antiga à Idade Média, da Idade Média à Moderna [...] e da Idade Moderna àquilo que foi chamado Idade Contemporânea".[24] Essa nomenclatura, esquemática que seja, indicia "momentos críticos de transformação" das sociedades ocidentais em que a "consciência das mudanças aflora, trazendo os contrastes entre o estágio

---

[20] LE GOFF, 1997, p. 376.

[21] ALBERTI, 2009.

[22] HABERMAS, 2000, p. 9.

[23] ARENDT, 2011, p. 225. Ver: "A crise na educação".

[24] MENEZES, 2001, p. 11.

passado e o presente". Nesses períodos de transição, "o termo moderno aparece como figura emblemática do presente transitório que propõe sempre o cancelamento ou a modificação do passado recente", porém recuperando e recorrendo a um passado pouco ou mais remoto.[25]

A primeira guerra mundial marcou uma inflexão definidora para a história contemporânea internacional, tendo, evidentemente, consequências determinantes para o Brasil de 1920, inclusive, pelas dificuldades impostas ao comércio exterior, deixando "o mercado interno cativo à produção nacional". O aumento da produção industrial e agrícola, de um modo geral, como também o Plano de Valorização do café propiciaram, juntos, um acentuado "crescimento das margens e da massa de lucros", incentivando o "*boom* industrial" da década em que São Paulo passava a representar "o maior centro industrial [e urbano] do país". O Censo de 1920 já mostrava a cidade de São Paulo com uma "estrutura ocupacional eminentemente urbana", com 42% de ocupação na indústria e 52% nos serviços, em um estado que já contava com cerca de um quarto de milhão de trabalhadores urbanos.[26] Desse modo, a década de 1920 se desdobrou no horizonte dos movimentos trabalhistas e patronais, dos movimentos civis e militares, como ainda dos movimentos culturais, com uma crescente agitação artística, a qual, já em 1921, instituía a Sociedade Paulista de Belas Artes, prenúncio – por que não? – da Semana de Arte Moderna de fevereiro de 1922.[27]

Foi nesse momento crucial que Sergio Buarque teve seu primeiro texto publicado no *Correio Paulistano*, em abril de 1920, quando contava 18 anos. A publicação de "Originalidade literária" fora favorecida por seu professor de história no Colégio São Bento, Afonso d´Escragnolle Taunay, amigo de seu pai, Christovam Buarque de Hollanda.[28] O tema do escrito era a originalidade intelectual brasileira discutida a partir do ponto de vista da literatura nacional e da possibilidade da "consumação espiritual" dessa nacionalidade. As referências para debater a questão eram Silvio Romero e José Veríssimo, com quem o autor concordava sobre a proeminência do "indianismo" em matéria da literatura nacional. Segundo Holanda, "[p]ara atingirmos a originalidade, devemos, pois não esquecer a obra do indianismo no Brasil. Sua

---

[25] *Ibidem*, p. 11-12.

[26] Wilson Cano. "Base e superestrutura em São Paulo: 1886-1929". In: LORENZO & COSTA, 1997, p. 240.

[27] *Ibidem*, p. 251 e *passin*.

[28] CARVALHO, 2003.

restauração hoje seria insensata e estulta, mas a inspiração em assuntos nacionais, nos levaria a resultados idênticos por veredas mais suaves".[29] Sergio Buarque acompanhava Romero, entendendo que "o nacionalismo não é uma questão exterior, é um fato psicológico, interior, é uma questão de ideias, é uma formação demorada e gradual dos sentimentos". Contudo, Buarque de Holanda não aceitava "o pessimismo" de Silvio Romero, o qual o impediria de "acreditar que o esforço de um povo pode apressar a consumação espiritual de uma nacionalidade". Ao contrário, o moço paulistano era assertivo em vaticinar que: "[o] Brasil há de ter uma literatura nacional, há de atingir, mais cedo ou mais tarde, a originalidade literária". Para tanto realizar, ele indicava o método: "[a] inspiração em assuntos nacionais, o respeito das nossas tradições e a submissão às vozes profundas da raça acelerarão esse resultado final".[30]

"O respeito das nossas tradições" foi também questão fulcral na crítica erguida contra nossos "optimates" por Buarque de Holanda n'*A Cigarra* em setembro de 1920.[31] Ironicamente, comparando os governantes da República – próxima de completar sua maioridade – aos membros da alta nobreza na antiga Roma republicana, o escritor ainda imberbe reclamava que "o ideal estético de John Ruskin" fosse uma "utopia irrealizável" aos olhos de seus contemporâneos, ao qual eles opunham "gigantesco o *struggle for life americano*". As palavras de Sergio Buarque ecoavam, mais uma vez, a reverência a José Veríssimo, acentuando as probabilidades da vitória do modo norte-americano, "sem embargo do nosso desamor pela atividade". "[O] utilitarismo" e "o *far niente* nacional" articulariam "boa aliança", ainda que em desproveito do país. Mais uma vez, peremptório, o moço expressava seu apreço pelo cultivo de nossas tradições, apontando firme sua pena contra o poder institucionalizado dos republicanos: "[j]á se nota uma certa tendência em nossos optimates para dar cabo do que temos de mais precioso – as tradições"; reiterando, sem meias palavras, as limitações inerentes aos interesses pretensamente progressistas: "[j]á é tempo retempo de cuidarem os governos em dar outra direção ao progresso nacional". Além de "rociar as nossas cidades de monumentos e arranha-céus", no afã de apagar a memória

[29] HOLANDA, 1920 (a), s/p. HOLANDA, 1996, p. 41. Ver: "Originalidade literária".

[30] *Ibidem*, p. 41.

[31] CARVALHO, 2003. No recorte consultado no Fundo Sergio Buarque de Holanda, do Sistema de Arquivos/Unicamp (SIARQ), consta além da data de 20 de outubro de 1920, também a de 20 de setembro de 1920.

do regime monárquico,[32] o regime republicano demonstrava exemplarmente "nossa pouca estima pelas tradições" por meio da "ânsia com que mudam a torto e a direita os nomes das ruas". Ainda nos termos de Holanda: "[é] subir um presidente da república – marca marechal – antes que se saiba de suas intenções ou de seus atos, já o martelo dos iconoclastas destruiu uma tradição para lustrar com o nome do novo chefe do país as placas de uma rua antiga".[33]

Depois de uma saborosa anedota sobre a tentativa de mudar o nome da Rua Nova do Ouvidor para Travessa do Cabo Roque – suposto herói de Canudos descoberto impostor –, o jovem Holanda lembrava as palavras do eminente monarquista Afonso Celso: "'[o]h! quantos e quantos cabos Roque – muitos ainda não desmascarados – depois da República!'". Certamente anti-republicano, Sergio Buarque identificava-se, naqueles anos tenros, com as críticas à república nutridas então, já há trinta anos, por vezes, reforçando, inclusive, a mística monárquica. Afinal, meses antes daquela tirada irônica contra o regime de governança brasileiro, fora publicado na mesma *A Cigarra* outro artigo: "Viva o Imperador".[34] Texto de incontida louvaminha que, dentre outros momentos, descrevia aquele em que Pedro II assumia "as rédeas do poder" com as seguintes palavras: "[n]ovas aclamações, novos aplausos, assinalam a passagem do país para um novo período que todos aguardam com ansiedade. Vida nova era o lema da pátria. E, pela segunda vez, partiu de todos os peitos, amistoso e sincero o 'Viva Sua Majestade o Imperador'". Os "mais otimistas" viram cumprir-se suas profecias com a passar do tempo: "[o] príncipe [...] identificara-se agora com a própria pátria, com ela palpitava, participando de todas as suas vicissitudes e de todas as suas glórias. Deu-lhe o que de melhor podia dar, deu-lhe a liberdade". Com isso, justificava-se, para Sergio Buarque, que o republicano Bartolomé Mitre apontasse, como "modelo de liberalismo e tolerância", o único país monárquico da América, apelidado por ele como: "'Democracia coroada'".[35]

---

[32] Não poderia deixar de sugerir sobre o tema, especificamente, do apagamento da memória da educação no Império brasileiro e da "memória reificadora da ação republicana" a leitura do excelente artigo "Educação escolar na Primeira República: memória, história e perspectivas de pesquisa", de SCHUELER & MAGALDI, 2008.

[33] HOLANDA, 1920 (b), s/p. HOLANDA, 1996, p. 69. Ver: "A cidade verde".

[34] Sérgio Buarque de Holanda. "Viva o Imperador". In: COSTA, 2011 (b), p. 4.

[35] *Ibidem*, p. 4-5.

O artigo, que destacava ainda como reconhecida a autoridade intelectual do "imperador filósofo", desafiava o regime republicano brasileiro, acusando-o de "covardia infanda" por permitir que os restos mortais do Imperador continuassem em terra estranha temendo que seus despojos, e de sua esposa, pudessem abalar a forma de governo vigente. "Esquecem-se os ingratos de que foi sob sua augusta sombra, protegidos por sua clemência incomparável, que os propagandistas da república pregaram e implantaram o atual regime". Buarque de Holanda, em suas assumidas "dezessete primaveras ainda não poluídas [segundo ele] pelo vírus das paixões políticas", finalizava seu texto pedindo ao presidente da república que "estendesse a sua magnanimidade fazendo revogar o decreto, já sem razão de ser, do banimento da família imperial",[36] assumindo posição em uma luta que teve à frente alguns dos monarquistas de maior nomeada durante anos na república ainda recente.

Pari passu a esta exaltação das tradições e do passado, no pendular de suas ideias naqueles anos iniciais da construção de sua obra, Buarque de Holanda comentou as tendências "modernistas" e "futuristas" da arte brasileira. Em seu artigo "Pintura no Brasil", ele foi claro ao anotar que o "futurismo" reconhecia influências do passado, mas sem deixar de acentuar que: "[o] que todos devem desejar é o abandono da imitação cega do passado, condenada pelos verdadeiros artistas". E, acompanhando Pappini, ele acrescentava que: "o futurismo odeia apenas a vida artificial e póstuma de um passado morto"; interpretando assim, ele sublinhava "claramente as ideias de todos os bons modernistas". Portanto, conforme afirmava o jovem escritor, o que se queria, "por enquanto" era apenas, "sim apenas, *Superar o Passado*". Afinal, ele fazia questão de enfatizar: "a época da imitação já passou ou tende a passar por completo. O século XX será por essência criador. *Criador*".[37]

Ao avaliar a arte brasileira, Buarque de Holanda negava qualquer incremento que ela tivesse tomado às "ideias modernistas". Para atestá-lo, Holanda cometia uma inconfidência: "[a]migos até me confessaram pessoalmente o horror que lhes inspira o exclusivismo dinamista da doutrina marinettiana". Afora "o moderno grupo dos 'futuristas' de São Paulo que incontestavelmente formam o mais simpático e adiantado centro intelectual do nosso país. Afora esses, que são tão poucos e tão mal conhecidos no resto do Brasil, onde estão os apregoados iconoclastas?", ele perguntava.

[36] *Ibidem*, p. 6-7.

[37] Sérgio Buarque de Holanda. "Pintura no Brasil". In: COSTA, 2011 (b), p. 22.

"Onde estão os futuristas?" Ao encerrar seu texto, Sergio Buarque afirmava que "para fazer pintura brasileira" basta que se "inaugure uma tendência nova e duradoura que a arte só vive dessas tendências". Não seria "trazendo à tela as lendas do Mirapuru, da Cobra-Grande e da Mãe Guariba" que se conseguiria a "pintura brasileira". O "retornelho do regionalismo" já era tempo de cair: "[s]ó uma forte tendência modernista absolutamente moderna poderá criar a arte nossa, a arte brasileira", escrevia o jovem intérprete. Interessava a ele uma "arte nossa", mas que fosse uma "arte nova".[38]

As oscilações entre as posições de Buarque de Holanda relativas às conceituações e às noções pertinentes ao complexo tradição/modernidade merecem ser cuidadosa e rigorosamente matizadas para distinguir a tonalização que assumem em seus primeiros escritos de 1920 e 1921, favorecendo a construção de contextualizações cada vez mais circunscritas de sua obra em acordo com as diferentes manifestações escriturárias, conceituais e de intervenção intelectual e política que ela assume em sua longa trajetória. Com um procedimento de tal configuração poder-se-ia lançar foco mais específico sobre as posições deste e de outros ativistas do letramento esclarecido sobre a construção da tradição brasileira, suas implicações para a formação dos brasileiros como cidadãos do Brasil moderno, e, as proposições que possam ser distinguidas para uma ética nacional de interesse público.

CONSIDERAÇÕES FINAIS OU DA QUESTÃO DO ESPAÇO PÚBLICO, DA MODERNIDADE E DA HISTÓRIA NA PROBLEMATIZAÇÃO DE UMA ÉTICA NACIONAL:

Se tudo se passa de tal maneira, talvez não seja de somenos importância levar a sério a distinção das diversas experiências republicanas daqueles ativistas do letramento esclarecido nas décadas de 1920 e 1930, quando se pretende vislumbrar e inferir por quais diferentes modos realizavam seu intento de promover uma fusão positiva entre interesses individuais e particulares com a coisa e o bem públicos. Um procedimento que favoreceria a interpretação do significado das trajetórias institucionais das novas lideranças pessoais em um tempo em que a experiência liberal clássica era esmaecida, sendo expressa nos ideais reformistas que tencionavam solucionar as mazelas do povo e dos governos republicanos.

[38] Sérgio Buarque de Holanda. "Pintura no Brasil". In: COSTA, 2011 (b), p. 22-23.

Investigar um período tão explorado, com temas e questões sistematicamente revisitados, pleno de autores de memória consagrada, consolidando uma série de mitos interpretativos, parece desafiar nossa abordagem do passado a manter a "disposição para ouvir, com um comprometimento para tentar ver as coisas pelo modo delas", prevenindo-nos de ser enfeitiçados. De tal modo que, "[e]quipados com um senso de possibilidade interno[,] podemos recuar do compromisso com nossa herança intelectual e nos questionarmos em um novo espírito inquisitivo" sobre o que devemos pensar de nossos valores interpretativos.[39]

Neste texto, que encerra a série de minhas três contribuições[40] para o empreendimento editorial deste programa de pesquisa, para além da visada sobre Buarque de Holanda, vale observar que, se realmente o conteúdo ideativo da história está exposto a dúvidas tanto quanto a atualidade do que se nomeia modernidade, importa considerar a própria produção do humano circunscrita em sua variação de indivíduos, de grupos, de classes, de tempos e de lugares em seus processamentos em sistemas emergentes dinâmicos e instáveis. Interessa ponderar criticamente sobre temas e questões, em seus recursos e fundamentos, que forjados como fatores condicionantes e explicativos históricos e historiográficos caracterizam inconsistência interpretativa quando tratados de modo transistórico.

Em que pese a "inflexão crucial para dimensionar o adensamento polissêmico do que seja moderno" no século XVIII, "definidor das pregnâncias que sustentam permanências que impregnam projetos, práticas e questões que gestam as formas múltiplas e complexas que o termo vem assumindo em pouco mais de dois séculos",[41] ao que tudo indica, não houve em outra época tanta discussão sobre o caráter da modernidade, da tradição e da história, ou, tanta polêmica sobre o estatuto cultural do próprio presente como nestes anos. Talvez, por isso, a ponderação e a operacionalização do termo "metamoderno"[42] possa ser profícua ao dar conta da pluralidade de enfoques "pós-modernos" de diversos matizes, dos salvacionistas aos apocalípticos,

---

[39] SKINNER, 2011, p. 6.

[40] Nesta série, em especial no texto de 2012, empenhei-me em desenvolver a reflexão sobre o termo "moderno" que compunha a definição de "intelectual" operacionalizada na minha tese de doutorado em 2003, qual seja: "aqueles que leem, escrevem e difundem textos sobre o popular, o nacional e o moderno".

[41] CARVALHO, 2012, p. 17.

[42] MENEZES, 2001.

dos apologistas da superação da modernidade e da história aos defensores da manutenção dos princípios clássicos, dos neo-modernos aos anti-modernos. Afinal, todos fazem parte de um momento em que, questionando o passado recente, indaga-se sobre o caráter do próprio presente de maneira polêmica e contraditória, exigindo historicizar radicalmente o significado desses enfoques e aquilo que os tonaliza em determinado autor, sistema de pensamento ou época a fim de vislumbrar a série de componentes que se conectam em ambientes locais e estabelecem uma dinâmica de redes em relações específicas e contextuais. Quiçá, a crítica à razão lógica da cultura eurocêntrica pudesse abrir uma perspectiva de incorporação de outras lógicas desviantes possíveis, inclusive de proposições plausíveis sobre a estruturação de uma ética do interesse comum.

Logo, torna-se imprescindível lembrar que um discurso ético faz sentido para uma sociedade na medida em que ele for capaz de sinalizar normas e limites que sejam respeitados por seus membros na condição de integrantes de um todo político. Não sendo, portanto, razoável pensar em "ética de um tal grupo" e/ou indivíduo – que seria, quando muito, um código de honra. Desse modo, "ética demanda a constituição de um espaço público", implicando na disputa das fronteiras que delimitam este espaço e dos critérios de pertencimento a ele. O valor precípuo do espaço público, então, se deve por ser ele "o lugar por excelência do desenvolvimento ético".[43] Como importa destacar, público "significa, em primeiro lugar, que tudo o que vem a público pode ser visto e ouvido por todos e tem a maior divulgação possível".[44]

Por outro lado, o "mundo público", que num "segundo momento significa também o mundo que nos é comum", se constitui uma vez que "definimos também o que não cabe dentro dele", ou seja, "o espaço do que é privado", o espaço daquilo que "faz parte de uma esfera da vida que não é suficiente para demarcar nossa especificidade como seres humanos": a "esfera da casa, da privacidade, dos pequenos hábitos", "sem significado para a criação do espaço no qual atingimos nossa plenitude enquanto seres humanos".[45]

---

[43] Newton Bignotto. "Entre o público e o privado: aspectos do debate ético contemporâneo". In: DOMINGUES, MARGUTTI & DUARTE, 2002, p. 283-284.

[44] ARENDT, p. 59 *apud Ibidem*, p. 285.

[45] Newton Bignotto, In: DOMINGUES, MARGUTTI & DUARTE, 2002, p. 285.

Interessa notar que "não existe uma definição satisfatória da esfera pública que não implique também uma compreensão da esfera privada [...]".[46] A delimitação entre a esfera pública e a esfera privada implica entre escolher os atos que interessam a todos e aqueles que são reflexo dos interesses de indivíduos e/ou grupos isolados. O "elogio da vida pública e da ação foi parte integrante do discurso republicano em muitos momentos da história moderna". Entretanto, importa vislumbrar, sobretudo, a fluência das fronteiras entre "vida pública" e "vida privada" no curso da modernidade em seus impactos sobre os debates éticos na sociedade de massas no século XX,[47] como seja a sociedade brasileira.

Nesse sentido, vale levar a sério a investigação do processo e das dinâmicas pelos quais se substituiu um "cidadão ativo", atento aos rumores e movimentos da cidade, por um "cidadão passivo", tomado de preocupação com a sobrevivência e obrigado a se distanciar da esfera na qual as decisões eram efetivadas.[48] De tal forma, vale atentar para o modo como o espaço de mediação entre o governo e o cidadão no Brasil, por exemplo, tornava-se lugar privilegiado na construção dos parâmetros de liberdade de uma nação e do dimensionamento da intervenção do estado na organização societária. Em vista disso, gradativamente, parte daquilo que se denominava como público tornava-se redutível aos domínios do estado, dos governos e das instituições associadas a eles. Com isso, é decisivo pensar como se concebiam as relações entre domínios públicos e governamentais a fim de delimitar, naquilo que fosse interesse público, as possibilidades de postulação de uma ética nacional. Por outro lado, é crucial perguntar também sobre quais dimensões refletiriam e seriam impactadas na vida pública pelo alargamento do domínio da vida privada. Em outros termos, é definitivo saber sobre o significado para a esfera pública da valorização de aspectos da existência antes enclausurados naquilo que os antigos entendiam como sendo o domínio da casa.

O problema se constrói em torno da questão sobre em que medida, e por que modos, a política se ia transformando na administração burocrática e rotineira das necessidades sociais de interesses privados. Afinal, o que melhor caracteriza as "massas é a sua desarticulação e desinteresse pelo mundo comum e por si mesmas, isto é,

---

[46] *Ibidem*, p. 286.

[47] *Ibidem*. p. 287-288.

[48] *Ibidem*. p. 288.

a perda do 'interesse comum' e do 'senso comum', pois já não tem 'entre si' (*inter-est*) nada que possa relacioná-las".[49] Esse problema não sendo de ordem circunstancial, não sendo, portanto, passível de resolução por meio de apelos cívicos e bem intencionados que incitem à participação política, expressa o "moderno encolhimento da esfera pública e o obscurecimento da participação política" como elementos constitutivos da modernidade.[50] Como esse processo se dinamizou no Brasil republicano reiterando o engendramento histórico de um círculo vicioso de preconceito, exclusão social, violência e brutalidade?

REFERÊNCIAS

ALBERTI, Leon Battista. *Da pintura*. Campinas: Editora Unicamp, 2009.

ARENDT, Hannah. *Entre o passado e o futuro*. São Paulo: Perspectiva, 2011.

CARVALHO, Marcus Vinicius Corrêa. "Moderno, modernidade, modernização: polissemias e pregnâncias". Natália Gil *et alli* (orgs.). *Moderno, modernidade, modernização: a educação nos projetos de Brasil – séculos XIX e XX*. Belo Horizonte: Mazza, 2012. p. 13-34.

CARVALHO, Marcus Vinicius Corrêa. *Outros lados: Sergio Buarque de Holanda, história, crítica literária e política (1920-1940)*. Tese de Doutorado em História Social da Cultura, Instituto de Filosofia e Ciências Humanas/Unicamp. Campinas, 2003.

DOMINGUES, Ivan; MARGUTTI, Paulo; DUARTE, Rodrigo (orgs.). *Ética, política e cultura*. Belo Horizonte: Ed UFMG, 2002.

DUARTE, André. "Hannah Arendt e a modernidade: esquecimento e redescoberta da política". In: Adriano Correia (coord.). *Transpondo o abismo: Hannah Arendt entre a filosofia e a política*. Rio de Janeiro: Forense Universitária, 2002.

[49] ARENDT *apud* DUARTE, 2002, p. 62.

[50] *Ibidem*, p. 66.

HABERMAS, Jürgen. *O discurso filosófico da modernidade: doze lições*. São Paulo: Martins Fontes.

KANT, Immanuel. "Resposta à pergunta: que é 'Esclarecimento' (*Alfklärung*)?". *Textos seletos*. Petrópolis: Vozes, 1985. p. 100-117.

LE GOFF, Jacques. *Enciclopédia: memória-história*. Porto: Imprensa Nacional - Casa da Moeda, 1997.

LORENZO, Helena Carvalho de; COSTA, Wilma Peres da (org.). *A década de 1920 e as origens do Brasil moderno*. São Paulo: Unesp, 1997.

MARINHO, Marildes; CARVALHO, G.T. (orgs.). *Cultura escrita e letramento*. Belo Horizonte: UFMG, 2010.

MELLO, Maria Tereza Chaves de. "A modernidade republicana", In: *Revista Tempo: Dossiê A nova "Velha" República: um pouco de história e historiografia*. Niterói, v. 13, n. 26, a. 1, out-2008, p. 15-31.

MELLO, Maria Tereza Chaves de. *A república consentida: cultura democrática e científica no final do Império*. Rio de Janeiro: FGV, Edur, 2007.

MENEZES, Philadelpho. *A crise do passado: modernidade, vanguarda, metamodernidade*. São Paulo: Experimento, 2001.

MONARCHA, Carlos. *Brasil arcaico, escola nova: ciência, técnica e utopia nos 1920-1930*. São Paulo: Ed. Unesp, 2009.

SCHUELER, Alessandra Frota Martinez de; MAGALDI, Ana Maria Bandeira de Mello. "Educação escolar na Primeira República: memória, história e perspectivas de pesquisa" In: *Revista Tempo: Dossiê A nova "Velha" República: um pouco de história e historiografia*. Niterói, v. 13, n. 26, a. 1, out-2008, p.32-55.

SKINNER, Quentin. *Visions of politics, volume 1: regarding method*. Cambridge: Cambridge University Press, 2011.

XAVIER, Maria do Carmo. *Manifesto dos pioneiros da educação: um legado educacional em debate*. Rio de Janeiro: FGV, 2004.

Referências Documentais:

COSTA, Marcos (org.). *Sérgio Buarque de Holanda: escritos coligidos, livro I, 1920-1949*. São Paulo: Unesp; Fundação Perseu Abramo, 2011 (b).

COSTA, Marcos (org.). *Sérgio Buarque de Holanda: escritos coligidos, livro II, 1950-1979*. São Paulo: Unesp; Fundação Perseu Abramo, 2011 (a).

HOLANDA, Sergio Buarque de. "A cidade verde". *A Cigarra*, 15 de outubro de 1920 (b). s/p.

HOLANDA, Sergio Buarque de. "Originalidade literária". *Correio Paulistano*. São Paulo, 22 de abril de 1920 (a). s/p.

HOLANDA, Sérgio Buarque de. *O espírito e a letra: estudos e crítica literária I, 1920-1947*. Antonio Arnoni Prado (org.). São Paulo: Cia das Letras, 1996.

Tobias Barreto e a educação: ideias de um moderno no império brasileiro[1]

Raylane Andreza Dias Navarro Barreto

INTRODUÇÃO

Este texto faz parte do Programa de Pesquisa do meu pós-doutoramento realizado na Universidade de Lisboa, sob a supervisão do Professor Doutor Justino Pereira de Magalhães com a concessão de bolsa Capes e está vinculado ao Programa de Pesquisa Moderno, Modernidade, Modernização: a educação nos projetos de Brasil - séc. XIX e XX, coordenado pelo Professor Doutor Luciano Mendes de Faria Filho e que tem como fundamento precípuo reunir "objetos de investigação que se organizam em torno do interesse em problematizar processos históricos de gestação de *projetos de Brasil,* elaborados pela intelectualidade brasileira no período compreendido entre 1820 e 1970". Nesse sentido, o que proponho neste artigo é atentar para a produção biobibliográfica de Tobias Barreto de Menezes a fim de compreender o que este propôs em termos de modernidade atrelada à educação. Sergipano da Vila de Campos do Rio Real e que viveu dos 22 aos 50 anos na província de Pernambuco, entre as cidades de Recife e Escada, Tobias Barreto, como pode se supor de um intelectual atuante, não assumiu cargos comissionados no Estado, não tinha boas relações com governantes, nem com a oposição. Mudou significativamente de opinião,

[1] Artigo originalmente apresentado em Sessão coordenada no VIII Congresso Brasileiro de História da Educação, em 2015, na cidade de Maringá/Paraná. Para esta publicação foram acrescidas outras análises. Esse trabalho contou com recursos do Edital de Apoio a Projetos de Pesquisa MCTI/CNPq/Universal no. 14/2014.

passando por várias fases teóricas e dentre aquilo que acreditou politicamente, foi em algum momento liberal e defendeu, de um modo diferente da maioria dos engajados politicamente, a abolição da escravatura. E por isso, foi político e abolicionista, para além de jurista e escritor.

Tobias foi considerado, por alguns dos seus contemporâneos e intérpretes como é o caso do escritor Franklin Távora (1996), um mestiço impulsivo, malcriado, briguento e polemista, com educação roceira e rudimentar, cuja vulgaridade e chulismo, por vezes, colocavam em dúvida seu letramento a ponto de seus críticos considerarem sua obra fragmentária e incongruente. Entretanto, também angariou vários adeptos e seguidores, inclusive nas gerações que lhe sucederam, o que legitima suas ideias mesmo que elas destoassem dos seus contemporâneos que tinham peso no cenário político e sobretudo intelectual. Tobias foi acusado, inclusive e com razão, de negar os valores da intelectualidade de seus contemporâneos, ora criticando os franceses e os portugueses, ora enaltecendo os alemães. Por isso, e por outras várias opiniões, foi muitas vezes malquisto e seus escritos rechaçados dos meios editoriais. Como exemplo trago a recusa do seu artigo na Revista Brasileira quando quis replicar o artigo de Franklin Távora sobre uma crítica ao livro *História da filosofia brasileira*, de Silvio Romero. O motivo, segundo Claudio Aguiar (1997), foi por ele ter criticado a Revista nos seus méritos e o fato de ter publicado artigos como o de Alfredo d'Escrangnolle Taunay acerca de "Meyerbeer e a Ópera Os Huguenotes", em que Tobias, pejorativamente, o trata como "o ilustre major literário" cujo texto "não era de boa qualidade".[2]

Eis uma pequena síntese do homem, cujas ideias fundaram o movimento filosófico denominado Escola do Recife. Tal Escola foi, no nordeste brasileiro, e não somente em Pernambuco, um divisor de água, entre o antigo e o novo, entre o arcaico e o moderno, entre o tradicionalismo e a modernidade no campo do direito e da filosofia no Brasil. Isto porque Tobias, contrariando a origem e a formação escolar, foi suficientemente ousado e "perverso" para contrariar os preceitos católicos e confrontar alguns de seus principais representantes. Ousado porque ele tornou-se um autodidata e como tal enveredou pelas línguas e pela cultura alemã, coisa que poucos brasileiros entre os anos de 1850 e 1889, sobretudo os não viajados, faziam. Perverso porque não poupou ofensas a quem quer que fosse para dizer "da superioridade das

[2] *Apud* AGUIAR, 1997, p. 273

ideias alemãs" em detrimento de qualquer outra. E foi como ousado e perverso que o vi, ao investigar sua vida e sua obra. Vida que durou pouco, pois nascera em 1839 e morrera em 1889, mas obra que se propôs duradora.

É de Alexandre Sá a conclusão de que a biografia se alia a historia de três modos: A biografia como representação, como ocorreu com George Duby ao buscar entender o feudalismo a partir do marechal Guilherme; a biografia como estudo de caso como fez Carlo Guinsburg, em seu "O queijo e os Vermes: O cotidiano e as idéias de um moleiro perseguido pela Inquisição" em que, através da história do moleiro Menocchio, ele dá a ver as culturas popular e erudita no período da inquisição e a biografia como forma de ampliar as interrogações e as interpretações da história, "a partir da colocação de outras questões e de outros termos" (SÁ, 2010, p. 4) Questões e termos que contemplam o redimensionamento de problemáticas históricas e as relações sociais que por sua vez recaem na valorização do sujeito e do seu passado enquanto "campo de conflitos e de construção de histórias de vida" (p. 14).

Nesse sentido, ao atentar para a biografia de um "intelectual", há aspectos que merecem ainda mais análises e interpretações uma vez que é a sua função e seu poder de ressonância que os qualifica. Uma vez que o feito intelectual (ideia, opinião, crítica, ação, projeto, erudição) é entendido como campo e objeto, a história do intelectual é também uma história das ideias, das mentalidades, antropológica e sociológica. Nesse sentido, o feito intelectual congrega aspectos que constituem uma série de categorias funcionais para a sua história. Assim, buscar compreender a história de vida de um intelectual é também buscar entender o seu contexto e o que ele exigiu do intelectual em termos de ideia, repertórios, redes de relacionamentos, microcosmos. Assim, a volta ao passado de um intelectual é, por consequência, a volta ao seu microclima, às suas motivações, ao pensamento histórico e social do qual fez parte.

Diante da biografia de Tobias Barreto, repleta de episódios antitéticos e efêmeros e que remetem ao teor de seus artigos, que por sua vez servia de suporte para alardear o que pensava, algumas questões vêm à tona, como: o que faz um homem mudar de ideia? Sendo assim, suas ideias têm unidade? O que queria Tobias com seus artigos? Suas inimizades tinham motivação ideológica? Qual a relação entre o direito e a cultura com a educação em sua obra? É possível perceber uma concepção de educação em sua obra uma vez que sua base é filosófica e jurídica? Em suma, suas ideias podem lhe colocar no rol dos intelectuais que pensaram a educação no império brasileiro?

Nascimento (1999), ao estudar a cultura alemã no Brasil sob a ótica de Tobias Barreto e de seu amigo e colega Silvio Romero, considera que é possível entender, a partir do que eles pensaram e divulgaram em termos culturais, o quadro da mentalidade pedagógica no Brasil dos 800. Na esteira das ideias novas que vinham sendo divulgadas e apropriadas pelos intelectuais brasileiros a exemplo do positivismo e do ecletismo religioso, também estava o germanismo caracterizado sobretudo pelo materialismo de Carlos Vogt, Jacob Moleschott e de Luis Buchner. Do evolucionismo de Haeckel, do espiritualismo de Hartmann e do neokantismo[3]. A esse, estava filiado Tobias Barreto que invariavelmente o defendia e o divulgava como alternativa para não somente entender, mas organizar as bases da sociedade brasileira.

A obra de Tobias Barreto, fonte dessa pesquisa, está reunida em 10 volumes, hoje em sua quarta edição. A coleção, organizada por Luiz Antonio Barreto, traz em seu corpo os artigos de Tobias versando sobre cada um dos temas a que ele se dedicou: direito, filosofia, crítica política e social, estudos alemães, poemas, literatura e arte. A cada volume, o organizador acrescentou uma introdução comum a todos contendo notas biográficas e, ao final, uma fortuna crítica composta por um artigo de um dos seus estudiosos e que versa sobre os conteúdos dispostos. Assim, a visão sobre Tobias pôde ser ampliada e melhor dimensionada, haja vista a coleção reunir artigos de especialistas que analisaram os conteúdos dispostos e teceram suas ponderações. Há, entretanto, o fato de, na fortuna critica, não conter artigos de desafetos de Barreto, por outro lado, dentro da obra, há artigos e cartas que colocam em evidência as redes de relacionamentos algumas vezes desfeitas, outras sedimentadas e outras, de fato, impossíveis. A coleção, com isso, consegue refletir as principais linhas de raciocínio e os repertórios mobilizados por ele, tendo em vista a sua ideia da organização da sociedade brasileira pautada na cultura e no direito como produto do homem.

EM BUSCA DO MODERNO TOBIAS BARRETO

Guiada pelas noções de moderno, modernidade e modernização como chaves de interpretação do que pensou o criador da "Escola do Recife" e atentando para o que Nascimento esclareceu, foi possível captar o que entendia por cada uma delas. Para Nascimento:

[3] PAIM *apud* NASCIMENTO, 1999, p. 242

> A alternativa de construção de um modelo modernizador para o Brasil, defendida por intelectuais como Tobias Barreto e Silvio Romero e que foi derrotada no embate da segunda metade do século XIX, apresentava o tema da cultura como fundamentalmente esquecido pelas forças que estavam sendo naquele momento derrotadas. Assim, eles buscavam chamar atenção para a necessidade de manter a tensão quanto a questões que diziam respeito aos problemas da identidade e da formação de uma cultura brasileira. Eles possuíam a plena consciência dos rumos que o Brasil deveria tomar para ser moderno.[4]

Ao todo, salvo os lapsos que são comuns nas leituras, foram cerca de 600 vezes que uma dessas palavras ligadas ao moderno, à modernidade, ao progresso foram citadas nos mais distintos contextos. Em contraposição, as palavras velho, antigo, arcaico e tradicional foram mencionadas em, aproximadamente, 400 ocasiões. Irremediavelmente, as palavras foram utilizadas para tratar de autores, ideias, teorias, concepções filosóficas e literárias, interpretações na área do direito, mas, também, de políticos, ações, momentos, aspectos econômicos, visões de mundo, dentre outros temas, o que demonstra o teor de suas análises e o quão utilizados foram tais termos.

Carvalho, ao se deter as pregnâncias do termo moderno e baseando-se em Kant, considera que a questão posta "seria saber se da 'subjetividade'e da 'consciência de si' poderiam ser obtidos critérios próprios ao mundo moderno que, a um só tempo, servissem para se orientar nele e ser aptos (*sic*) para crítica de uma época moderna em conflito consigo mesmo".[5] Ao adentrar na cronologia dos fatos que compõe sua vida vivida, nos moldes thompsonianos, encontro muitas fases. Digo vida vivida, pois há uma outra vida em Tobias que é aquela dos artigos e livros que não necessariamente foi vivida, mas idealizada, pretendida. Segundo Thomposon:

> As pessoas não experimentam sua própria experiência apenas como ideias, no âmbito do pensamento e de seus procedimentos, ou (como supõem alguns praticantes teóricos) como instinto proletário etc. Elas também experimentam sua experiência como sentimento e lidam com esse sentimento na cultura, como normas, obrigações familiares e de parentesco, e reciprocidades, como

[4] *apud* NACIMENTO, 1999, p. 18

[5] CARVALHO, 2012, p. 23.

> valores ou (através de formas mais elaboradas) na arte ou nas convicções religiosas.[6]

Nesse sentido, as fases pelas quais passou Barreto representam bem as mudanças que ocorreram em sua forma de pensar e de refletir o mundo e dentro dele os fatos, fossem eles sociais ou filosóficos. Primeiro foi católico, sendo inclusive seminarista, depois foi adepto à filosofia eclética de Vitor Cousin, depois foi positivista e cientificista seguindo os exemplos do que circulava no país, mais precisamente em Recife, onde já vivia como estudante da faculdade de Direito, nos idos de 1860, posteriormente foi monista[7] seguindo a linha de Heckel, depois Shopenhauer e depois, ele mesmo adaptou as versões a partir de Kant e assim tratou de vários temas que teve a Filosofia por base, culminando no que insinuou Silvio Romero, e no século XX denominou Miguel Reale, de culturalismo filosófico.

Em que pese a circulação de obras e ideias germânicas e os debates por elas suscitados em outros centros brasileiros, não se pode afirmar que esses saberes eram estudados com toda a liberdade e que eram objeto de um esforço de compreensão. Longe disso, o que se via no Brasil dos oitocentos era, de um lado, o tradicionalismo católico e do outro uma grande mistura de filosofias, nem sempre em sintonia, incluindo saberes supostamente provenientes de velhas tradições e descobertas científicas que ganhavam corpo e adeptos, pois estavam envoltas em uma linguagem atrativa e nova quando comparada aquela proposta pela fé cristã. Nesse segundo lado, estão as várias ideias novas que chegaram ao Brasil de um ou outro modo e que formou discípulos que a defenderam com garra frente a um campo ainda frágil e com limites precisos. Tobias, porém, reconhece a diversidade de concepções que tomou conta de sua geração e sobre suas mudanças de ideias e de convicções ele atesta no prólogo de seus "Estudos Alemães":

---

[6] THOMPSON, 1981, p. 189.

[7] Segundo Tobias "Entre o resto de que fala Kant, e este de que fala Noiré, não há diferença alguma. O *mecanicamente inexplicável* da teoria kantesca quer dizer, em linguagem monística: – a parte do sentimento que o movimento não explica". Deste modo, conclui: "para o monismo filosófico, o movimento e o sentimento sendo inseparáveis, dá-se entre eles somente uma questão de grau: – onde mais domina o movimento, aparece então a *causa efficiens*; onde mais o sentimento, prepondera também a *causa finalis*. O mundo não é só uma cadeia de *por quês*, como pretende o materialismo acanhado, mas ainda uma cadeia, uma série de *para quês*, de fins ou de alvos, que reciprocamente se apoiam, se limitam, que saem uns dos outros". (*apud* LIMA, 1939, p. 36)

> Eu sou um pouco volúvel. Esta verdade, que há trinta anos já me dizia um pouco convicto a minha primeira deidade, quando se viu sacrificada a um rosto mais gentil, permanece no mesmo estado de frescura, pelo que toca, não a amores, mas a teorias, que nunca tiveram força de ganhar-me o coração, e que portanto não duvido desprezar de olhos enxutos, por causa de outras, que melhores me parecem. Se tal fraqueza de minha parte está em produzir escândalo, é o caso de repetir com Schopenhauer: cometa-se o escândalo, porém diga-se a verdade.[8]

É no ramo da cultura que pode ser percebido o papel da educação para Tobias Barreto. Foram vários os aspectos tratados por ele nessa área, entretanto, parto de uma concepção que o guiou em suas conclusões: A cultura é a natureza transformada. Desse modo, cultura acaba sendo tudo aquilo que tem a intervenção humana. E foi nesse campo que ele analisou e deu contribuições significativas à área do Direito definido por ele como "a disciplina das forças sociais, o princípio da seleção legal na luta pela existência".[9] Dois exemplos do que afirmei foram as suas ideias sobre o direito aplicado aos menores e loucos. Sobre isso, após uma discussão onde traz à tona os códigos penais italiano, francês, inglês e alemão, focando as idades e seus respectivos porquês acerca da imputabilidade do crime, ele a atribui sem sombra de dúvidas a partir do estado cultural e de instrução dos países. Ao comparar a Itália que, no século XIX, delimitou a idade penal em 9 anos com o Brasil, cuja idade era de 14 anos, ele assim se explica:

> Pelo menos me parece que um Estado no qual se obriga a aprender, e onde homens como Casati, Coppini, de Sanctis têm sido ministros da instrução pública, para promoverem a sua difusão, tem mais direito de exigir de um maior de nove anos uma certa consciência de dever, que o faça recuar da prática do crime, do que o Brasil, com o seu péssimo sistema de ensino, pode exigi-la de qualquer maior de quatorze.[10]

[8] BARRETOb, 2012, p. 47

[9] BARRETOa, 2012, p. 49

[10] BARRETOa, 2012, p. 52-53.

Nesse sentido, foi no *Strafgesetzbuch* (Código Penal) alemão que Tobias baseou-se para defender sua ideia acerca da menoridade penal. De acordo com esse código, cuja menoridade penal era de 12 anos, todo julgamento de crime cometido por um indivíduo que estivesse entre os 12 e os 18 anos deveria considerar o "conhecimento preciso da sua criminalidade", pois ele ponderava em seus ditames que há um grau intermediário, esse antropológico, que diferencia o menino do homem e que deve ser considerado em um julgamento, pois está necessariamente ligado ao conhecimento do mesmo e este só é possível com a educação ministrada, "imposta pelo Estado" e apreendida pelos indivíduos. Ao que Tobias considera não somente pertinente, mas passível de ser adotado.

Nesse mesmo sentido, uma outra discussão também é travada por Tobias revelando a atualidade de suas ideias, esta acerca dos loucos de todo gênero, também contemplado no código penal brasileiro, em especial no §2 do artigo 10. Sobre isso, ele ressalta:

> A minha opinião está assentada: aos médicos, e só aos médicos, é que compete apreciar definitivamente o estado normal ou anormal da constituição dos criminosos. Eles não devem limitar-se a atestar esse estado, mas antes devem julgá-lo magistrática e autoritariamente. Isto, porém, não quer dizer que eu subscreva, como razoáveis, todas as suas doutrinas em matéria de psicologia criminal. Nelas exige uma grande parte de exageração, que é preciso combater e arredar.[11]

Tais reflexões, dentre várias outras, o colocaram na história do Direito, sendo inclusive, até hoje, referencial teórico de juristas contemporâneos como são os casos do Argentino Eugenio Raul Zafaronni, o italiano Mario Losano, bem como foi do brasileiro Miguel Reale. Entretanto, tais reflexões não o colocaram na esteira dos intelectuais da educação ou mesmo dos pensadores da educação brasileiros, embora sua trajetória apesar de ser dedicada ao direito e a filosofia, também foi à política e a educação. Esta, ora como dono de escola,[12] professor do ensino secundário e do ensino superior, ora como autor de livros de direito, ora como propositor de uma escola

---

[11] BARRETOa, 2012, p. 75.

[12] Entre a década de 1860 Tobias, aproveitando a onda de criação de escolas, funda a Escola 25 de março, funcionando na praça do Conde D'eu em Recife/PE.

superior feminina nos moldes alemães para a província de Pernambuco dos anos 70 do século XVIII.

Tobias também nota a igualdade que somente o código penal, diferente do civil, atribui à mulher. Embora reconheça que isso não seja apenas no Brasil, ele critica o fato de que esses países conservem, em detrimento da modernidade, a desigualdade civil e política entre a mulher e o homem. Nessa seara, discutida no artigo "O moderno Tobias Barreto de Menezes no império brasileiro", que consta no terceiro volume da série *Moderno, modernidade, modernização* editados pela Mazza edições, ele deixa claro a "anomalia" que era a negação de instrução à mulher e o que isso representava em termos de atraso intelectual e econômico, para além do cultural.

A INDÚSTRIA E O ENSINO PROFISSIONAL

Ao fazer parte da redação do jornal *O industrial*,[13] de propriedade da Fábrica Apollo de matriz tabagista, Tobias junto com José Hygino Duarte Pereira, Barros Guimarães e Graciliano Baptista demonstram ainda mais o conhecimento da realidade brasileira, pois nesse jornal, que tinha a função de dar a ver o que se passava na indústria, na agricultura e nas artes do país, tomava como referência o que ocorria sobre os temas, dentre outros países, na França, na Inglaterra, na Rússia, nos Estados Unidos e na Alemanha. Um dos pontos que merece destaque é a suposta necessidade de intervenção do Estado na Indústria, o que, segundo o jornal, através dos artigos não assinados, era um erro reconhecido pela ciência econômica e pela experiência. Na opinião dos redatores, que inclui Tobias, o que fica claro é que quem deve assumir o controle da indústria é o seu proprietário e não o Estado que ao intervir e assumir a responsabilidade corre todos os riscos que deveriam ser do particular. Mesmo considerando que tal jornal não agradasse sobremaneira aos industriais, seus articulistas consideraram que o trabalho era louvável uma vez que se propunha também "livrar a indústria de novos perigos e maiores males".[14] Isto porque com a não intervenção do Estado havia o benefício da livre concorrência.

Nessa mesma primeira edição, os redatores levaram em consideração que a agricultura tinha ocupado o primeiro lugar das atividades de países cultos e la-

[13] Alguns artigos deste jornal está nas obras completas de Tobias Barreto.

[14] O INDUSTRIAL, 1883, p. 3.

boriosos. Trouxe o exemplo da Prússia, onde o primeiro ministro deixou claro que nada pode concorrer para o enfraquecimento de uma nação como "o pouco amor a instrucção, e o desconhecimento dos benefícios que a terra prodigaliza".[15] A edição traz também, para além de uma discussão sobre o que precisa a indústria brasileira, exemplos concretos do que pode ser efeito a fim de melhorar a área através dos artigos sobre motores solares; ensino agrícola e a indústria do algodão e o seu possível desdobramento em outras indústrias como por exemplo aquela dedicada ao seu caroço. Há também um artigo dedicado aos meios de transportes e a indicação de criação de um sistema de transporte nacional a partir dos exemplos da Inglaterra, França e Holanda; outro sobre os engenhos centrais e as implicações de não atender a divisão social do trabalho já experienciada em países desenvolvidos e outro que se dedica a agricultura como sendo a indústria que possuímos e que merece investimentos.

Há nos artigos uma gama de indicações que vão além do liberalismo e enveda por uma necessidade de investimento na formação dos "operários". Ao trazer o depoimento de Adam Smith acerca da defesa da Grã-Bretanha e que à riqueza das nações está associada o numero de seus marinheiros e de seus navios, o jornal deixa claro que:

> De fato, o gosto pelas expedições marítimas, o aperfeiçoamento da educação profissional dos homens do mar, e a affluencia de grandes capitães para as emprezas marítimas, além do aumento do commercio e da producção de outras industrias, e das artes, vieram mostrar, diz um profundo pensador, a Adam Smith, que pelo lado econômico o systema de navegação nacional contem em si um germen de prosperidade para as nações.[16]

Desse modo, o que ficou evidente no artigo foi que não se poderia ter o progresso pretendido sem seguir o exemplo de outras nações, onde, para além da isenção de impostos para os navios mercantes, havia a dispensa de prêmios a armadores, ensino prático e gratuito, mas voluntário, e favorecimento dos estudos com vistas ao aperfeiçoamento das construções navais e para formar bons marinheiros. Eis aqui aspectos que merecem destaque, pois demonstram o grau de comprometimento dos

[15] O INDUSTRIAL, 1883, p. 3

[16] O INDUSTRIAL, 1883, p.6

países com a formação de seus quadros, mesmo não sendo esses o de gestores e burocratas tão comuns quando o assunto é investimento estatal. Não era raro que faculdades de direito fossem patrocinadas pelo poder público, entretanto o investimento em profissões menos pomposas e mais práticas quase sempre não eram cogitadas. Nesse sentido, poucas são as experiências de formação profissional no Brasil império e quando existem estão mais ligadas ao assistencialismo do que necessariamente à formação de bons profissionais para o mercado de trabalho.[17]

Nessa mesma edição, no artigo dedicado a "Agricultura: sua influência sobre as nações", a frase "Sem o estado florescente da cultura nação alguma tem sido feliz, rica e poderosa" abre toda a série de argumentos e exemplos de países que mesmo com dificuldades, a exemplo da Bélgica e do seu diminuto tamanho, cultivaram a indústria agrícola com ganhos positivos. Nesse sentido, o foco na cultura vem legitimar a ideia de que um povo que não conhece sua história e a louva não ascende na hierarquia econômica, pois não se ama aquilo que não se conhece, logo conhecer sua cultura é o primeiro passo rumo ao florescimento da felicidade, da riqueza e do poder.

Já no artigo "As artes e a indústria agrícola", a apropriação das ideias liberais aparecem de maneira explicita na medida em que os redatores estão "convictos do princípio da não intervenção do Estado no circulo da liberdade e atividade econômica",[18] embora considerem, parafraseando o inglês Jeremy Bentham, que a indústria deve exigir do Estado as condições para sua criação e sobrevivência. Dessa forma, eles sinalização que ao Estado cabe a preparação dos artistas. Isto porque, na visão dos autores e para isso baseiam-se em Ludwig Pfau,

> a arte presta a indústria artística exactamente o mesmo serviço, que a theoria aos conhecimentos theoricos. A arte não é somente uma industria, é a escola superior de uma porção de industrias, que ella anima com o seu halito, e que morrem sem seu calor. Não fallamos daquellas profissões artísticas, que se dedicam a imitação ou a exposição das obras originais, porém das artes industriais propriamente ditas. Os bellos produtos da marcenaria, da vidraria, da cerâmica, da fundição, da tecelagem – em uma palavra, de todos os misteres que pertencem á arte decorativa, só prospe-

[17] LIMA, 2013.

[18] O INDUSTRIAL, 1883, p. 8

> ram sob a condição de que a grande arte tenha vida, cresça, progrida e lhes communique o seu fogo e o seu calor.[19]

O que se pode apreender do jornal é a tendência liberal e o papel atribuído ao Estado para com a educação profissional do seu povo. Mensurar o papel da iniciativa privada foi o que motivou a produção do jornal, embora, por ele, possa ser captado também o modo como o Estado poderia contribuir com o sucesso da indústria. Se for levado em consideração que o sucesso de qualquer iniciativa está atrelado, sobremaneira, ao desempenho dos seus atores e que, portanto, quão melhor preparado for esse corpo, melhor o resultado do tentame, fica fácil entender o que queria o corpo de redatores, com a educação profissionalizante. Entretanto, atribuir essa responsabilidade ao Estado é deixar transparecer a ideia de que o Estado está a cargo da educação e consequentemente do que dela resulta. Seria esse o seu fim?

O que mais impressiona nesse jornal, entretanto, é a frequência de termos e análises à luz de teóricos estrangeiros. Trazer para a análise Adam Smith e tantos outros nomes da Economia Política evidencia não somente a atualidade e o empenho com a modernidade das ideias vigentes no mundo Europeu e norte americano, mas sobretudo a preparação que tiveram para adentrar no debate acerca do e no espaço público. No caso especíco de Tobias, apropriações das mais diversas são notadas em sua obra e invariavelmente refletem o tipo de leitor e autor que se compôs. São muitos os autores mobilizados em sua obra e que revelam a atualidade e a essência de suas leituras. Assim, como naquele microcosmo do jornal, outros são dados a ver e revelam nuances da história do país e do que estava sendo pensado em prol de sua educação e economia.

Os artigos de Tobias em favor da educação, mais especificamente sobre a educação profissionalizante estão repletos de exemplos europeus, sobretudo alemães. E, se por um lado o torna etnocêntrico, por outro revela que sua simpatia e admiração pela Alemanha tem um sentido e uma razão de ser. Visto que os repertórios mobilizados em favor de seus argumentos, seja em favor da educação feminina e/ou da educação profissionalizante, seja na sua concepção do direito e de ciência estavam circulando o mundo e sendo apropriado por vários outros países, inclusive Portugal através da geração de 1870, que também considerava a Alemanha um modelo de educação e cultura.

[19] O INDUSTRIAL, 1883, p.10

Ao analisar a trajetória e a obra de Tobias, é possível identificar o quão indissociável estiveram suas ideias da sua ação política, o que não quer dizer que para se entender o/os sentido/s dos seus textos basta associá-lo ao campo da ação ou a seu contexto, mais, também, ao seu "exterior", às suas condições pragmáticas, bem como ao trabalho de leitura e interpretação de teóricos produzida por ele. Nesse sentido, a relação de Tobias com o espaço público é mais complexa quando analisadas as ideias, nascidas de outro contexto histórico-político-social-cultural e mais simples quando se avalia que a Alemanha vinha se legitimando na medida em que suas ideias, descobertas, interpretações da realidade e teorias, sobretudo no campo do Direito, em que se insurgia contra os ideais católicos de direito natural, ganhavam adeptos em diversos países. Tal preferência e filiação insinuam que o pensamento tobiático não foi a busca pura e simples de uma Germanomania moderna, mas a tentativa de ampliação do espectro do olhar em prol de uma nação mais digna e forte capaz de assumir as rédeas de seu desenvolvimento, o que, necessariamente, passa pela educação de seu povo. E a Alemanha, para ele, era mais modelar que a França, cujos exemplos eram evocados no Brasil dos oitocentos.

A CIDADE DE ESCADA COMO LÓCUS DE ANÁLISE BRASILEIRA

Foi, todavia, em "um discurso em mangas de camisa", datado de 1877, o texto mais conhecido de Tobias, que ele, fazendo uma análise do que ocorria na cidade de Escada, interior de Pernambuco, em alusão ao que ocorria nacionalmente, disse que no Brasil o que estava organizado era o Estado, não era a nação. Tal frase há muito citada e analisada também consta no livro de Nicolau Sevcenko (1999) *Literatura como Missão*. Nessa obra, o autor traz a Alemanha e a Itália como exemplo de países que, apesar de possuírem uma identidade de sentimento nacional, não se constituíram Estados. Talvez esse também tenha sido um dos motivos da Germanomania de Tobias. Nesse sentido, o que fora pensado por Tobias se diferenciava do que a maioria dos intelectuais da época propunha para o Brasil.

Vale ressaltar que modernizar a estrutura política e social em nome de uma república era o que os intelectuais buscavam através das suas ações que invariavelmente estavam estampadas nos jornais, em alguns manifestos, em livros e nos vários discursos proferidos no meio político, em especial nas Assembleias legislativas, lugar ocupado por boa parte dos homens de letras e engajados do império brasileiro. Tobias, por sua vez, embora não distante desse discurso, segue uma linha de raciocínio distinta, pois suas análises recaem mais nos fundamentos do direito e da política do que necessariamente numa proposta prática para o Brasil. Isso porque ao detectar e interpretar o que estava sendo proposto em termos de império e república e/ou de escravismo e a trilogia "liberdade, igualdade e fraternidade" ele destoava das propostas feitas por entender, sobretudo, que as mudanças deveriam advir do povo e não necessariamente da hierarquia política. No seu entender, era a falta de coesão social e o desregramento dos indivíduos que os reduzia "a uma poeira impalpável e estéril" traduzido num "povo amorfo e dissolvido" unido apenas pela língua, pelos maus costumes e pelo servilismo.[20]

Na visão de Tobias, faltava aos cidadãos aspiração nobre, força defensiva, força intelectual e moral, sincero amor e caridade, patriotismo, senso político e dignidade pessoal nos negócios locais, falta de elementos que para ele compunham uma "doença moral" que os impedia de combater os assaltos do poder vigente. Ao atentar para os gastos na cidade de Escada, ele detectou que da coletoria da cidade 10 por cento era gasto com a instrução pública em comparação com os 15 por cento gastos com a justiça e seus apêndices, 20 por cento com a polícia, 2 por cento com a religião e mais da metade ia para outras plagas. Sobre o parco percentual destinado à educação ele ressaltou:

> A instrução quase nula, à medida que também é nulo o gosto de instruir-se; e temos em casa o exemplo. Acabais de ouvir que o dispêndio feito com as escolas desta cidade é muito inferior ao que se faz com a polícia: sinal evidente de atraso intelectual. Não limita-se a isso. Segundo a opinião de competentes, a proporção regular entre o número de habitantes e o das pessoas que devem frequentar a escola é de 12 a 15 por cento se esse lugar quer ter o título de adiantado. Ora, dos três mil espíritos, que dissemos haver aqui dentro, quatro por cento e alguns quebrados que se encontram realmente de frequência em cinco casas de instrução que existem, sendo somente sete por cento o numero de matriculados!... Vê-se, pois, que ainda entre nós há uma certa má suspeita contra a arte *diabólica* de ler e escrever, para servir-me de irônica expressão do italiano Aristides Gabelli.[21]

[20] BARRETOb, 2012, p. 133.

[21] BARRETOb, 2012, p. 141, grifo nosso.

Como pode ser percebido, não somente ao governo ele atribui a responsabilidade do crescimento intelectual, mas, principalmente, ao seu povo. Como alternativa local, ele propôs a fundação, infrutífera, do "Clube Popular Escadense", que visava alertar o povo para a necessidade de sua maturidade acerca da liberdade, pois acreditava que para o povo ter o tirocínio sobre ela teria que exercê-la, e esse exercício começaria pelo despertar de seu valor e isto se daria com a indignação com os opressores e o entusiasmo com os oprimidos. A educação nesse propósito entra como o meio. Meio de agregar valores e elevar o grau de alerta e exigência dos cidadãos. Tal premissa deve ter descendido das leituras de Kant para quem o que conta é a formação moral do educando a fim de fundar um caráter, uma vez que a educação é que deve preparar o indivíduo para a perfeição da natureza humana. Seria a educação, mesmo improvavelmente, que dota o indivíduo dos preceitos morais e éticos, fazendo-o um cidadão, ou seja, conhecedor dos seus direitos e deveres. Sobre Kant, embora com ressalvas, Tobias afirma que voltar a ele é "sempre um progresso" hajam vistas suas "Crítica da razão pura" e "Crítica da razão prática" e sua influência sobre todas as ciências e sua consequente produção do conhecimento.[22]

Eis um dos papeis atribuídos ao intelectual na visão de Ortega y Gasset: a tarefa teórica política. Segundo Gasset, a função do intelectual é educar as massas.[23] E, nesse sentido, a educação requerida por Tobias não era somente a masculina, mas também, como já sinalizado, a educação feminina, não aquela doméstica, a profissionalizante e de ensino superior nos moldes alemães. Para ele não bastava dar a mulher uma educação doméstica ou professoral ou ainda moral e ética, como pregavam os estatutos das escolas voltadas para o sexo feminino. A mulher tal qual o homem, embora considerando suas especificidades, deveria ter uma profissão que não necessariamente a de professora. Que o dissessem Josefa Agueda Felisbela de Oliveira e Maria Amélia Florentino, estudantes que tiveram nele o apoio, na Assembleia Legislativa da Província de Pernambuco, para estudar Medicina no exterior. Nessa defesa, ele demonstra o seu rico capital cultural. Nele conhecimentos de história, biologia, antropologia e tantas outras ciências são demonstrados e mobilizados dando ganho de causa às alunas.

[22] BARRETO, 2013.

[23] BOBIO, 1997

Ao buscar as origens de tais ideias em prol da educação da mulher, considero que esta tenha nascido quando ainda era adepto à filosofia espiritualista eclética do francês Victor Cousin, um dos tantos autores que fazem parte do seu repertório e que dedicou boa parte de sua produção de ensaios às mulheres do século XVII e cuja obra, embora tenha chegado ao Brasil, foi preterida a partir do que escreveu Hippolite Taine em *Les philosophes classiques du XIX siècle em France.*[24] Tobias, entretanto, credita a ele o seu gosto pela filosofia. Segundo Antonio Paim "[...] foi o contato com aquela filosofia que permitiu a Tobias Barreto colocar-se acima da onda cientificista que então se abateu sobre a nação".[25]

Vale ressaltar, a fim de perceber a ambiência cultural, que a educação feminina em Pernambuco do século XIX, era sectária e para poucas e com um viés eminentemente católico, pois o que se ensinava nos internatos era o suficiente para o polimento social, condição *sine qua non* para ser uma "boa dona de casa". Iniciativas de outra ordem, entretanto, podem ser notadas na história do lugar, como o que revela Monteiro e Gati (2014):

> Imbuídos do espírito positivista e altruísta, um grupo de intelectuais decidiu agir para elevar a Província de Pernambuco à condição de civilizada. Ocupando o cargo de Diretor da Instrução Pública, o Dr. João José Pinto Júnior (1832-1896) verificou a situação de penúria em que se encontrava o ensino público na Província e que era preciso fazer algo para 'erguer o ensino de seu estado de abatimento'. Constatou que, além de uma pequena rede de escolas primárias, o governo mantinha apenas três escolas de curso médio na capital, todas para meninos: o *Ginásio Pernambucano*, o *Liceu Provincial* e a *Escola Normal*, esta criada em 1864. Observou também que, para a educação das filhas dos ricos senhores de engenho, conservadores católicos, a cidade de Recife contava com alguns internatos criados por congregações religiosas trazidas da Europa pelo bispo D. Vital.[26]

Nesse sentido, a formação acadêmica e/ou profissional não existia, embora existisse a sua necessidade. Ainda de acordo com as autoras:

---

[24] PAIM, 1999.

[25] PAIM,1999, p. 6.

[26] MONTEIRO; GATI, 2014, p. 105.

> Para as meninas mais humildes, no entanto, não havia nenhuma escola pública. Urgia tomar providências, mesmo que não parecesse haver necessidade de escolas externas para moças de todas as classes sociais, pois, de acordo com os costumes da época, não se pensava em permitir às moças de famílias abastadas saírem de casa diariamente para frequentar uma escola pública. As moças de 'condição menos favorecida', então, nem pensavam em estudar. Mas progresso e modernidade só viriam lado a lado com educação e instrução.[27]

Foi com vistas a esse suposto progresso que foi criada, em 1872, a Escola Normal da Sociedade Propagadora da Instrução Pública, com o objetivo de educar indistintamente as mulheres e tal qual a Escola Normal oficial para homens atender aos anseios do Pernambuco oitocentista cujas características são reveladas, segundo Monteiro e Gati (2014) nas páginas dos jornais *A Lucta* e *A Mocidade*, que trazem um Recife antenado com a urbanização e com a indústria. Tem-se com ela não somente uma iniciativa, mas de fato uma escola feminina em Pernambuco, o que faz com que a primazia de Tobias com relação ao ensino feminino caia por terra. Mas se por um lado não foi Tobias quem pensou e/ou criou a Escola Normal, foi dele a ideia de uma Escola Superior. Ideia aprovada, porém não implementada.

Foi tentando entender tais ideias e/ou posicionamentos que encontro em Koselleck a chave interpretativa. A partir deste autor, entendo Tobias como observador de segunda ordem, na medida em que "[...] na era moderna a diferença entre experiência e expectativa aumenta progressivamente, ou melhor, só se pode conceber a modernidade como um tempo novo a partir do momento em que as expectativas passam a distanciar-se cada vez mais das experiências feitas até então". Eis a modernidade do pensamento de Tobias. Isto porque as experiências passadas fazem parte da composição da expectativa de futuro. Embora a concepção, a visão, a análise e a interpretação do passado possa variar, a expectativa de futuro não pode prescindir dela, "[...] uma vez que as expectativas produziram novas possibilidades às custas da realidade que se desenvolveram".[28]

---

[27] MONTEIRO; GATI, 2014, p. 106

[28] KOSELLECK, 2006, p. 314

Perceber suas intenções e tentar sistematizar a forma, bem como o alicerce que fez ele pensar o que pensou tendo em vista o espaço público brasileiro, colabora na compreensão não só do indivíduo, do jurista, do filósofo, do crítico Tobias Barreto de Menezes, mas, principalmente, permite antever um dos múltiplos perfis de intelectuais do século XIX brasileiro e que tipos de expedientes podem ser mobilizados em prol de um discurso ou prática, nesse caso discurso, que ontem primou por uma interpretação do Brasil e pela construção consistente da esfera pública e hoje revela indícios e evidencias a favor de uma teoria sobre o lugar da intelectualidade brasileira a partir das ontem ações e hoje noções de moderno, modernidade e modernização.

Assim, o que se pode perceber na obra de Tobias, por certo mais dedicada ao Direito, à Filosofia, à Literatura, à Poesia e à Crítica política e social, são ideias que ressaltam a educação, ora como começo, ora como meio, ora como fim. Começo, pois, com uma população educada, o Brasil poderia ser conduzido da melhor forma, não havendo porque escravizar ou mesmo enaltecer a liberdade como se ela fosse algo passível de ser conquistado. Para Tobias, a liberdade é algo que o homem pode dizer eu sou, já a igualdade, essa impossível de se obter, é algo que o homem poderia dizer quem me dera fosse. Uma população educada constrói uma nação e não se deixa sucumbir pelo Estado mal gerido. A educação é o meio na medida em que é por ela que o indivíduo chega a maioridade mental e se aparta das mediocridades provincianas e ascende na hierarquia intelectual, podendo assim contribuir com a construção da sua nação o que se consegue tendo a educação por ou como fim.

REFERÊNCIAS

AGUIAR, Claudio. *Franklin Távora e o seu tempo*. Rio de Janeiro: Ateliê editorial, 1996.

ALONSO, Ângela. *Ideias em movimento*: a geração de 1870 na crise do Brasil Império. São Paulo: Paz e Terra, 2002.

BARRETO, Luiz Antônio. *Tobias Barreto*. Aracaju: Sociedade Editorial de Sergipe, 1994.

BARRETO, Tobias. *Estudos de filosofia*. Rio de Janeiro: Solomon; Editora Diário Oficial, 2013

BARRETOa, Tobias. *Estudos de direito I*. Rio de Janeiro: Solomon; Editora Diário Oficial, 2012

BARRETOb, Tobias. *Estudos alemães*. Rio de Janeiro: Solomon; Editora Diário Oficial, 2012

BARRETOc, Tobias. *Crítica política e social*. Rio de Janeiro: Solomon; Editora Diário Oficial, 2012.

BASTOS, E. R. e RÊGO, W. D. L. (Orgs.) *Intelectuais e política*: a moralidade do compromisso. S.P.: Ed. Olho d'Água, 1999.

BRITO, Rosa Mendonça de Brito. *O neokantismo no Brasil*. Manaus: Editora da Universidade do Amazonas, 1997

BOBBIO, N. *Os intelectuais e o poder*. Dúvidas e opções dos homens de cultura na sociedade contemporânea. SP.: UNESP, 1997.

BOURDIEU, P. A ilusão biográfica. In: AMADO, J.; FERREIRA, M. (org.). *Usos e abusos da história oral*. R.J.: Fund. Getúlio Vargas, 1996, pp. 183-191.

CARVALHO, Marcus Vinicius Corrêa. Moderno, modernidade, modernização: polissemias e pregnâncias. In: GIL, Natália, ZICA, Matheus da Cruz; FARIA FILHO, Luciano Mendes de. *Moderno, modernidade, modernização*: a educação nos projetos de Brasil – séculos XIX e XX. Belo Horizonte: Mazza Edições, 2012.

FARIA FILHO, Luciano Mendes de. Os projetos de Brasis e a questão da instrução no nascimento do Império. In: VAGO, Tarcísio Mauro [et.al] organizadores. *Intelectuais e Escola Pública no Brasil*: séculos XIX e XX. Belo Horizonte, Mazza Edições, 2009.

GOMES, Ângela Castro. A Política Brasileira em busca da Modernidade: na fronteira entre o público e o privado, In: NOVAIS, Fernando e SCHWARCZ, Lílian (Orgs.). *História da vida privada no Brasil*. São Paulo: Companhia das Letras, 1998. v. 4.

LIMA, Solyane. *Recruta-los jovens*: a formação de aprendizes marinheiros em Sergipe e Lisboa (1868/1905).

LOPES, M. A. Pena e espada: sobre o nascimento dos intelectuais. In: LOPES, Marcos A. (org.) *Grandes nomes da história intelectual*. SP: Contexto, 2003, pp 39-48.

MERCADANTE, Paulo; PAIM, Antonio. Introdução. In: BARRETO, Tobias. *Estudos de filosofia*. Rio de Janeiro: Solomon; Editora Diário Oficial, 2013 (coleção obras completas de Tobias Barreto, organizadas por Luiz Antonio Barreto)

NASCIMENTO, Jorge Carvalho do. *A cultura ocultada ou a influência alemã na cultura brasileira durante a segunda metade do século XIX*. Londrina: Ed. UEL, 1999.

NOVAES, Adauto. Intelectuais em tempos de incerteza. In: NOVAES, A. (org.) *O Silêncio dos intelectuais*. São Paulo: Cia das Letras, 2006, pp. 7-18.

O INDUSTRIAL, 15 de janeiro de 1883.

PAIM. Antonio. *Escola Eclética*: Estudos complementares à história das idéias filosóficas no Brasil. – Vol. IV. Londrina: Edições CEFIL, 1999.

SKINNER, Quentin. *As fundações do pensamento político moderno*. São Paulo: Companhia das Letras, 1999.

VERÍSSIMO, José. *História da literatura brasileira*. Rio de Janeiro: Ministério da cultura/ FBN/DNL, 1919. (e-book do Brasil).

Os subsídios de Primitivo Moacyr para a modernização da educação brasileira

Rosana Areal de Carvalho
Raphael Ribeiro Machado

PRIMITIVO *OFÍCIO DO HISTORIADOR*

Referência para a História da Educação Brasileira, a escrita de Primitivo Moacyr consiste, em grande parte, na compilação e organização das legislações e regulamentos, debates parlamentares e cenários educacionais traçados nos relatórios de presidentes de província e diretores da instrução pública. Abrangendo desde o período do Império até a Primeira República, retrata as proposições e as tensões políticas afeitas ao tema. Por outra parte, não está ausente, nesta escrita, a posição do autor: desde a mais visível, expressa na escolha dos temas, até em nuances mais discretas, como uma fina ironia ou o uso do itálico.

A atividade arquivista não era estranha a Primitivo Moacyr. Na opinião de Venâncio Filho (1943), para vencer a rotina do trabalho na Câmara - onde passou mais de 30 anos, Moacyr teria proposto a Sabino Barroso, presidente da Câmara dos Deputados em meados da década de 10 do século XX, a organização dos *Documentos Parlamentares*. Trata-se de uma volumosa coletânea reunindo os debates ocorridos nesta casa, sobre vários assuntos. É inegável a sinergia entre os volumes sobre a instrução pública dos *Documentos Parlamentares* e os livros de Moacyr.

> *O ensino público no Congresso Nacional. Breve notícia*, de Primitivo Moacyr, publicado em 1916, portanto, dois anos antes da coletânea de documentos parlamentares sobre a instrução pública, guarda estreita semelhança com esta. O mesmo se pode dizer em relação aos demais livros de

> Moacyr publicados ao final dos anos 1930 e início dos anos 1940, tanto no que tange à temática quanto à organização. Sem dúvida, a fonte principal foi a mesma – os *Annaes* e *Diários* da Câmara dos Deputados.[1]

Esse livro, ao que tudo indica, foi fruto infinitesimal dos tantos volumes que reuniam os documentos legislativos sobre instrução. Assim, destacamos outro dado importante para compreender a trajetória de Primitivo Moacyr: o tema instrução foi uma preocupação constante, se fazendo presente de várias formas em diversos momentos de sua vida.

A escrita historiográfica de Primitivo Moacyr alinha-se ao que comumente tem sido tratado como corrente positivista. Sem nos adentrarmos nas especificidades em jogo, é importante compreender tal escrita no seu tempo. Moacyr apresenta seus trabalhos como subsídios para a história da educação, não se intitula como historiador, apesar de dominar um campo importante do ofício do historiador, que é a lida com o documento, posto que a reunião documental subsidiava, e era fundamental, para o conhecimento de uma realidade ignorada por muitos.

Mas, afinal, quem foi Primitivo Moacyr? Moacyr nasceu em Salvador, em 1867. Consta ter ficado órfão muito cedo, recebendo as primeiras instruções num asilo. Ainda jovem, habilitou-se para o magistério elementar e ocupou uma cadeira em Lençóis, no interior da Bahia. Convidado pelo presidente da Província de Pernambuco, Inocêncio Góis Calmon, para ocupar o cargo de inspetor no Liceu da capital, dirigiu-se para Recife.

Sendo também um exemplo da ampla circulação de pessoas e ideias e da atração que o Rio de Janeiro, como Corte ou capital da República, exercia sobre os brasileiros, Moacyr trocou o Nordeste pela cidade maravilhosa. O estabelecimento no Rio de Janeiro deveu-se a "relações antigas com o deputado baiano Artur Rios, [que] levam-no ao cargo público que exerceria toda a vida".[2]

Bacharelou-se em Direito pela Faculdade Livre de Direito do Rio de Janeiro e, em 1895, ingressou na Câmara de Deputados como relator dos debates parlamentares, aposentando-se em 1933. Desse posto privilegiado, estabeleceu amplo relacionamento com personalidades políticas e intelectuais. Levando em conta tais

---

[1] CARVALHO e MESQUITA, 2013, p. 49.

[2] VENÂNCIO FILHO, 1943, p. 94.

circunstâncias, acrescidas da convivência com contemporâneos, como Afrânio Peixoto, Lourenço Filho, Fernando de Azevedo e Anísio Teixeira – educadores que, em alguma medida, estiveram conectados com a produção de Primitivo Moacyr –, podemos presumir que este foi capaz de construir uma rede de sociabilidades bastante significativa.

Nosso objeto se insere na interface da História Social, Política e da Educação Brasileira, tendo a história dos intelectuais como centro analítico, utilizando da maneira como era proposta, na França, por autores como François Sirinelli e, no Brasil, por Ângela de Castro Gomes. Interessa-nos entender as condições sociais, políticas e culturais que autorizavam e legitimavam certos modos de pensar a educação e a História da Educação e de defender ou combater a escolarização. Para além da identificação dos atores da vida intelectual, cabe precisar qual é o potencial de poder político dos intelectuais em relação aos outros grupos sociais, assim como compreender os objetivos, as estratégias e as posições ocupadas pelos intelectuais no interior do campo cultural, entendendo-os na perspectiva das diferentes posições e hierarquias entre eles, podendo existir até mesmo *outsiders*. Sirinelli entende o intelectual como produtor de conhecimento e mediador social e nos ajuda a pensá-lo dessa maneira, bem como nos instiga como referência analítica sobre o caminho documental a ser perseguido e os usos das fontes teóricas necessárias para o uso de tal noção. Ainda, a noção de rede de sociabilidades indica um engajamento interessado na realização de um determinado projeto político cultural. Evidentemente, não retira da noção de sociabilidade o aspecto afetivo, mas faz com que este adquira, também, um sentido engajado nas redes de relações.

Com Gomes, procuramos captar a ambiência sócio-político-cultural para mapear a dinâmica de articulação dos vários grupos intelectuais reunidos em lugares de sociabilidade legitimados para o debate e a propagação de ideias, indissociáveis de formas de intervenção na sociedade. Os estudos sobre as sociabilidades concentram sua atenção na lógica de construção e estabelecimento de grupos, postulando interdependência entre a formação de certas redes e os tipos de sensibilidades desenvolvidos nestes locais. Este tipo de abordagem é interessante para o historiador que concentra sua análise sobre os intelectuais, por "permitir uma aproximação das obras dos intelectuais, através do privilegiamento das condições sociais em que foram produzidas, enquanto constitutivas de um certo campo político-cultural". Tal prática trás o reconhecimento da existência de um campo intelectual com vinculações amplas,

> porém com uma autonomia relativa que precisa ser reconhecida e conhecida. Isto poderia ser alcançado com uma investigação que acompanhasse as trajetórias de indivíduos e grupos; que caracterizasse seus esforços de reunião e de demarcação de identidades em determinados momentos; e que associasse tais eventos às características estéticas e políticas de seus projetos.[3]

Não cabe neste texto toda a análise feita a priori sobre as redes de sociabilidade frequentadas por Moacyr. De forma resumida, mas não menos importante, consideramos o conhecimento social e a visibilidade possibilitados pelo cargo ocupado na Câmara Legislativa como fatores fundamentais na sua trajetória intelectual. O contato com sujeitos e espaços, eventos e associações, tornaram-no figura notável nas calçadas do Rio de Janeiro. Um exemplo disso são os laços de amizade com Afrânio Peixoto que extrapolavam o dia a dia parlamentar. Amigos próximos, os dois escreveram durante as décadas de 1930 e 1940 para o *Mensário*[4] do Jornal do Commercio. Nesse *Mensário*, também escrevia Otto Prazeres, cujo tema regular envolvia a Educação e a História do Brasil. Moacyr se fazia presente em artigos de periodicidade variada: às vezes mensais, às vezes quinzenais, e até mesmo semanais, possibilitando o desenvolvimento de uma ampla pesquisa sobre a História da Educação no Brasil e que deram a ele material suficiente para as publicações posteriores. Cabe ressaltar que tanto Afrânio Peixoto quanto Otto Prazeres eram membros do Instituto Histórico Geográfico Brasileiro – IHGB –, um dos espaços públicos no qual Moacyr se fez presente.

Seus livros virão após a aposentadoria. Entre 1936 e 1938, Moacyr publicou os três volumes de *A instrução e o Império: subsídios para a história da educação no Brasil*, pela Companhia Editora Nacional, na Coleção Brasiliana, então dirigida por Fernando de Azevedo. O prefácio do primeiro volume tem a autoria de Afrânio Peixoto, parceiro em várias atividades. Abre o terceiro volume uma carta de Anísio Teixeira acusando o recebimento do segundo volume, com elogios ao trabalho: "O seu trabalho, no Brasil, é um primeiro passo para o estudo intelectual da educação

[3] GOMES, 1999, p. 11.

[4] Trata-se de um conjunto de artigos publicados na edição de domingo e que, posteriormente, eram reunidos num suplemento mensal.

nacional. Com os seus volumes, estamos a sentir ao vivo como nunca faltaram ideias...".[5] Essa passagem dá a Primitivo Moacyr a conotação de intelectual entre os pares, inscrito numa rede de sociabilidades constituída para além daquilo que é parte da amizade.

Ainda tratando do Império, publicou mais três volumes, *A instrução e as províncias: subsídios para a história da educação no Brasil*, também pela coleção Brasiliana da Companhia Editora Nacional. O primeiro volume abrange *"Das Amazonas às Alagoas"*; no segundo volume trata das províncias de Sergipe, Bahia, Rio de Janeiro e São Paulo. O conteúdo do terceiro volume aborda as ações legislativas em prol da educação nas províncias do Espírito Santo, Minas Gerais, Paraná, Santa Catarina, Rio Grande do Sul e Goiás.

Entre 1941 e 1944, foram publicados os sete volumes que compõem *A instrução e a República*, a saber: vol. 1, Reforma Benjamim Constant (1890 - 1892); vol. 2, Código Fernando Lobo (1892 - 1899); vol. 3, Código Epitácio Pessoa (1900 - 1910); vol. 4, Reformas Rivadávia e Carlos Maximiliano; vol. 5, Reforma João Luiz Alves - Rocha Vaz Código Epitácio Pessoa (1920 - 1930); vol. 6, Ensino Técnico-Industrial (1892 - 1929) e Ensino Comercial (1892-1828); vol.7, Ensino Agronômico (1892-1929). Tais volumes foram editados pela Imprensa Nacional, com a chancela do Instituto Nacional de Estudos Pedagógicos - INEP -, presidido por Lourenço Filho.

Ainda nesse período, participou de dois congressos de História. O III Congresso Sul-Rio-Grandense de História e Geografia, em Porto Alegre, em 1940, com o trabalho "Ensino comum e as primeiras tentativas de sua nacionalização na Província de São Pedro do RS 1835-1889"; e o III Congresso de História Nacional, organizado pelo IHGB, em 1942, apresentando a "Instrução primária e secundária no Município da Corte na Regência e Maioridade".

Nossa hipótese insere tal obra no movimento de modernização educacional como subsídio para os projetos de intervenção do Estado, em especial o Estado Novo, destinado a construir um novo tempo republicano. Tal intervenção se concretizaria sob os auspícios do INEP, um dos órgãos criados no governo getulista como expressão de modernização do Estado brasileiro e com o qual o autor contribuiu amplamente, indicando outro espaço público por ele frequentado.

---

[5] TEIXEIRA, Anísio. In: MOACYR, 1938, p. 11.

Num outro aspecto destacamos o suporte de divulgação das pesquisas: não apenas o jornal, mas o livro, amparado numa coleção prestigiosa como a Coleção Brasiliana, da Editora Companhia Nacional e pela Imprensa Nacional. Ou seja, ao variar os suportes de sua produção historiográfica, ampliava sua projeção no espaço público.

A *MODERNIDADE* NO DESLOCAMENTO DO CONTEÚDO DISCIPLINAR PARA O CAMPO DE PESQUISA

Segundo Leonor Tanuri, a disciplina de História da Educação surgiu, no curso normal, a partir de 1932, com a Reforma Anísio Teixeira no Distrito Federal. Nos cursos de Pedagogia, a história da educação brasileira aparecia, no entanto, como último tópico. Somente na década de 70 ganhou autonomia frente à História da Educação Geral. Tal condição explicaria o tardio movimento em torno da pesquisa em história da educação e menciona os "... trabalhos de arrolamento de fontes oficiais de Primitivo Moacyr, publicados entre 1936 e 1944, ainda hoje tão utilizados e que acabaram por se constituir em fontes primárias para muitos trabalhos [...]".[6]

Por conseguinte, a constituição tardia enquanto área de pesquisa restringiu as primeiras produções. Segundo Lopes e Galvão, tais produções foram marcadas por posições como: "pensar naquilo que deveria ser a realidade e não naquilo que ela é" ou "... uma tendência em explicar os fenômenos educativos do passado em si mesmos, sem relações com outros aspectos das sociedades característicos da mesma época".[7] Coincide com a posição de Afrânio Peixoto expressa no prefácio ao 1.. Volume de *A Instrução e o Império*: exalta o autor pelo apurado trabalho de pesquisa e destacou ser isso algo incomum entre os estudiosos brasileiros à época: "obra rara que vai produzir gerações de historiadores, que não o citarão ... Que lhe importará? Que lhe importará mesmo o maldigam, depois de copiá-lo?"[8] Para ele, os trabalhos de Moacyr se notabilizavam por trazer à tona o documento, considerado na historiografia corrente como portador de verdade, expressão de uma dada realidade. Não se tratava, portanto, de uma história de gabinete; estabelecia um divisor de águas no tocante ao uso do documento, requisito básico da ciência histórica.

---

[6] TANURI, 2005, p. 232.

[7] LOPES e GALVÃO, 2005, p. 30.

[8] PEIXOTO, Afrânio. In: MOACYR, 1936, p. 8.

Como resultado de um tratamento historiográfico das fontes, somente a partir da segunda metade do século XX, podemos identificar trabalhos no campo. Para tanto, há que destacar os esforços envidados pelo INEP no tocante a reunir e divulgar fontes para a história da educação. Dentre tais trabalhos estão os livros de Primitivo Moacyr, bem como os *Boletins* do próprio INEP, para com os quais a sua contribuição foi significativa. Destacamos o subtítulo desses mesmos boletins: subsídios para a história da educação, nos quais eram publicadas as legislações educacionais. Os *Boletins* foram substituídos pela Revista Brasileira de Estudos Pedagógicos. Entendemos que o INEP sintetiza o resultado da disputa de distintos projetos para a educação brasileira em curso desde os anos 20 do século XX; ao mesmo tempo em que representava e instituía uma modernidade, tendo como precursor o Ministério da Educação e Saúde, de 1931.

Diana Vidal e Luciano Faria Filho, ao se referirem à historiografia da história da educação, indicam três grandes grupos, incluindo o trabalho de Moacyr no primeiro grupo, o qual se caracteriza por um forte vínculo com o IHGB, cujos trabalhos estariam marcados pela explícita intenção de "coligir e metodizar documentos" escolhidos entre aqueles que possibilitassem "interpretar a gênese da civilização brasileira". Esses trabalhos alinhavam-se com uma "postura positivista de escrita da história".[9]

No segundo grupo estão os manuais de história da educação produzidos para atender os cursos normais, como os de Afrânio Peixoto e Tito Lívio Ferreira, nos quais é possível identificar duas características marcantes na historiografia da educação: a proximidade com a filosofia da educação, afastando os estudiosos dos arquivos; e tomada como ciência auxiliar da Pedagogia, a história da educação foi envolvida numa postura salvacionista, de formação moral, afastada necessária empiria científica.

O terceiro grupo, iniciado com o trabalho de Fernando de Azevedo – *A Cultura Brasileira* – já trazia as marcas da produção acadêmica, apesar de, ao longo do tempo, tal escrita ter sofrido inúmeras transformações. A partir dos anos 60, a escrita da história da educação resulta de uma operação historiográfica diversa, mesmo que variando as posições político e/ou metodológicas: marxistas, estruturalistas, liberais. Em tempos de ditadura, a produção intelectual, incluindo a história da educação, pautava-se pelo engajamento político, buscando explicar o presente e nele intervir.

[9] VIDAL & FARIA FILHO, 2003, p. 43.

As pesquisas que temos desenvolvido sobre a obra de Primitivo Moacyr nos autorizam a destacá-la quanto à sua contribuição na organização e exposição documental. É por conta dessa distinção que seus livros estão referenciados em muitos trabalhos produzidos pelo grupo coordenado pelo Prof. Laerte Ramos de Carvalho, vinculado à Universidade de São Paulo – USP. Sob a direção desse pesquisador, inaugura-se um trabalho mais sistemático no tocante ao desenvolvimento da pesquisa em história da educação brasileira. A partir daí podemos identificar uma nova perspectiva na história da educação, alentada por estudiosos como Roque Spencer Maciel de Barros, Jorge Nagle, Otaíza Romanelli, Dermeval Saviani, Luiz Antônio Cunha, dentre outros. Trabalhos estes já realizados no âmbito acadêmico, abraçaram posturas teóricas que, enquanto instrumental de análise, vinham atender aos anseios daqueles que, preocupados em compreender a educação nacional no cenário da sociedade brasileira, propugnavam por uma atuação mais assertiva.

O aumento das pesquisas e publicações sobre a história da educação brasileira, nas três últimas décadas, tem despertado o interesse dos estudiosos para uma maior envergadura historiográfica. Assim, o nome de Primitivo Moacyr reaparece, porém, ainda envolto num certo desprestígio, causado pela suposta ausência analítica e crítica de seus trabalhos.

Versa também a hipótese de que o animava o pensamento de mostrar à opinião pública que não havia um descaso do Congresso para com as coisas do ensino. Moacyr assim inicia o livro de 1916: "A opinião publica é talvez injusta quando accusa o Congresso de desapreço ás cousas de ensino publico. A sua operosidade, no caso, tem sido copiosa."[10] Porém, ao expor os debates parlamentares em torno de projetos sobre a educação, o autor demonstra como essa operosidade copiosa não se revertia na alteração da realidade. Resumindo, havia a preocupação, mas faltava a ação. Essa é também a posição de Anísio Teixeira: "Acho que está a fazer pela educação mais do que muitos que vivem a pregá-la e não saem da sua pregação".[11]

Outros comentários elogiosos de contemporâneos à obra de Moacyr podem ser encontrados nos artigos publicados por Francisco Venâncio Filho. No artigo de 1943, apresenta traços biográficos e do caráter do autor; no artigo de 1945, tratando das fontes para a história da educação no Brasil, dirige os elogios à produção biblio-

[10] MOACYR, 1916, p. 5.

[11] TEIXEIRA, Anísio. In: MOACYR, 1938, p. 11.

gráfica de Moacyr. No mesmo tom, encontramos referências no artigo publicado na Revista Sociologia, por Emilio Willems, em 1939, após a publicação dos volumes sobre a instrução no império: "Além de possuir grande valor intrínseco como documentação histórica, o material que o Sr. Primitivo Moacyr reuniu em quatro volumes com 2.600 páginas, constitui valiosíssima fonte para investigações no terreno da Sociologia Educacional".[12]

Com uma posição mais crítica, Roque de Barros, em obra publicada em 1959, afirma, em uma nota de rodapé:

> A sua publicação, entretanto, é quase inutilizável, já que é feita sem o mais leve respeito às normas que devem orientar uma edição, suprimindo frases, suprimindo artigos e parágrafos, mudando a redação, cometendo enfim as mais variadas incorreções – o que de resto é comum na sua obra inteira. Geralmente, o A. não indica sequer as fontes de [onde] extrai os documentos. Parece-nos, aliás, que já era tempo de se refazer a vasta obra de Primitivo Moacir com obediência a critérios científicos, a fim de que pudesse ser utilizada sem desconfiança e com muito maior proveito pelos estudiosos da educação brasileira.[13]

Apesar da acidez contida nesta crítica, é possível fazer outra leitura: Moacyr não apenas compilava os documentos oficiais – fazia escolhas, recortava, destacava, interpretava em alguma medida, se fazia presente. Apenas não deixou claro quais foram os critérios utilizados para essas operações. Quanto às referências, não foi tão preciso quanto os protocolos atuais para um trabalho científico instruem. Entretanto, é possível encontrar um rigor metodológico na construção do texto e nas referências acerca da origem das informações colhidas.

Nos parágrafos seguintes, apresentamos uma breve análise dos três volumes que compõem *A instrução e o Império* como exemplo do labor científico que observamos na escrita de Moacyr. O prefácio de Afrânio Peixoto no 1º volume, vindo a público em 1936, dá algumas pistas e destaca uma virtude em Moacyr, referenciada também por Francisco Venâncio no artigo *Primitivo Moacyr e a história da educação*

[12] WILLEMS, 1939, p. 146.

[13] BARROS, 1986, p. 294, nota 26.

(1943). Afirma Peixoto que o autor, "modestamente", pensa que os seus livros contribuirão para "a futura história da educação brasileira", no que retruca o prefaciador dizendo:

> Ela já está aqui, neste livro, novo, original, prestante, e, às vezes, melancólico, sobre iniciativas, a sequência de nossas ideias, a descontinuidade de nossas ações... O Brasil é principalmente Brasil, em educação...[14]

Sobre a operação historiográfica, Afrânio afirma que "no Brasil não se pesquisa. [...] A história nessas condições é repetição, é comentado, é fantasia interpretativa." Diferentemente o fez Moacyr que,

> [...] sobre educação nacional, investigou, nos arquivos, nas bibliotecas, nos livros, nos relatórios de governo e, de tudo, fez um livro objetivo, sem comentários, nem conclusões. Portanto, obra rara que vai produzir gerações de historiadores, que não o citarão... Que lhe importará? Que lhe importará mesmo o maldigam, depois de copiá-lo?[15]

A missiva de Anísio Teixeira na abertura do 3º. Volume acusa o recebimento do volume anterior, tece algumas considerações e também elogia o trabalho de Moacyr. Teixeira faz uma leitura dos esforços inócuos no campo da educação brasileira. Caracterizado por "grandes planos gerais, com grandes debates de princípios, chocando ideais educativos" ao invés de "estudar os problemas concretos", de "analisar as necessidades reais e típicas", de forma a "examinar as dificuldades e facilidades características de execução, de realização". Afirma que o trabalho de Moacyr "é um primeiro passo para o estudo intelectual da educação nacional. Com os seus volumes, estamos a sentir ao vivo como nunca faltaram ideias...". À abundância de ideias contrapunha a inoperância generalizada. Conclui dizendo:

> Se ao lado dos seus quatro volumes de história das ideias educacionais do Brasil, se fizer a história das realidades educativas do Brasil, talvez não se consiga senão um volumezinho mofino e franzino. Somos, assim esga-

---

[14] PEIXOTO, Afrânio. In: MOACYR, 1936, p. 8.

[15] Idem, p. 7.

> lhados e frondosos em ideias, e pecos e estéreis, em frutos. O seu grande serviço está sendo o de nos mostrar isso e não apenas nos dizer isto.[16]

Além de dialogar com ampla e farta documentação, as passagens não são expostas sem apresentar introduções ou comentários posteriores, mostrando-se não como um mero acúmulo de fontes, mas como uma obra que utiliza da seleção documental metodologicamente disposta pelo autor. As próprias organizações temáticas de cada volume, bem como as diferenças entre estes, apresentam rigor na proposição e composição da obra.

No primeiro volume, apresenta uma página com referências bibliográficas que vão desde a coleção de Leis do Reino de Portugal (1759-1808) e do Reino do Brasil (1808-1850), aos Relatórios do Ministério do Império (1830-1850) e os Anais da Assembleia Geral Legislativa (1823-1850). Traz à tona uma conferência ministrada por Serafim Leite, no Instituto de Educação, em 1934, além de duas obras em francês: *Essais Statisiques sur le Royaume* de Portugal et D'Algarve, de Adrien Balbi, de 1822, e *Instruction Publique au Brésil*, de Pires de Almeida, de 1882. Cita o livro de Afrânio Peixoto, *Cem anos de Ensino Primário* (1826-1926), destacando o capítulo "Centenário do Poder Legislativo" e o artigo de Moreira de Azevedo, "A Instrução nos Tempos Coloniais", publicado na Revista do IHGB. Menciona, ainda, a Revista da Universidade do Rio de Janeiro (n. 2 – Dezembro de 1932). Tais referências serviram de base os demais volumes.

As citações ao fim do primeiro volume apontam a diversidade da leitura bibliográfica do autor, mesclando o uso das fontes documentais oficiais, como estatísticas, pronunciamentos, reformas escolares, discursos políticos com a produção literária de intelectuais brasileiros e estrangeiros de seu tempo e de tempos anteriores. As indicações bibliográficas nos incitam a pensar no cuidado de Primitivo Moacyr em apreciar e considerar a produção existente sobre a instrução pública no Brasil.

Para cada volume, Moacyr apresentou um conjunto de notas que refletem modalidades distintas no ofício historiográfico. No primeiro, as notas se concentram em explicações sobre os diversos capítulos. Cada nota é composta por trechos dos documentos e obras citados anteriormente, em comunhão com comentários expositivos. No segundo e terceiro volumes, Moacyr apresenta notas referenciando passagens do

[16] TEIXEIRA, Anísio. In: MOACYR, 1938, p. 11

livro do conhecido viajante Louis Agassiz sobre a instrução no Brasil, comentando cada uma delas. Ainda no terceiro volume cita trechos das Falas do Trono (mensagens do Imperador ao Parlamento), também referentes à instrução pública entre os anos de 1854 a 1889, além de outros verbetes.

Tais procedimentos se perpetuam nas coleções posteriores publicadas pela Companhia Editora Nacional e pelo INEP. Cada uma a sua maneira, seguindo o *modus operandi* estabelecido pelo autor no sentido de deixar claro como sua obra fora construída e posta a circular, em um momento histórico brasileiro em que novos olhares eram delimitados pelos pensadores da educação nacional.

Durante os anos 30 do século XX, o debate educacional estava delineado pelo Manifesto dos Pioneiros da Educação, publicado em 1932, e o ponto de tensão se dava entre aqueles envolvidos com a "renovação educacional" e os conservadores. No início dos anos 30, a organização do Estado nesse campo deu ensejo a inúmeras medidas legislativas, muitas delas em consequência das reformas estaduais ocorridas na década anterior. Nesse movimento podemos incluir as instituições culturais de vários espectros. Com a instalação do Estado Novo, a posição dos educadores foi controversa: muitos se alinharam com a proposta do Estado Novo, poucos fizeram oposição a Getúlio Vargas.

Lourenço Filho, em artigo que recupera os antecedentes do INEP, mostra que as ideias em torno da necessidade de um centro de estudos educacionais podem ser encontradas desde o século XIX, como o *Pedagogium*, apesar da sua curta existência enquanto repartição federal. Com a reorganização do Ministério da Educação e Saúde, em 1936, por Gustavo Capanema, surge o INEP, em 1938, "fonte primária de documentação e investigação, com atividades de intercâmbio geral e assistência técnica".[17]

Conforme o próprio Lourenço Filho,

> O aspecto propriamente histórico encontrou um colaborador espontâneo na figura do inesquecível pesquisador Primitivo Moacyr, auxiliado, com rara dedicação, pelo Dr. Rui Guimarães de Almeida, também infelizmente

[17] LOURENÇO FILHO, 2005, p. 181.

já desaparecido. A ambos se deve a publicação da obra *A Instrução e a República,* em sete volumes, que o Inep editou nos anos de 1941 e 1942.[18]

A publicação das obras de Primitivo Moacyr coincide com o período de fortalecimento das ciências humanas e sociais, dando ensejo à formulação de novas disciplinas e campos de pesquisa. Nesse contexto, a educação foi alçada, mais uma vez, a um posto elevado. Como afirma Monarcha,

> Hoje, é possível verificar que, entre os anos de 1930 e 1950, presenciou-se um esforço relativamente denso e concentrado que objetivava conferir visibilidade e sentido à trajetória da educação brasileira na Colônia, Império e República.[19]

Com o crescimento da pós-graduação e o fortalecimento dos grupos de pesquisas e dos veículos de divulgação dos trabalhos da área, a partir dos anos 80, uma nova geração se formou, por sua vez, substanciada por inovações historiográficas reunidas na reconhecida História Cultural.

O *MODERNO* MOACYR

A ciência histórica, entendida como produção de conhecimento sustentada no documento, e a corrente escolanovista, que se firmava ao longo dos anos 30, na defesa da educação como ciência, estabeleceram um cenário no qual transitou Primitivo Moacyr. Sua contribuição está na prática primeira do ofício do historiador, requisito fundamental para subsidiar análises, ampliar a compreensão, propor ações e intervenções no campo da educação brasileira: recolher e divulgar os feitos até então encetados pela administração pública brasileira, seja no nível provincial ou federal, que deram origem e andamento ao processo de escolarização nacional.

Posições como a de Roque Spencer sobre a obra moacyrniana devem ser questionadas, pois não levam em conta as motivações e condições da produção de Primitivo Moacyr e tem por finalidade consolidar uma maneira historiográfica acadêmica

[18] Idem, 2005, p.183.

[19] MONARCHA, 2007, p. 126.

estabelecida a partir das décadas de 1950 e 1960. A escrita de Moacyr deve ser inserida em seu tempo de produção. Além disso, ele não se diz historiador; seu trabalho é "subsidiar" outros trabalhos, em uma lógica de escrita vinculada a aquela vista como oficial, legitimada pelo IHGB e, propositadamente, defendida pelo INEP, conformando parte do processo de modernização da educação e da sociedade. Ao ser julgado como historiador dá a ele, mesmo na crítica, a condição de narrador da história.

Os volumes que compõem a obra de Primitivo Moacyr podem ser tomados como exemplo do que fora feito nos distintos tempos da educação pública no Brasil: primeiramente, no período imperial, uma miscelânea de ações provinciais, com documentação esparsa e/ou faltosa; num segundo momento, as primeiras décadas republicanas foram marcadas pelas questões relativas ao trabalhador, ao campo, e, sobretudo, a obsessão por reformas (vide os títulos dos volumes que compõem a coleção *A instrução e a República*). As obras, por serem subsídios, oferecem uma perspectiva do que fora feito, no Brasil, em termos de iniciativa estatal.

Os resultados obtidos com as pesquisas apontam para o enquadramento da obra de Moacyr na arquitetura da construção de uma nova identidade para a educação brasileira, postulada pelos escolanovistas. Tal posição articulada ao processo de modernização do Estado brasileiro explica a publicação das obras de Moacyr pela Companhia Editora Nacional, na coleção Biblioteca Pedagógica, e pela Imprensa Nacional. No âmbito da historiografia educacional, seu trabalho está marcado pela concepção de história praticada nos marcos do IHGB, qual seja, a premência documental. Por outro lado, não é incomum perceber a presença do autor na própria obra, por exemplo, sua posição claramente favorável aos recursos destinados à instrução primária e ao ensino oficial, ou seja, sob a batuta do Estado. Ver o que fora feito na educação pública no século XIX e início do XX, tornou-se necessidade, para projetar e (re)formar um novo tempo, em especial, os anos republicanos. Subsidiar estudos que possibilitassem a projeção de um novo tempo educacional e político significava subsidiar a modernidade construída na ação modernizadora de um *novo estado*, representava a ação projetada pela ciência.

As obras de muitos pensadores brasileiros, ou intérpretes da cultura e sociedade brasileiras, foram marcadas na experiência moderna por tonalidades compreensivas diversas e por vezes antagônicas. De forma resumida, havia, por um lado, uma tradição intelectual com nomes como Sérgio Buarque de Holanda, Gilberto Freyre, Raimundo Faoro e, mais recente, Roberto da Matta, que reforçavam as contradições entre o que chamamos de tradição política e cultural ibérica, marcos da realidade brasileira, e as exigências de racionalização do processo de modernização ocidental. De outro lado, uma tradição representada por nomes como Fernando Henrique Cardoso e Octávio Ianni que apontaram a estreita relação de dependência da realidade brasileira às nações centrais que impulsionam a ordem capitalista mundial, de modo que, a modernidade brasileira não seria estranha, mas, marginal ao sistema moderno central. Trata-se de teses centrais representativas do chamado Pensamento Social Brasileiro. Claro está que as obras não se resumem a isso, ou ainda, que os pensadores se esgotem nesses nomes.

Outros intelectuais como Sílvio Romero, atualizando-se segundo a literatura europeia do século XIX, experimentaram a realidade moderna brasileira. Há ainda os diversos movimentos e grupos literários e artísticos que se incumbiram de interpretar o Brasil segundo sua inserção na realidade contemporânea mundial. Buscaram compreender os processos políticos, sociais e culturais que caracterizaram a modernização dos espaços urbanos brasileiros. Dentre esses processos, ganham destaque as grandes reformas das cidades ou o trânsito de intelectuais nacionais e internacionais, as trajetórias de pessoas e a circulação de ideias, a formação de partidos e orientações políticas coletivas, a produção editorial e a circulação de revistas etc. As análises sobre a experiência moderna brasileira não se esgotam, e se perpetuam com novos objetos ou novas interpretações a cada nova virada epistemológica ou metodológica nas formas de se fazer História no Brasil. E instituem novas maneiras de vislumbrar a modernidade.

Essas análises comumente são relidas pela historiografia da educação brasileira. Estudos[20] que se alinham à história dos intelectuais e tomam por referência as análises produzidas no âmbito da história da educação são unânimes e contundentes ao indicar que, entre o século XIX e meados do século XX, os grupos e elites intelectuais e governamentais brasileiras mantiveram um diálogo muito próximo com o ideário da modernidade europeia e norte-americana. Desse diálogo, foram frutos os projetos de nação que produziram a escolarização como recurso civilizatório – um meio eficaz de promover a superação de hábitos, linguagens, costumes e comportamentos considerados inadequados, arcaicos, inferiorizados em relação ao modelo europeu e americano. Os sujeitos pertencentes a estes grupos são provenientes de segmentos sociais diversos, detentores de preparo científico e saberes diferenciados –

[20] Diversos são os estudos, dentre eles GONDRA (2004), VEIGA (2006), VIEIRA (2008) e FARIA FILHO (2009).

muitos trazidos ao debate por intermédio de redes de relações sociais distintas, capazes de inventar um lugar para sua fala e fazer circular esses saberes. Encarnavam em si a condição de criadores, portadores e tradutores de ideias e projetos políticos; no papel de analistas, críticos e propositores de políticas, eles se apropriaram e fizeram circular um conjunto de saberes, crenças e valores que colaboraram para a configuração e a conformação da cultura brasileira. Projetos, no plural, que instituíram e institucionalizaram, em meio à tensão social em que se digladiavam pela dominância, uma modernidade educacional.

André Paulilo (2010), em sua análise sobre a historiografia da modernidade educacional, enfatiza a necessidade de historicizar o uso das ideias de moderno, modernidade e modernização pelos atores sociais, as projeções feitas por eles com estes conceitos encampando as ideias, e como as pesquisas históricas posteriores se apropriaram e aplicaram esses conceitos. Marcus Carvalho em seu trabalho sobre a polissemia destes termos, nos indica que a "modernização" teria encampado

> ideais, práticas, representações e projetos de modernidade apropriados de maneira ideológica e aplicados, pragmaticamente, na tentativa de equiparar povos e nações que, em contextos históricos específicos, eram tomados como modelares do que seja a modernidade, em termos econômicos, políticos e/ou sociais.[21]

Historicizar os conceitos, em suas apropriações e aplicações, é vislumbrar o significado atribuído por cada autor, sistema de pensamento, ou mesmo, uma época. Mais do que isso, faz-se necessário observar como a modernidade educacional, ou se possível, a existência desta no plural, fora pensada, projetada e posta em prática pelos diversos atores sociais que participaram da construção de sua época. De forma resumida, para a historiografia da educação brasileira, os termos modernidade e modernização estão presentes nas ações discursivas do período, ora se referindo à gestão do Estado, ora como aspiração por uma escola na qual reverberasse a modernidade dos métodos pedagógicos, por vezes simultaneamente.

Tendo tais fatos, dentre outros, como contorno de um cenário no qual se insere a produção moacyrniana e cientes da necessidade de definir o termo moderni-

[21] CARVALHO, 2012, p. 26.

dade educacional, considerando os personagens envolvidos no contexto de produção de uma cultura política e educacional e da própria obra ora, temos investigado em que medida Moacyr foi porta-voz dessa modernidade. As relações estabelecidas por Primitivo que garantiram, por exemplo, a publicação de seus livros pela Companhia Editora Nacional e pela Imprensa Oficial apresentam as diferentes vozes e ecos circulantes que ajudaram a (con)formar projetos educacionais e de sociedade, em concomitância a produção moacyrniana. Entendemos que tais relações foram determinantes para a consubstanciação de um projeto de modernidade educacional brasileira e na construção de um modus operandi de fazer política no país.

Pensar a modernidade expressada também nos diversos veículos de divulgação –jornais, livros, editoras e prefaciadores como avalistas, é um viés que não cabe no escopo deste texto, mas que clama por maiores esclarecimentos.

REFERÊNCIAS

BARROS, Roque S. M. *A ilustração brasileira e a idéia de universidade.* SP: Convívio/ EDUSP, 1986.

CARVALHO, Marcus V. C. Moderno, modernidade, modernização: polissemias e pregnâncias. In: GIL, N.; Cruz e Zica, M.; FARIA FILHO, L. M. (Org.). *Moderno, Modernidade e Modernização*: a educação nos projetos de Brasil - séculos XIX e XX (vol.1). BH: Mazza Edições, 2012, v. 1, p. 13-34.

CARVALHO, Rosana A.; MESQUITA, Ilka M. O ensino público no Congresso Nacional. Breve notícia, de Primitivo Moacyr. In: __________ (Org.). *Clássicos da Educação Brasileira.* BH: Mazza Edições, 2013, v. III, p. 47-64.

GOMES, Ângela de C. *Essa Gente do Rio: modernismo e nacionalismo.* RJ: FGV, 1999.

LOPES, Eliane M. T.; GALVÃO, Ana Maria de O. *História da Educação.* 2ed. RJ: DP&A, 2005.

LOURENÇO FILHO, Manoel B. Antecedentes e primeiros tempos do INEP. *RBEP*, v.86, n.212, p.179-185, jan./abr. 2005.

MONARCHA, Carlos. História da Educação Brasileira (Formação do campo). In: NASCIMENTO, M.I.; SANDANO, W.; LOMBARDI, J.; SAVIANI, D. (orgs) *Instituições escolares no Brasil:* conceito e reconstrução histórica. Campinas: Autores Associados, 2007, pp. 125-150.

SIRINELLI, Jean-François. Os intelectuais. In.: RÉMOND, René. *Por uma história política.* 2ed. RJ: FGV, 2003. p. 231-269

TANURI, Leonor M. A historiografia da educação brasileira: uma contribuição para o seu estudo na década anterior à da instalação dos cursos de Pós-Graduação. In: MONARCHA, Carlos (org.). *História da educação brasileira*: formação do campo. 2.ed. ampl. Ijuí: Unijuí, 2005, pp. 227-250.

VENÂNCIO FILHO, Francisco. Primitivo Moacyr e a história da educação. *Cultura Política*, RJ, no. 24, 1943, pp. 94-97.

_______________. Fontes para a história da educação no Brasil. *RBEP*, RJ, vol.5, no. 15, pp. 369-374, 1945.

VIDAL, Diana G. e FARIA FILHO, Luciano M. História da Educação no Brasil: a constituição histórica do campo (1889-1970). *RBH*, vol. 23, n. 45, pp. 37-70, 2003.

WILLEMS, Emilio. A obra de Primitivo Moacyr. SP, *Sociologia*, vol.1, n.3, ago./1939.

Espaço de experiência e horizonte de expectativa em "Cultura Jurídica no Brasil (1822-1922)" de Plínio Barreto

Ilka Miglio de Mesquita
Daniel Luiz Santos Meneses
Gustavo dos Santos

Plinio Barreto inicia sua "Cultura Jurídica no Brasil (1822-1922)" com a premissa: "Ha cem annos, quando se emancipou definitivamente da soberania portugueza, era o Brasil uma terra sem cultura juridica.[1]" E assim conclui a obra:

> O traço final da evolução da nossa cultura jurídica, no primeiro centenário da Independência, é um traço de luz. A cumiada onde a tarde nos alcançou, formosa e risonha, veste-se de ouro, o ouro do sol que se recolhe, para aguardar a chegada da noite mysteriosa, de cujo ventre sahirá a geração de amanhan...[2]

Qual espaço de experiência se configura nos cem anos de evolução da cultura jurídica brasileira? Como o espaço de 100 anos de independência do Brasil pôde produzir horizonte de expectativa para a cultura jurídica brasileira? Em 1822, conforme o autor, o Brasil era um país sem cultura jurídica por não ter escolas de formação e imprensa. Poucos eram os que podiam ir para Coimbra e adquirir a formação jurídi-

[1] BARRETO, 1922, p. 5.

[2] BARRETO, 1922, p. 195.

ca. A experiência portuguesa de formação de juristas não compôs o arsenal jurídico capaz de desenvolver a ciência do Direito, a qual "supõe um estado de civilização bem definido nos seus contornos e bem assentado nos seus alicerces."[3] Para Plínio Barreto, o Brasil necessitava de cultura jurídica pela formação de juristas. O que constitui uma cultura jurídica?

Segundo André Peixoto de Souza,[4]

> [...] cultura jurídica é a expressão, o resultado, a consequência das relações entre civilização e pensamento jurídico. Sendo a cultura um complexo de conhecimentos, crenças, comportamentos, hábitos e costumes, regras e normas (morais e legais), legitimações, reivindicações, "mecanismos de sobrevivência", expectativas e perspectivas, ambiência, "mentalidade" adquiridos pelo homem enquanto membro de uma sociedade e capaz de forjar a sua identidade (individual e coletiva) pelo processo de "conscientização de si mesmo".[5]

Nessa perspectiva, cultura jurídica tem suas raízes em dimensões históricas tanto no plano material quanto no plano imaterial. Dessa forma, a cultura jurídica não só é configurada por especialistas que compõem o corpo técnico vinculado a configuração social, como também possui suas raízes num conjunto de práticas, imaginário e saberes, ritos e crenças que interage com a sociedade ora se aproximando, ora se distanciando do pensamento jurídico de determinado contexto histórico.[6] É necessário ter em mente que essas interações estão vinculadas à posição ou ideia de civilização idealizada pelos homens, cuja expressão é resultado da vida em comum, dos fatos e do cotidiano sociocultural, político e econômico. Consequentemente, "a conversão da natureza social para 'comunidade jurídica' se dá, inevitavelmente, em virtude do pensamento jurídico inerente a tal sociedade".[7]

Identificar e compreender o espaço de experiência e horizonte de expectativa na produção de a "Cultura jurídica do Brasil" (1822-1922), de Plínio Barreto, é obje-

[3] BARRETO, 1922, p. 10.

[4] SOUZA, 2011, p. 15

[5] SOUZA, 2011, p. 15.

[6] PEREIRA, 2012, p. 48.

[7] SOUZA, 2012, p. 74.

tivo deste texto, tendo em vista o ensaio "Espaço de experiência e horizonte de expectativa: duas categorias históricas", da obra "Futuro Passado: contribuição semântica dos tempos históricos" de Koselleck,[8] como ferramenta teórica fundamental. Koselleck assevera que as categorias "espaço de experiência" e "horizonte de expectativa" podem servir como ferramenta teórica, uma vez que ao serem manuseadas conceitualmente faz-se tematizar acerca do tempo histórico, pelo entrelaçamento do passado com o futuro. As evidências históricas ou as fontes do passado, quando chegam até o pesquisador em maior ou menor quantidade e quando interrogadas, são capazes de relatar fatos e ideias de acontecimentos sociais ou políticos, mas não sobre o tempo histórico em si.[9] Não obstante, o plano de indagar a obra *Cultura jurídica do Brasil* (1822-1922), de Plínio Barreto, está associado com a hipótese do historiador alemão. Assim sendo,

> Na tentativa de tematizar o tempo histórico, não se pode deixar de empregar medidas e unidades de tempo derivadas da compreensão físico-matemática da natureza; as datas, bem como a duração da vida de indivíduos e *instituições, os momentos críticos de uma sequência de acontecimentos políticos ou militares,* a velocidade dos meios de transporte e sua evolução, a aceleração ou desaceleração da produção industrial, a velocidade dos equipamentos bélicos, tudo isso, para citar apenas alguns exemplos, só pode ter seu peso histórico avaliado se for medido e datado com recurso à divisão tempo natural.[10]

Diante dessa perspectiva, a compreensão que se propõe sobre as ideias de Plínio Barreto acerca da história da cultura jurídica brasileira, no ano em que se comemoravam cem anos de independência do Brasil, tem como foco as análises deste "jornalista, advogado e político em direito", relacionadas aos acontecimentos políticos e jurídicos da atmosfera histórica de 1822 a 1922.

Segundo Gumbrech,[11] é impossível resolver com definições transparentes ou consensuais os problemas inerentes das noções históricas, visto que o historiador

---

[8] KOSELLECK, 2006, p. 13.

[9] KOSELLECK, 2006, p. 13.

[10] KOSELLECK, 2006, p. 14-15 – grifo nosso.

[11] GUMBRECH, 1998, p. 11.

tem por obrigação o ofício de desenvolver, em vez de obter clareza por meio de definições, "descrições cada vez mais complexas e sofisticadas dos momentos e das situações do passado – descrições que podem refletir-se em conceitos de período sempre mais complexos".[12]

Por sua vez, Thompson[13] alertou que "a evidência histórica existe, em sua forma primária, não para revelar seu próprio significado, mas, para ser interrogada por mentes treinadas numa disciplina de desconfiança atenta."[14]

De acordo com Koselleck[15], o historiador movimenta-se em dois planos, uma vez que ao transformar vestígios em fontes possibilita testemunhar a história que se deseja apreender. Não obstante, o ofício do historiador é analisar fatos que já foram articulados anteriormente ou, com ajuda de hipóteses e métodos, reelabora os que não chegaram a ser articulados a partir das evidências históricas. No primeiro plano, os acontecimentos tradicionais do linguajar das fontes possibilitam o acesso heurístico para compreender a realidade histórica. Enquanto no segundo, "o historiador serve-se de conceitos formados e definidos posteriormente, isto é, de categorias científicas que são empregadas sem que sua existência nas fontes possa ser provada".[16] Pensa-se que seja necessário destacar a tentativa de desenrolar a narrativa proposta neste texto, pondo em prática o ofício do historiador acerca do espaço de experiência e do horizonte de expectativa pelas ideias de Plínio Barreto acerca da história de cem anos da cultura jurídica no Brasil. Pergunta-se, tendo como pressuposto que não se separa autoria de produção, quem foi Plínio Barreto? Por que realizar a produção de *A cultura jurídica no Brasil* nos cem anos de independência?

---

[12] GUMBRECH, 1998, p. 11.

[13] THOMPSON, 1981, p. 38.

[14] THOMPSON, 1981, p. 38.

[15] KOSELLECK, 2006, p. 305.

[16] KOSELLECK, 2006, p. 305.

"PLINIO BARRETO: JORNALISTA, ADVOGADO E POLÍTICO"[17] – A COMPOSIÇÃO DO AUTOR E O CONTEXTO DE PRODUÇÃO DE "A CULTURA JURÍDICA NO BRASIL"

O autor de *A Cultura Jurídica no Brasil* (1822-1922) foi jurista, jornalista, crítico literário e político em São Paulo. Nasceu na última década do Império (1882), em Campinas, São Paulo, tendo como pais José Morais Barreto e Vicência Augusto Barreto, família de descendência direta do fundador da sua cidade natal, Barreto Leme. Iniciou sua vida profissional em 1898, aos 14 anos, no Jornal *O Estado de São Paulo*, de propriedade de seu conterrâneo Júlio de Mesquita, como revisor e redator, e na segunda fase como diretor e critico literário (1927-1942), sendo considerado por Euclides da Cunha, na primeira fase de jornalismo, "o melhor revisor dos seus trabalhos."[18] Bacharelou-se em Direito, em 1902, na Faculdade do Largo São Francisco, em São Paulo, formação jurista que fez parte de sua vida tanto como advogado, tanto quanto crítico literário e político. A escrita de Plínio Barreto é encarnada de seu próprio tempo, como também não se separa de sua formação, de suas tradições e de seu ofício de jornalista crítico.

Como advogado, ainda jovem, inicia suas funções na cidade de Araras, em 1905, retornando para São Paulo, em 1909, para inaugurar e assumir a coluna "Crônicas Forenses", artigos de fundo jurídico na redação de *O Estado de São Paulo*, jornal pertencente e dirigido por Júlio de Mesquita. Desses artigos dedicados às questões jurídicas, resumindo e comentando os acórdãos do Tribunal de Justiça de São Paulo, Plínio Barreto funda a Revista dos Tribunais em fevereiro de 1912, imprimindo orientação técnico-jurídica. Em "Notas da Editora" (1958), Livraria José Olympio Editora, para a obra *Páginas Avulsas de Plínio Barreto*, lê-se: "Como advogado, revelou-se sempre a favor das grandes causas públicas e de interesse social, afirmando-se pelo culto do direito e sentido liberal de sua formação social e política". Em 1922 publica pela Biblioteca d'*O Estado de São Paulo* a obra *A Cultura Jurídica no Brasil* (1822-1922), que foi também conhecida e divulgada como *Cem anos de Cultura Jurídica no Brasil* (1822-1922). Representou o jornal, em 1924, no Congresso da Imprensa Latina, em Lisboa, com a conferência do mesmo nome do livro. Ainda em 1924, foi defensor dos revolucionários

---

[17] Título do artigo de Péricles da Silva Pinheiro, composição do "Suplemento do Centenário" de O Estado de S. Paulo, 26 de Julho de 1975.

[18] NOTA DA EDITORA, 1958.

tenentistas, "sendo considerado por isso o patrono da Revolução Paulista".[19] Dentre seus trabalhos jurídicos, tanto de escrita como de ofício, destacam-se: foi membro do Conselho do Instituto da Ordem dos Advogados de São Paulo (1918); criação da Ordem dos Advogados do Brasil (1932); conselheiro na Administração da Irmandade da Santa Casa de Misericórdia de São Paulo (1927); Secretário de Justiça e Segurança Pública de São Paulo (1930); livro *Um Paranoico de Grande Tomo* (1932); livro *O Convento de São Francisco e a Faculdade de Direito de São Paulo* (1933).

No ofício de jornalista e crítico literário, teve a vida ligada à Cultura, produzindo "artigos, resenhas, editoriais, comentários e textos de intervenção social, política e literária", trabalhos que ultrapassam 3.000 documentos.[20] Destacou-se como redator e diretor do *O Estado de São Paulo*, além de atuar em outros jornais como: *Comércio de S. Paulo, Diário da Noite, Diário de São Paulo.* Foi redator-chefe (1916-1918) da *Revista do Brasil*, (25/01/1916), de caráter nacionalista, pensada e organizada junto com Júlio de Mesquita, Luiz Pereira Barreto e Alfredo Pujol, cujo mensário editado em São Paulo (1916-1925) recrutava figuras de expressão da intelectualidade brasileira para colaborar com artigos, os quais propunham "repensar o Brasil, valorizando o passado nacional e recusando a postura servil do país em face do estrangeiro".[21] Em suas críticas jornalísticas literárias, Plínio Barreto emitiu ao público leitor o que leu. Sua interpretação tinha os cuidados para não desnaturar o autor, tendo em vista que não se prendia a sistemas e a dogmas estéticos, ou seja, preso ao cientificismo. Para André da Costa Cabral[22], na dissertação "Escritores brasileiros na correspondência passiva do crítico literário Plínio Barreto", suas críticas "focalizaram obras de amplo espectro cultural: literatura, sociedade, política, história. Em vista de seu 'apostolado moral', os artigos deixam entrever elementos 'pedagógicos'".[23]

A obra póstuma *Páginas Avulsas*, coletânea de escritos jornalísticos de crítica literária, organizada por seu filho Caio Plínio Barreto, foi prefaciada por Antonio Candido de Mello e Souza, de qual se destaca trechos que podem dizer do intelectual, autor de *A cultura Jurídica no Brasil*:

---

[19] CABRAL, 2009, p. IV

[20] CABRAL, 2009, p. VIII

[21] CABRAL, 2009, p. XIX

[22] CABRAL, 2009, p. XIII.

[23] CABRAL, 2009, p. XIII

> Estas reflexões me vieram à leitura da presente coletânea de Plínio Barreto, que encarna, admiravelmente, as melhores e mais sólidas qualidades do jornalismo crítico. Na literatura, passeia a sua cultura e a sua sensibilidade, oferecendo aos outros a messe da excursão. Não é um teórico, não é um esteta nem um novo retórico; é um crítico. Lê, sente, pensa, intui certos traços esclarecedores e organiza as impressões em torno de alguns princípios solidamente estabelecidos, mas apresentados com leveza. As vigílias de estudo, a riqueza de informação, a solidez do conhecimento, – lendárias nesse asceta da inteligência, – são apenas pressupostos na densidade elegante dos ensaios. Fiel às tradições humanistas, fiel às concepções oitocentistas de jornalismo crítico, fiel sobretudo à linha francesa de equilíbrio, decôro e razão, parecer-lhe-iam por certo descabidas as glosas e exegeses, as notas e as alegações. [...] Por isso, a crítica é essencialmente de conteúdo. [...] Neste belo estudo, Plínio Barreto, como o verdadeiro crítico jornalista, nada descobre (tarefa de investigador), mas tudo revela.[24]

Como intelectual, o espaço de experiência de tradição humanista e liberal esteve presente nas suas críticas, sem ater-se às propostas cientificistas e tecnicistas de investigação, horizonte de expectativas dos pesquisadores do seu tempo. Sua proposta de escrita e crítica é mostrar o humano, no sentido do humanismo iluminista, seu "interesse real é a face do homem refletida ou transfigurada nas artes".[25]

Plínio Barreto, enquanto político, pode-se perceber, repetindo suas próprias palavras: "Não sou político no sentido restrito da palavra, ou mais claramente, não sou político partidário".[26] Assim, não fazia parte de seu horizonte de expectativas se tornar um político de carreira, no sentido estrito do termo, mas não deixava de demonstrar seu claro posicionamento político, deixando entrever a favor de reformas políticas, do constitucionalismo, da democracia, coerente ao pensamento humanista e liberal. Após a Revolução de 1930, exerceu o cargo de Secretário de Justiça e Segurança Pública e assumiu o de governo interventor do Estado de São Paulo, durante 21 dias, em 1931. A escolha de seu nome para ser interventor e o seu aceite foi justificada

---

[24] CANDIDO, 1958, s/p.

[25] CANDIDO, 1958, s/p.

[26] Afirmação de Plínio Barreto em sua entrevista ao Jornal do Brasil, na época de seu nome indicado para o governo de São Paulo (interventor). (CABRAL, 2009, p. XIII)

em entrevista ao Jornal do Brasil, transcrito no jornal *O Estado de São Paulo*, de que não mudaria a orientação política como adepto da constituinte, não teria orientação partidária sem, no entanto, ser infiel aos propósitos do governo central, tendo em vista que jamais seria separatista.[27] Plínio Barreto foi ainda deputado eleito, em 1945, pela legenda da União Democrática Nacional (UDN).

Por sua vez, a escrita de *A cultura jurídica do Brasil* ambientou-se num contexto de comemorações do centenário da independência de Portugal. Setores da sociedade se mobilizaram para desenvolver trabalhos que fariam parte dessas comemorações, tendo em vista a organização de exposições, eventos cívicos, campanhas para ativar o patriotismo, dentre outras. Assim, o ano de 1922 e as devidas comemorações configuram-se, dentro da história do Brasil, como um período de horizonte de expectativas e 1822 até o centenário como espaço de experiência. Os cem anos fazem pensar a perspectiva de futuro, ou seja, o Brasil rumo à modernidade. O ano de 1922, enquanto data sacralizada na historiografia permite articular presente/passado/futuro, como propõe Koselleck.

Nesse mesmo contexto, a Semana de Arte Moderna, movimento realizado nas noites dos dias 13, 15 e 17 de fevereiro de 1922, no Teatro Municipal de São Paulo, aprofundou-se no esforço de "redescoberta do Brasil" e de sua identidade. O espaço de expectativa desses intelectuais modernistas consistia no desejo de decifrar os enigmas do passado brasileiro, a fim de poder interferir na produção de seu futuro. Discute, então, as barreiras e obstáculos ao desenvolvimento do Brasil em detrimento do passado imperial. Ao que se sabe, Plínio Barreto dialogava pouco com os modernistas brasileiros, sem manter proximidade no sentido de sociabilidade, por não participar ativamente do movimento. Fizera, no entanto, críticas literárias de obras de Mário e Oswald de Andrade, dois dos principais expoentes da Semana de Arte Moderna, presentes na sua obra *Páginas Avulsas*.

Dessa forma, evidencia-se que a década de 1920 não foi marcada apenas pelos conflitos políticos intra-oligárquicos, movimento tenentista, fundação do Partido Comunista Brasileiro e a intensificação do movimento operário. Esses movimentos tinham posicionamentos de caráter reformista, questionando a descentralização, o fortalecimento do poder central e a unificação do Poder Judiciário. É notório que

---

[27] CABRAL, 2009, p. XIII.

no ano do centenário do Brasil, o país necessitava de reafirmação política e jurídica. Essa reafirmação jurídica pode ser identificada e compreendida pela obra de Plínio Barreto. Por assim afirmar, quais os traços de cultura jurídica que foram identificados pelo autor no espaço de cem anos de Brasil?

TRAÇOS DE CULTURA JURÍDICA NO ESPAÇO DE CEM ANOS (1822-1922): TEMPO HISTÓRICO DA CONSTRUÇÃO DA CULTURA JURÍDICA BRASILEIRA

Os traços da cultura jurídica brasileira de 1822 a 1922, escritos por Plínio Barreto, foram embasados entre o direito púbico e o direito privado. Para os legisladores da Assembleia Constituinte de 1823, conformar um "estado de civilização" seria necessário dar atenção ao funcionamento político e jurídico do Estado e, consequentemente, se atentar às relações entre os indivíduos a fim de disciplina-los. Esses dois ramos do Direito dominaram os trabalhos legislativos tanto nos primeiros passos da nação independente, quanto na vida política do regime monárquico e do governo republicano até meados da década de 1920.[28]

É a partir dessa perspectiva que se inicia a compreensão do empenho jurídico de deputados que ambientou a Assembleia de 1823 não só para "dar a cada um o que é seu", como o ato cerimonial de receber o imperador,[29] mas também de tratar sobre a anistia e liberdade de imprensa, de tratar da dureza das penas sobre presos por opiniões políticas ou por serem considerados conspiradores do governo, de tratar sobre a proporcionalidade das penas e dos crimes, de tratar sobre a barbárie das leis herdadas do reino em vigor no Brasil e de tratar sobre a liberdade de consciência e religiosa.[30] Por fim, quando Fernandes Pinheiro, na Assembleia de 1826, iniciou o debate sobre a criação dos cursos jurídicos no Brasil, pode-se afirmar que os homens daquela época não desconheciam o valor social e político da cultura jurídica.[31]

Por esse motivo, atribui-se que a Assembleia brasileira representou, durante a década de 1820, a primeira escola nacional de direito, apesar de efêmera, tumultuosa

[28] BARRETO, 1922, p. 22.

[29] BARRETO, 1922, p. 29-34.

[30] BARRETO, 1922, p. 33-50.

[31] BARRETO, 1922, p. 56-57.

e sem sistema definido de preceitos. A Assembleia deixou um legado de que o amor do direito é um sentimento nativo do povo brasileiro e derramou sobre o país:

> [...] como sobre a escuridão das ondas se derramam do alto de um pharol, com intermitencia mas com força, *jactos de luz*, que orientam os navegantes, *os primeiros clarões do direito e da justiça*, desvendando aos olhos do povo perspectivas de vida ainda não sonhadas e despertando-lhe no espirito inculto a consciência da sua dignidade cívica.[32]

Ainda assim, constata-se que o progresso da cultura jurídica no Brasil teve continuidade com decreto de 9 de Janeiro de 1825 que criara um curso jurídico provisório na Corte e com a Lei de 11 de Agosto de 1827 que criou e inaugurou as Faculdades de Direito em São Paulo e Olinda/Recife.[33]

Desde então, identifica-se na obra que os espaços de experiência da cultura jurídica brasileira foram constituídos ora na Monarquia, ora na República, a partir da imprensa, das leis nacionais, das escolas de formação em direito e da atividade de legisladores e magistrados. Nesse sentido, a conformação desse tempo histórico da estrutura jurídica do Estado e da relação entre os particulares no regime monárquico foram configurados mediante a Assembleia Constituinte de 1823; a Constituição de 1824; o Código Penal de 1830, do Processo Criminal de 1832 e da Reforma do Processo Penal de 1841; o Ato Adicional de 1832; a fecundação do direito privado com o Código Comercial de 1850 e com a Consolidação das leis civis de 1857; a partir da adesão em 1856 aos princípios de direito marítimo proclamados no Congresso de Viena, das questões internacionais do tráfico de escravos, das intervenções na região do Prata e de Valparaiso e da guerra com o Paraguai; da Reforma Judiciária de 1871, com as Leis Abolicionistas e com as Reformas do ensino jurídico de 1854, 1879 e 1885.

Os deputados que discutiram na Constituinte de 1823 sobre o projeto de criação de universidades no Brasil revelaram "familiaridade jurídica com as instituições de outros povos, notadamente com as da Inglaterra e da França"[34] por clamarem sobre a necessidade de importar jurisconsultos para dar aulas de direito, saber quais as classes

[32] BARRETO, 1922, p. 59-61.

[33] BARRETO, 1922, p. 75-77.

[34] BARRETO, 1922, p. 10-11.

que deveriam frequentar os cursos superiores, sobre a necessidade de não só formar magistrados para combater a corrupção nos foros, mas também de formar juristas brasileiros interessados em jurisprudência.[35] Veja a definição do autor acerca da experiência cultura jurídica nos foros brasileiros no "Amanhecer da Independência":

> [...] magistratura ignorante e corrompida de um lado, e, do outro, rabulice analfabeta e trapaceira. Era este o quadro geral do fôro brasileiro. Apenas, de longe, ao alto, projectando luzes na treva circundante e fixando os olhares, tanto mais soberbo quanto mais isolado, um ou outro espirito de cultura variada e solida.
>
> Mas não tardou que tudo mudasse. Se minguavam nos homens da época os conhecimentos jurídicos, sobrava-lhes, em compensação, isso que se denomina o senso de justiça, o instincto do direito. Desvendam-no, por entre as extravagancias de toda a ordem que pejam os annaes, os debates que se travaram na Assembléa.[36]

Diante do que foi exposto, nota-se que para o autor os foros brasileiros eram, no ano da Independência do Brasil, ambientados por magistratura ignorante e trapaceira, mas é possível identificar a projeção de "luzes nas trevas circundantes", ou seja, a projeção do conhecimento jurídico ou instinto do direito nos pronunciamentos de deputados a partir da Constituinte de 1823. Há, nesse sentido, horizonte de expectativa a partir do próprio espaço de experiência.

A promulgação do Código Penal de 1830 foi, de acordo com Barreto,[37] depois da Constituição de 1824, a grande lei que brindou o país por sua precisão e justeza de linguagem. Porém, o liberalismo do Código de 1830 só seria ajustado com o do Processo Criminal de 1832, cuja peça legislativa figurou no país o recurso *habeas corpus* que o "liberalismo anglo-saxão nobilitou a raça humana [...]".[38] Contudo, se de um lado a Lei de 3 de dezembro de 1841 implantou o fortalecimento da autoridade pública, centralizou a organização política e poder da polícia, do outro, a Reforma Judiciária de 1871 consolidou o processo criminal, uma vez que separou a polícia da

[35] BARRETO, 1922, p. 12-16.

[36] BARRETO, 1922, p. 17-18.

[37] BARRETO, 1922.

[38] BARRETO, 1922, p. 93-96.

'judicatura', regularizou-se o instituto da prisão preventiva, o da fiança e alargou no âmbito do '*habeas corpus*' a favor dos presos ilegalmente.[39]

Apesar das lutas políticas no Brasil de 1830 a 1840 retardarem o progresso direito civil e comercial, é possível identificar na obra que a fase de fecundação do direito privado brasileiro inicia-se com o Código Comercial de 1850 e com a "Consolidação das leis civis", de Teixeira de Freitas. Constata-se, para o autor, pico altaneiro da cultura jurídica no Brasil, cujo "*clarão* transpôs as fronteiras do Brasil indo *iluminar* a legislação de outros povos...". Essa tentativa de codificar das leis civis, segundo o autor, foi a última contribuição para o patrimônio legislativo do direito privado do país e o maior monumento científico que o Império legou para a cultura jurídica nacional.[40]

Por sua vez, a visão de Plínio Barreto sobre a cultura jurídica do direito internacional no regime monárquico girou em torno das questões do tráfico de escravos, das intervenções no Sul e da guerra do Paraguai. Se de um lado, o tráfico trouxe ao Brasil problemas nas relações diplomáticas com a Inglaterra, do outro, apesar dos acontecimentos trágicos e sombrios, a Missão Saraiva de 1864 dignificou a cultura jurídica e a moderação política do "povo do mais civilizado". Nessa mesma direção, ou seja, nas questões de "soberania" do Estado brasileiro, o ataque bélico, em 1866, do Paraguai à região chilena de Valparaiso que era uma "cidade aberta" fez com que a consciência jurídica do país não tardasse a se revoltar contra a violação das normas do direito e do interesse dos Estados Americanos.[41] Assim, conforme o autor, o Brasil não se contentou em adotar princípios de justiça nas relações do direito internacional, quer pelo discurso de Rio Branco na Terceira Conferência Internacional Americana, em 1906, quer pelos pronunciamentos de Rui Barbosa em Haia, na Conferência de Paz de 1907.[42]

É importante destacar também a opinião do autor sobre as leis abolicionistas de 1871 e 1888, mesmo que não que seja constatado na obra juízos acerca da Lei dos Sexagenários. Para Plínio Barreto, a Lei do Ventre Livre foi uma vitória política e humanitária, "mas está longe de ser um modelo de sabedoria jurídica. A da abolição,

[39] BARRETO, 1922, p. 97-100.

[40] BARRETO, 1922, p. 116-119.

[41] BARRETO, 1922, p. 175-180.

[42] BARRETO, 1922, p. 182-83.

em 1889, foi um acto de extraordinário alcance social e politico, mas sem influencia apreciável na diretriz do nosso direito".[43] Julga-se, nesse sentido, que em termos jurídicos que as leis, principalmente a da abolição, pouco traz de contributo para a cultura jurídica brasileira.

A evolução jurídica no Brasil dependia, segundo o autor, da difusão do ensino jurídico pelas Academias de Direito de São Paulo e Olinda/Recife. Nesse sentido, o progresso não foi de imediato porque congregações eram escolhidas pelo governo até 1831, quando foi estabelecido concursos para o cargo de professor.[44] Identifica-se na obra que se a Reforma Leôncio de Carvalho de 1879 concedeu a liberdade do ensino superior com a criação de faculdades livres, a Reforma Franco Sá de 1885 deu um ligeiro recuo ao abolir as faculdades livres.[45]

Por sua vez, na República, segundo Barreto,[46] a cultura jurídica brasileira foi configurada a partir da Constituição de 1891; da Lei 6 de Julho de 1921, que não só penalizava os contrabandos de cocaína, ópio e morfina, como também regulamentava a criação de estabelecimentos para internações de intoxicados pelo álcool ou substâncias venosas; da Lei de n. 4.242 de 5 de Janeiro de 1922, que instituiu tribunais especiais para delinquentes menores e tratamento aos menores abandonados; do Código Civil de 1917; da fecundidade legislativa sob as leis da hipotecária e a do casamento civil de 1890; da propriedade literária de 1903, a de sucessões de 1907, a de acidentes ferroviários e a lei de acidente de trabalho de 1919; da criação de um Supremo Tribunal Federal e do Tribunal de Contas; da consagração das classes de magistrados federais e estaduais sob o preceito constitucional da inviolabilidade vitalícia do cargo e da irredutibilidade de vencimentos; dos artigos 88 e 34 da Constituição de 1891 que regulamentava sobre a declaração de guerra e do recurso do arbitramento.

A constituição de 1891 restabeleceu o funcionamento das faculdades livres mediante requisitos de ordem patrimonial, intelectual e moral. Para o autor, o decreto de n. 11.530 de 18 de março de 1915 representou consequência lógica da doutrina democrática da liberdade de ensino, visto que delegou autonomia às congregações e concedeu autarquia para as faculdades de direito oficiais/federais e particulares para

[43] BARRETO, 1922, p. 119.

[44] BARRETO, 1922, p. 80-81.

[45] BARRETO, 1922, p. 82-85.

[46] BARRETO, 1922.

administrar seus bens e organizar seus programas com plena liberdade.[47] Assim, tornar-se necessário destacar a visão do autor acerca do itinerário do ensino jurídico no Brasil:

> [...] A curva da evolução do ensino juridico no Brasil accusa, portanto, no ponto a que chegou em nossos dias, um progresso notável. Desse progresso são attestados vivos as gerações de jurisconsultos que tem sahido das Faculdades de S. Paulo e de Pernambuco numa continuidade cujo termo ainda se não suspeita. Não é menos eloquente e consoladora a curva da evolução legislativa.[48]

Segundo Barreto,[49] a República ensaiou promulgações de leis de alto relevo social. De um lado, a Lei 6 de Julho de 1921 estabelecia não só a penalidade para contraventores na venda de cocaína, ópio, morfina, como também regulamentava a criação de estabelecimentos para internações de pessoas intoxicadas pelo álcool ou por substâncias venosas. Do outro, a Lei de n. 4.242 de 5 de Janeiro de 1922 regulamentou tribunais e penas especiais para delinquentes menores e tratamento adequado aos menores abandonados. Contudo, "a sabedoria do legislador ainda não encontrou na diligencia da administração de que necessita: os estabelecimentos especiaes ainda não começaram a funcionar...".[50] Ainda nesse contexto, relata o autor que havia um projeto de reforma tramitando no Senado Federal, cuja aprovação elevaria o nível científico do Código Penal. Tal projeto obedecia à "orientação moderna da criminologia" que defendia princípios de individualizar as penas e de fazer girar o sistema criminal em torno da prisão condicional e da pena indeterminada.[51]

A cultura jurídica penal de 1822 a 1922, na visão de Barreto,[52] não foi fruto de estudos pré-estabelecidos, mas da curiosidade de alguns homens das faculdades de direito e das colunas dos jornais. O Brasil não tinha um tratado de direito penal, a literatura criminal era paupérrima e os melhores trabalhos que a cultura jurídica

[47] BARRETO, 1922, p. 85-86.

[48] BARRETO, 1922, p. 88-89.

[49] BARRETO, 1922.

[50] BARRETO, 1922, p. 101-03.

[51] BARRETO, 1922, p. 104-05.

[52] BARRETO, 1922, p. 108-09.

possuía eram de processo. Contudo, torna-se necessário evidenciar o que o autor disse sobre a cultura jurídica penal em cem anos de Independência do Brasil:

> [...] com todos esses inconvenientes e embaraços, a verdade é que, volvendo os olhos para o caminho percorrido, o coração se dilata satisfeito. Vencemos rudes escarpas e galgamos cimos elevados. O paiz que hoje , é o primeiro, no mundo, a tentar a solução pratica de alguns problemas delicados de criminologia, adormecera, cem anos atrás, ao anoitecer da Independencia, sob o regime criminal das Ordenações do livro 5., em que o crime de lesa majestade é equiparado á lepra e espalha a sua infâmia sobre a cabeça inocente dos descendentes do criminoso e em que se pune o judeu que anda sem carapuça e o mouro que traz na capa a lua de panno vermelho, sem contar um infinidade de outraz absurdezas, que punham o desgraçado do povo em perigo constante de acçoite, de tortura, de degredo, de confisco e de morte...[53]

O Código Civil de 1917 mudou o cenário do direito privado no Brasil e que, segundo o autor, livrou o Brasil do opróbio das relações civis das Ordenações Filipinas.[54] Por outro lado, antes da promulgação da Lei de 1º de Janeiro de 1917, as discussões no parlamento, na imprensa e nos centros de estudo notabilizaram um capítulo brilhante da cultura jurídica do país. Nessa perspectiva, os debates que giraram em torno de questões como as de família e as de propriedade "retratam bem esse *espirito progressista* temperado com prudência que formou o ambiente onde se envolveram".[55] Identifica-se que naquele ambiente histórico a mulher ganhou considerações jurídicas de tutora. Entretanto, a luta que se travou entre o espírito tradicionalista e as tendências modernas prevaleceu o tradicionalismo, uma vez que o interesse conjugal da mulher acerca do divórcio com ruptura do vínculo não foi acolhido pelo Código 1917. Para Plínio Barreto, a prudência guiou bem o legislador, pois segundo esse, "ainda não temos educação leiga que nos dê uma percepção exacta e indelével dos nossos deveres domésticos, e a educação religiosa, quase sempre imperfeita, nem é

[53] BARRETO, 1922, p. 108-09.

[54] BARRETO, 1922, p. 23.

[55] BARRETO, 1922, p. 121-122.

esposada por todos, nem é ministrada, pelo geral, com a intelligencia e tacto indispensáveis [...]".[56]

Das várias reformas que a magistratura brasileira passou, de acordo com Barreto,[57] nenhuma representou a força e peso com a criação do Supremo Tribunal Federal durante a República: "essa tutela, que é uma *criação do direito publico moderno* ou, melhor, do *direito publico americano*, tem sido salutar para as doutrinas democráticas brasileiras".[58] Com efeito, identifica-se que para o autor a organização judiciária brasileira da época republicana "posta em cotejo com a dos outros *paizes civilisados*, não encontra outra, nem mesmo a ingleza, a que deva ceder o passo". [59] Por conseguinte, é importante identificar como é definido o quadro histórico sobre a consolidação do direito brasileiro. Assim sendo,

> [...] dentro das fronteiras nacionaes o direito, em todos os seus ramos e no aparelhamento dos meios de acção, seguiu sempre, portanto de 1822 até o dia de hoje, *uma linha progressista ininterrupta.* Das escolas, dos centros de estudo, do espirito dos jurisconsultos cresceu e frondejou a grande arvore deitando os ramos florescidos pelas janellas a dentro das assembléas e das repartições governamentais e derramando na massa da população, com o perfume das suas emanações, a fecundidade de suas sementes. Hoje a sombra protectora, que cae da copa immensa, já cobre a nação inteira... Não se encerrou, porém, nos limites geográficos do paiz, a projecção dessa sombra. Avançou pelas fronteiras afim de apanhar tambem, sob a sua proteção, as relações do Brasil com outros povos.[60]

Os traços da cultura jurídica no espaço de experiência de cem anos identificados na obra de Plínio Barreto, segundo a sua concepção, seguiu uma linha "progressista ininterrupta" que foi sendo consolidada dentro das escolas, dos centros de estudo, nas assembleias e nas repartições governamentais. Diante do exposto, é possível compreender a relação entre o espaço de experiência e horizontes de expectativas

---

[56] BARRETO, 1922, p. 122-125.

[57] BARRETO, 1922, p. 122-125.

[58] BARRETO, 1922, p. 155-156.

[59] BARRETO, 1922, p. 158.

[60] BARRETO, 1922, p. 166-67.

de Plínio Barreto a partir dos acontecimentos políticos e dos agentes da cultura do direito no parlamento, da legislação nacional, do ensino jurídico e da organização do sistema judiciário que constituíram o Estado brasileiro desde o século XIX até as duas primeiras décadas século XX.

ULTIMAS CONSIDERAÇÕES

A publicação de *A cultura jurídica no Brasil*, em 1922, significou identificar o espaço de experiência e horizonte de expectativas posto por Plínio Barreto sobre o passado imperial e o passado da recente república, de acontecimentos legislativos, políticos, socioculturais, comerciais/trabalhistas e das relações internacionais dos cem anos de Independência do Estado Nacional. A experiência nada mais é do que o presente de Plínio Barreto, cujos traços jurídicos foram apontados pelo próprio horizonte de expectativas. Diante da leitura da obra, identifica-se que o texto traz à tona noções de modernidade dos séculos XIX e XX ora embasada no conceito de progresso ou de liberalismo, ora fundamentada em termos como ciência, evolução ou direito moderno.

Em primeiro lugar, o autor apresenta sua visão iluminista ao relacionar a defasagem da situação jurídica brasileira da década de 1820 como um ambiente de trevas que necessitava de luzes, sobretudo, do senso de justiça e do instinto do direito para alcançar um "estado de civilização". Em segundo lugar, sua visão de moderno tende para as argumentações sobre as "Consolidações das leis civis", cujo monumento científico de cultura jurídica serviu de base para "iluminar" as legislações de outros povos. Em terceiro lugar, identifica noções de modernidade quando o autor relata sobre a tramitação no Senado Federal de um projeto de lei que seguia orientações da moderna criminologia e que sendo aprovado elevaria o nível científico do Código Penal de 1891. Por fim, a organização judiciária da República, tendo o Supremo Tribunal Federal a última decisão nas questões constitucionais, era representante da cultura jurídica do direito público moderno e, por esse motivo, o funcionamento do Poder Judiciário no Brasil, em meados de 1922, equiparava-se às civilizações contemporâneas.

Assim, compreender a constituição do Estado brasileiro por meio da obra *Cultura Jurídica do Brasil (1822-1922)*, no âmbito da história da educação, tornou-se essencial para estabelecer traços da cultura jurídica do país, identificadas pelo autor. A obra contribui para o entendimento do olhar do autor, tendo em vista a identificação no espaço de experiência o horizonte de expectativas, em relação aos objetivos dos legisladores brasileiros que caminharam atrelados às expectativas da modernidade, progresso e razão vinculados às regras e às normas do direito dos séculos XIX e XX. A construção ou experiência do pensamento jurídico serviu como embasamento para afirmação do Estado-Nação moderno.

Para Plínio Barreto, no ano de 1822 não existia cultura jurídica no Brasil. Em 1922, com a comemoração da evolução jurídica brasileira, segundo o autor, significou o traço de luz ininterrupto que despertou a consciência política e a dignidade cívica nacional. A obra *Cem anos de Cultura Jurídica no Brasil* traz à tona sentidos capazes de representar doutrinas do direito público e privado que puderam delinear um "estado de civilização". Nessa perspectiva, o registro da vida política do país em debates parlamentares, a história da legislação nacional, a organização do sistema judiciário, a criação dos cursos de direito e as reformas do ensino jurídico são essenciais para compreender como se configurou o elo entre o passado imperial e o presente republicano, da formação acadêmica e do pensamento jurídico, sobre a direção do olhar de Plínio Barreto, autor de *A cultura jurídica no Brasil (1822-1922)*. Portanto, a comemoração do centenário da independência apresentou-se como o momento propício e disposto para pensar a cultura do direito nos trópicos.

REFERÊNCIAS

BARRETO, Plínio. *A cultura jurídica no Brasil (1822-1922)*. São Paulo: Bibliotheca d'O Estado de São Paulo, 1922.

BARRETO, Plínio. *Páginas Avulsas.* Rio de Janeiro: Livraria José Olympio editora, 1958.

CABRAL, André da Costa. *Escritores brasileiros na correspondência passiva do crítico literário Plínio Barreto.* São Paulo: USP, 2009. (Dissertação de Mestrado).

CANDIDO, Antonio. Prefácio. In: BARRETO, Plínio. *Páginas Avulsas.* Rio de Janeiro: Livraria José Olympio editora, 1958, s/p.

FONSECA, Marcelo Fonseca (org). *Nova história brasileira do direito*: ferramentas e artesanais. Curitiba: Juruá, 2012.

KOSELLECK, Reinhart. *Futuro passado* – "Espaço de experiência e horizonte de expectativa": duas categorias históricas. Rio de Janeiro: Editora PUC RIO/Contraponto, 2006.

NOTA DA EDITORA. In: BARRETO, Plínio. *Páginas Avulsas*. Rio de Janeiro: Livraria José Olympio editora, 1958.

PEREIRA, Luís Fernando Lopes. A circularidade da cultura jurídica: notas sobre o conceito e sobre o método. In: FONSECA, Marcelo Fonseca (org). *Nova história brasileira do direito*: ferramentas e artesanais. Curitiba: Juruá, 2012.

SOUZA, André Peixoto de. *Pensamento Jurídico Brasileiro, ensino do Direito e a constituição do sujeito político no império (1822-1891)*. Tese (Doutorado em Educação). Campinas, SP. 2011.

SOUZA, André Peixoto de. Uma historiografia para a cultura jurídica brasileira. In: FONSECA, Marcelo Fonseca (org). *Nova história brasileira do direito*: ferramentas e artesanais. Curitiba: Juruá, 2012.

THOMPSON, E. P. *A miséria da teoria ou um planetário de erros*: uma crítica ao pensamento de Althusser. Trad. Waltenssir Dutra. Rio de Janeiro: Zahar, 1981.

Sociedade dos amigos de Alberto Torres e a educação rural (1930-1940)[1]

Henrique de Oliveira Fonseca

> "[...] A razão tinha que ser encontrada numa disposição particular do seu espírito, no forte sentimento que guiava a sua vida. Policarpo era patriota. Desde moço, aí pelos vinte anos, o amor da pátria tomou-o todo inteiro. Não fora o amor comum, palrador e vazio; fora um sentimento sério, grave e absorvente. Nada de ambições políticas ou administrativas; o que Quaresma pensou, ou melhor: o que o patriotismo o fez pensar, foi num conhecimento inteiro do Brasil, levando-o a meditações sobre os recursos, para depois então apontar os remédios, as medidas progressivas, com pleno conhecimento de causa".
> *Triste Fim de Policarpo Quaresma* – Lima Barreto

INTRODUÇÃO

Policarpo Quaresma, protagonista de o *Triste Fim de Policarpo Quaresma*, apresenta-se como expressão e representação de uma figura patriótica do início da

[1] Esse artigo representa um desdobramento de parte da minha dissertação, defendida em meados de 2014, intitulada: "Em Defesa da Ruralização do Ensino: Sud Mennucci e o debate político e educacional entre 1920 e 1930". Na dissertação o foco foi a trajetória do intelectual paulista Sud Mennucci, já no presente texto, procuro destacar alguns pensamentos, espaços e instituições que foram relevantes para a reflexão ruralista da educação no começo do século XX.

República, notadamente amante das questões nativistas e nacionais, do meio rural e de suas exuberâncias. A obra foi escrita por Lima Barreto, em 1911, e eternizou em seu romance histórico algumas experiências marcantes daqueles anos. Na trajetória de Policarpo, o protagonista patriota, exalta-se o embate entre a utopia e a realidade, ele sonhava com um Brasil profundo e grandioso vislumbrado numa pátria que nunca se transformaria em realidade. Amante ufanista do Brasil, Quaresma era um conhecedor da cultura brasileira, sua biblioteca era composta por muitos livros de autores nacionais, também se posicionava como defensor das causas indígenas, tanto que chegou a propor como língua nacional o tupi-guarani. No decorrer da obra, o autor expõe, ironicamente, como esse amor desmedido e inconteste de seu protagonista representava uma visão destorcida sobre a realidade do Brasil e principalmente sobre o futuro pretendido pelo visionário Policarpo. Nessa saga em viver e propagandear as qualidades do Brasil, destaca-se a experiência na agricultura em que Policarpo procurou viver uma vida campesina se provendo *dessa terra que tudo dá*, contudo, esse sonho seguiu a mesma rotina doutros almejados por Quaresma. As saúvas que o digam!

Dentre os diversos aspectos positivos da literária de Lima Barreto, destaca-se a apresentação detalhada e irônica do autor em relação as marcas da sociedade brasileira do início do século XX que ansiava afirmar-se como nação. No universo das pesquisas acadêmicas, quem também refletiu sobre algumas dessas questões nacionalistas foi José Murilo de Carvalho em *A Formação das Almas:* imaginário da República no Brasil.[2] Na obra, o autor trabalhou com o processo de construção do imaginário republicano, refletindo que:

> A elaboração de um imaginário é parte integrante da legitimação de qualquer regime político. É por meio do imaginário que se podem atingir não só a cabeça, mas, de modo especial, o coração, isto é, as aspirações, os medos e as esperanças de um povo. É nele que as sociedades definem suas identidades e objetivos, definem seus inimigos, organizam seu passado, presente e futuro.[3]

---

[2] CARVALHO, 1990.

[3] CARVALHO, 1990, p. 10.

Carvalho assinala, ainda, que o Brasil vivenciou nos primeiros anos republicanos uma disputa sobre quais elementos formativos figurariam em nosso *imaginário social*.[4] Ser brasileiro e republicano representava acreditar em quê? Tomar partido por qual história? Defender qual posição?

Na literatura, o personagem Policarpo Quaresma tornou-se uma figura emblemática, justamente por apresentar-se como defensor de um projeto de nação. Seu posicionamento fica evidente quando o personagem-narrador do livro descreve algumas ponderações de protagonista sobre o meio rural:

> Então pensou que fora em vãos aqueles seus desejos de reformas capitais nas instituições e costumes: o que era principal à grandeza da pátria estremecida, era uma forte base agrícola, um culto pelo seu solo ubérrimo, para alicerçar fortemente todos os outros destinos que ela tinha de preencher.[5]

Sendo assim, no ambiente literário, Quaresma figurou-se como um personagem fictício defensor de um ideário semelhante as concepções e condutas que diversas pessoas assumiram desde o final do século XIX no Brasil. Sem entrar no velho clichê de debater se "a arte imita a vida ou é a vida que imita arte", o fato é que podemos criar vários paralelos entre o universo ficcional em que se inseriu a criatura Policarpo Quaresma e a realidade vivenciada pelo seu criador.

Um paralelo possível de ser feito com o personagem Policarpo Quaresma é o político e sociólogo Alberto Torres que, nas primeiras décadas de 1900, iniciou um ciclo de publicações que visavam criticar a recém instaurada República. Embasado em um concepção anti-urbana, Torres argumentava que a República não havia conquistado nem estruturado uma unidade nacional, não existia o espírito patriótico

---

[4] A questão sobre o *imaginário* ou *imaginário social*, há alguns anos, tem se apresentado como uma reflexão bastante frutífera na historiografia. No Brasil a conceituação apresentada pelo pensador polonês Bronislaw Baczko, tornou-se uma das referências sobre o assunto. Nesse artigo, tomarei suas proposições como guia para a estruturação das ponderações. Baczko afirma que "Os imaginários sociais constituem outros tantos pontos de referência no vasto sistema simbólico que qualquer coletividade produz e através da qual, como disse Mauss, ela se percepciona, divide e elabora os seus próprios objetivos. É assim que, através dos seus imaginários sociais, uma coletividade designa a sua identidade; elabora uma certa representação de si; estabelece a distribuição dos papéis e das posições sociais; exprime e impõe crenças comuns; constrói uma espécie de código de 'bom comportamento', designadamente através da instalação de modelos formadores tais como o do 'chefe', o "bom súbdito", o 'guerreiro corajoso', etc." (BACZKO, 1985, p. 309).

[5] BARRETO, 1989, p. 93.

em seu povo, assim, através de reflexões acerca do nacionalismo, do agrarismo, da imigração, da reorganização do trabalho e do Estado, Torres foi desenhando uma concepção para o Brasil. Essas formulações ganharam força com o passar dos anos, já que seu pensamento foi

> retomado por uma geração nova de pensadores que se vinculavam pela defesa do nacionalismo e pela crítica à democracia liberal estrangeira que havia sido destruída pela Revolução de 30, Alberto Torres foi cultuado e endeusado por eles, tornando-se guia dessa geração. Os traços mais marcantes de seu pensamento, ressaltados por todos, independentemente do viés ideológico, foram o nacionalismo, a crítica ao imperialismo, a crítica aos partidos políticos, a defesa da agricultura e a defesa do trabalhador nacional.[6]

Dessa maneira, podemos observar que a crítica social de Lima Barreto encontrava ressonância nos conflitos daquela época. O pensamento agrário foi amplamente debatido no começo da nossa República, como sendo uma das possibilidades para pautar o destino do Brasil que ainda engatinhava como nação. Nos anos que seguiram as publicações de Alberto Torres, expoente intelectual e político desse posicionamento, diversos seguidores buscaram dar corpo as suas propostas, lutando em diversas áreas da política para a disseminação de sua visão do Brasil. Dentre esses militantes, destacaram-se intelectuais que buscaram através de suas publicações, bem como por meio da atuação política, consolidar algumas perspectivas da teoria de Torres. Esse posicionamento fica evidente em 1932 com a criação da Sociedade dos Amigos de Alberto Torres (SAAT).

Esse presente artigo visa debater sobre a SAAT. O objetivo aqui fixa-se na busca pela compreensão de como esta instituição tornou-se um espaço importante para a construção de um determinado *imaginário social* o país. Principalmente na atuação de seus membros no cenário educacional, pois a SAAT ficou conhecida, até seu encerramento em 1945, como uma instituição de fomento à diversas posturas agrarias, destacadamente à educação rural. Essa postura política delineou uma nova corrente de pensamento, em que "[...] os participantes da geração dos críticos republicanos,

[6] FERNADES, 2014, p. 127

cuja matriz do pensamento nasceu com Alberto Torres, encontram, na década de 1920, a militância educacional como uma possibilidade de ação social".[7]

ALBERTO TORRES E O EIXO RURAL

> O Brasil tem de ser uma república social, por força de seu destino, e da fatalidade de seu surto na era da questão social; e tem de ser, intuitivamente, uma república agrícola. É preciso que seja, porém, uma república social, previdente e conservadora, para que o povo não sinta um dia a necessidade de arrancar à força o que os governos lhe podem dar dentro da ordem, sem prejuízo de terceiros.[8]

A República Agrícola almejada por Torres representava a consolidação um sistema político e social que amalgamasse uma pátria coesa com a tradição brasileira. Marcos Cezar de Freitas elucida que para Alberto Torres "[...] a consolidação da nação brasileira, [...] passava decisivamente pela opção pelo Brasil real, que era apontado como país do campo, anti-cosmopolita, não o país urbano, amigo do imperialismo bélico".[9] A questão agrária compunha uma importante peça no esquema interpretativo e propositivo de Alberto Torres sobre o Brasil. Em sua visão, a relação afetiva com terra era imprescindível para estabelecer laços patrióticos, reforçando a união nacional e o sentimento coletivo de amor à Pátria. Torres apontava que o urbanismo era uma experiência estrangeira e que pouco se relacionava com a história brasileira, assim apoiava o fortalecimento do Estado como meio de defesa das imposições imperialistas das nações mais desenvolvidas que almejavam enxertar um modo de organização artificial para o Brasil. Dessa forma, indicava para necessidade de um Estado que visualizasse as necessidades reais da nação e tomasse posturas administrativas que coibisse os desvios patrióticos.

O tema do Estado centralizador foi fundamental em sua obra, para Torres, desde a proclamação da República, um dos principais problemas que assolavam o

[7] ROCHA, 2004, p. 133.

[8] TORRES, 1978, p. 132.

[9] FREITAS, 1993, p. 55.

país era a ausência de uma postura firme no controle da nação. Em seu clássico livro O Problema Nacional Brasileiro anunciava: "nenhum outro povo tem tido, até hoje, vida mais descuidada do que o nosso"; "o nosso problema vital é o problema da nossa organização", "o Estado é, no Brasil, um fator de dissolução".

Bolivar Lamounier[10] afirma que Alberto Torres, Oliveira Vianna, Azevedo de Amaral e Francisco Campos foram os fundadores da linhagem do *pensamento autoritário brasileiro*. Segundo o autor, nas primeiras décadas republicanas, esse movimento iniciou seu enredamento através de críticas lançadas à República, argumentando que essa instituição, até então, havia exercido um papel pouco agregador ao país. A desordem social para esses sujeitos era reflexo de um governo que não havia perpetrado a consolidação de uma nação mais unida e justa.

Na concepção de Torres o retorno para nossas raízes rurais valorizando o sujeito nacional real, através de um Estado forte, poderia inverter a lógica de exploração que habitava o Brasil. Segundo o sociólogo "[...] as classes superiores, por seu egoísmo, nunca tiveram interesse pelo seu patrício proletário, preferindo explorá-lo a educá-lo, e abandoná-lo, por fim".[11] Nessa perspectiva, educar as massas através de um cronograma de ações que disseminassem um sentimento de *retorno ao campo* era imprescindível para essa emancipação real da nação. Alberto Torres era contrário ao industrialismo, pois, para ele, essa atividade

> [...] contribuía para inchaço das cidades e, consequentemente, para o agravamento da *questão social*, praticamente desconhecida dos brasileiros, introduzia aqui graças ao protecionismo. A questão social não existira numa sociedade organizada em torno da atividade agrária. Para Alberto Torres, esta atividade estimularia a cooperação entre setores da sociedade e os indivíduos e levaria à solidariedade social. A atividade industrial, por outro lado, ao concentrar massas famélicas nas cidades, agrava a sensação de exploração desse grupo por parte dos donos do capital [...] Obra do protecionismo exagerado, as massas urbanas se avolumaram no país e se tornava difícil uma *volta à terra*, como a que acreditava ser necessária para o desenvolvimento da própria nacionalidade brasileira.[12]

---

[10] LAMOUNIER, 1985, p. 371.

[11] TORRES, 1990, p. 18.

[12] FERNANDES, 2014, p. 135, *grifo do autor*.

Ao defender esse posicionamento, tonou-se uma espécie de *mestre* para a geração que o seguiu. Esses novos atores sociais lutaram para divulgar para os ideais torreanos pelos quatro cantos do Brasil. Essa possibilidade foi acentuada com à ascensão de Getúlio Vargas ao palácio do Catete, a crença que nesse cenário fosse favorável para a eclosão de uma nova maneira de fazer política, alimentou o ânimo dos diversos seguimentos intelectuais que ansiavam um lugar ao sol na cena política dos anos de 1930. Esse foi o caso da *Sociedade dos Amigos de Alberto Torres.*

O RURALISMO PEDAGÓGICO E A SOCIEDADE DOS AMIGOS DE ABERTO TORRES

A Fundação da SAAT, em 1932, representou uma expansão dos ideais ruralistas, sua função centrava-se em uma ação pragmática na sociedade. Apesar da SAAT ter sido uma instituição de vulto no período, há atualmente grandes dificuldades em pesquisá-la, já que, após encerrar suas atividades, em 1945, sua documentação foi perdida no incêndio que destruiu sua sede no Rio de Janeiro. Assim, poucas são as informações referentes ao seu funcionamento e à sua organização. Contudo, uma das melhores pesquisas já feitas sobre essa Sociedade foi realizada por Silvia Oliveira Campos de Pinho, em sua dissertação: *Alberto Torres: uma obra, várias leituras.*[13] Muitas informações aqui apresentadas são debitadas ao esforço de pesquisa presente na dissertação de Pinho. Todavia, nesse presente artigo buscou-se expandir alguns dos elementos apontados nas pesquisas anteriores, procurando enfatizar a ação da SAAT como fomentadora de um projeto singular para educação brasileira. Para isso, será exposto como diversas publicações educacionais do começo do século XX apresentavam informações relacionadas às ações perpetradas pela SAAT. Mas antes, para melhor compreender esses objetivos, vale trazer algumas informações estruturantes da sociedade. Pinho apresenta quais foram os sócios fundadores da SAAT, apontando para:

> Edgar Teixeira Leite, Alde Sampaio, Fernandes Távora, Juarez Távora, Sabóia Lima, Ildefonso Simões Lopes, Lourenço Baeta Neves, Alcides Gentil, Heloísa Alberto Torres, Edgar Roquette-Pinto, José Savaresi, Paulo Filho, Hum-

[13] PINHO, 2007.

> berto de Campos, Felix Pacheco, Barreto Campello, Barbosa Lima Sobrinho, Oliveira Vianna, Hélio Gomes, Alcides Bezerra, Belisário Penna, Rogério de Camargo, Saturnino de Brito Filho, Roberto Marinho, Alberto J. Sampaio, Magalhães Correa, Prado Kelly, Humberto de Almeida, Porfírio Soares Neto, Mário Roquette-Pinto, Protógenes Guimarães, Anna Amélia Carneiro de Mendonça, Raymundo Magalhães, Rafael Xavier e Raul de Paula.[14]

Com o passar do tempo, outros nomes foram se conglomerando no entorno dessa rede de intelectuais, mas dentre os fundadores já se destacavam diversos personagens de vulto no cenário brasileiro. Exemplo disso são: Juarez Távora, político respeitável de sua época, chegou a chefiar o Ministro da Agricultura entre 1932 e 1934;[15] Ildefonso Simões Lopes, outro nome de relevo, construiu uma carreira em defesa do meio rural, também foi Ministro da Agricultura (1919-1922), fundador da Confederação Rural Brasileira e presidente da Sociedade Nacional de Agricultura entre 1926 e 1944;[16] Edgar Roquette-Pinto, proeminente personalidade do ambiente educacional brasileiro, membro da Academia Brasileira de Letras, considerado o pai da radiodifusão no brasileiro, além de ser signatário do Manifesto dos Pioneiros da Educação Nova; Oliveira Vianna, afamado ensaísta do começo do século XX, apresentava em suas obras uma forte influência do seu tutor Alberto Torres; Humberto de Campos foi jornalista, político e escritor e diretor da Fundação Rui Barbosa em 1933;[17] Belisário Penna foi uma figura importante na esfera política, sendo Ministro da Educação e Saúde Pública em 1931[18].

Pinho também exibe algumas informações referentes ao estatuto da SAAT[19]. No estatuto fica evidente claro que Alberto Torres era visto pelos membros da socie-

---

[14] Idem, p. 169-170.

[15] Informações disponíveis em: <http://cpdoc.fgv.br/producao/dossies/AEraVargas1/biografias/juarez_tavora>

[16] MENDONÇA, 1997, p. 219.

[17] FARIA FILHO, 2012, p. 112

[18] THIELEN; SANTOS, 2002

[19] "a) promover o estudo dos problemas nacionais, com o fim de indicar a adequação das instituições aos fatos da nossa experiência, à luz dos fatos da política mundial; b) divulgar os ensinamentos de Alberto Torres, por constituírem até agora, o melhor programa de conjunto dos nossos problemas, sujeitando-os aos fatos da experiência e da observação; c) promover a publicação das obras inéditas ou esgotadas de Alberto Torres [...]; d) promover a metodologia dos assuntos focalizados por Alberto Torres, bem como os cursos que lhe

dade como fundador do projeto nacional que deveria servir de guia para as ações políticas. Dessa maneira, a Sociedade apresentava-se para comunidade como instituição civil que conglomerava os seguidores dessas propostas e que se posicionavam em favor da transformação nacional aos moldes prescritos pelo seu patrono. Nessa relação a delimitação de um *imaginário social* comum tornava-se imprescindível, já que esse projeto pátrio demandava um determinado compartilhamento entre seus membros de opiniões, noções, aprovações, desaprovações, valorizações, sentimentos. Era preciso *formar a alma*[20] dessa nova nação, isto é, fazia-se necessário educar a população. Assim, com esse intuito de disseminação de um ideário, pode-se observar algumas posturas desse grupo em prol da educação rural. Segundo Pinho,[21] as atividades de apoio à educação rural desenvolvidas pela SAAT focavam no desenvolvimento dos *Clube Agrícola Escolar* e das *Semanas Ruralistas*.[22] Conforme podemos observar nas publicações educacionais do período e em trabalho e pesquisas mais recentes a ação da SAAT estava difundia por todo o país.

Tal constatação fica mais tangível quando iniciamos o processo de análises das fontes. Assim, a obra *A Escola Rural em Minas (1928-1938)*, de Marieta Aguiar,[23]

---

sejam consequentes, tendo em vista a integração dos ensinamentos respectivos na educação nacional, sob a forma de compêndios didáticos; e) promover a criação de centros de estudos torreanos, em todo o país, para reunir elementos que façam inquéritos e conferências, onde os diferentes programas brasileiros sejam examinados em suas próprias fontes; f) publicar uma revista mensal onde saiam as conferências feitas no Rio e nos Estados, bem como todos os trabalhos considerados úteis ao estudo dos vários problemas da nacionalidade brasileira; g) publicar, em volumes, as conferências e os estudos realizados pela Sociedade, desde que o órgão competente considere trabalho de valor real para a interpretação, análise e propaganda da obra torreana e de utilidade para o esclarecimento dos problemas nacionais; h) definir os princípios fundamentais do pensamento de Alberto Torres [...]; i) promover por todos os meios e modos a fraternidade continental e universal; j) estimular por todos os meios, o estudo e a solução dos problemas rurais brasileiros, sob o triplico aspecto – político, social e econômico". (PINHO, 2007, p. 171-172).

[20] Utilizo de empréstimo a conceituação de J. M. Carvalho, presente em seu livro *A Formação das Almas*, 1990.

[21] PINHO, 2007.

[22] Esses Clubes e essas Semanas foram bastante vulgarizados pelo Brasil entre 1920 e 1950. Contudo, ainda hoje, não há muitas informações referentes a estruturação desses projetos. Na minha dissertação busquei apontar possíveis caminhos de interpretação. Para mais informações, conferir: FONSECA, 2014.

[23] "Marieta Aguiar foi ex-aluna da Escola de Aperfeiçoamento e era professora primária rural do município de Santo Antonio do Amparo (MG). Em 1938, junto a outras colegas professoras rurais, assinou uma carta endereçada ao Diretor da Educação e Saúde Pública do Estado, Dr. Christiano Machado, reivindicando medidas para a melhoria das condições das escolas primárias e dos professores no seu município. Aguiar participou ativamente do projeto de educação rural do estado, em fins da década de 1940. Era a responsável

apresenta algumas ações que estavam sendo desenvolvidas no Brasil em prol da educação rural:

> [...] entre outros atestados de atividade ruralista: o memorável Congresso Rural na Bahia em 1934, a Concentração dos Clubes Agrícolas em Minas, em 1936, numerosas semanas ruralistas em vários Estados, exposições e concursos interescolares, e a Cruzada Brasileira da Educação, que vem fundando escolas em vários pontos propagando a campanha contra o analfabetismo em todo país.[24]

Em Minas Gerais, algumas dessas pistas foram encontradas na *Revista do Ensino*, na edição novembro-dezembro de 1935 (essa publicação foi integralmente dedicada ao tema da Ruralização do Ensino). No artigo de Rafael Xavier,[25] intitulado a *Obra Realizada pela SAAT*,[26] expõe alguns dos objetivos fundamentais da Sociedade. Profundamente inspirados nos ideais de seu patrono, a SAAT visava colaborar com a difusão de seus pensamentos e promover uma reorganização social com um plano marcadamente nacionalista. Assim, segundo Xavier, deveriam ser valorizadas as produções sócio-político-culturais brasileiras e combatidas as formulações exóticas estrangeiras. As campanhas contra a imigração foram de grande importância, como também os projetos e programas relacionados à questão da preservação da natureza e à educação rural. Segundo Rafael Xavier até 1935 a SAAT já havia organizado diversas *Semanas Ruralista* e colaborado com a formação de *Clubes Agrícolas Escolares*, com o apoio do Ministério da Agricultura[27] em várias localidades do país. Em 1935, Xavier dizia que já havia mais de 800 clubes espalhados pelo Brasil.

Essa afirmação fica mais evidente quando se observa algumas outras pesquisas que tratam do tema da ruralização do ensino em algumas determinadas regiões.

pela comunicação da Secretaria de Educação com os professores primários rurais e foi professora de Economia Doméstica dos Cursos de Aperfeiçoamento de professores rurais, realizados na Fazenda do Rosário" (PINHO, 2009, p. 24).

[24] AGUIAR, s/d, p. 5.

[25] Como consta na dissertação de Pinho (2007), Rafael Xavier foi um dos fundadores da SAAT.

[26] Cf. (ENSINO, 1935).

[27] Vale lembrar que entre 1932-1934 quem estava no Ministério da Agricultura era Juarez Távora, também fundador da SAAT.

Como é o caso de Neide Almeida Fiori,[28] que em seu trabalho sobre educação rural, em Santa Catarina, argumenta que na década de 1940 a

> [...] 'Sociedade Amigos de Alberto Torres' logo cria núcleos regionais/estaduais. No estado de Santa Catarina o núcleo se encaminha rumo a duas vertentes principais de atuação: as Semanas Ruralistas e os Clubes Agrícolas Escolares.[29]

Priscilla Pereira e Antonio Pinheiro, trabalhando com os Clubes na Paraíba, dizem que

> Nesse sentido, os clubes agrícolas escolares já bem difundidos nos anos 1930 pela Sociedade dos Amigos de Alberto Torres tinham como uma de suas atribuições ajudar os administradores públicos na identificação das melhores escolas, considerando, inclusive, as peculiaridades regionais, com o objetivo maior de ajudar as crianças a formarem uma mentalidade ruralista esclarecida e, simultaneamente, iniciá-las no mundo do trabalho.[30]

Definem também que

> Os Clubes Agrícolas Escolares eram ações 'extraescolares', mas que estiveram incumbidas em divulgar conhecimentos sobre a vida no campo. Funcionavam anexos às poucas escolas primárias da zona rural e, em alguns casos, em grupos escolares localizados nas cidades do interior e na capital.[31]

Em Minas Gerais, também foi possível encontrar unidades dos Clubes Agrícolas Escolares. Na *Revista do Ensino* de 1935, contém um artigo tratando dessa atividade na capital mineira. O título do texto é *A organização dos Clubs Agrícolas*, de autoria

---

[28] FIORI, 2002.

[29] Idem, p. 239.

[30] PEREIRA; PINHEIRO, 2013, p. 47–48.

[31] Idem, p. 47.

de Guiomar Maria de Medeiros, nele foi relatado o processo de construção do Clube Agrícola no *Grupo Escolar Alexandre Drummond.* A autora descreve que quase todos os grupos escolares belorizontinos já tinham desenvolvidos esforços relacionados à educação agrícola, afirmando que tal ação era importante para melhorar o desenvolvimento do trabalho, superando os processos rotineiros, passados de geração em geração. Ela retoma que a ideia de Clubes Agrícolas surgiu nos Estados Unidos e que Belo Horizonte já contava com 8 desses clubes.[32] Guiomar de Medeiros também afirma que a SAAT era responsável pela disfunção desses clubes pelo país, expondo que o estatuto e as regras dos clubes eram fornecidos pela própria SAAT. Segundo a autora, a criação do Clube não serviria apenas para ficar restrito ao trato com os meios agrícolas, dizia que esse clube só era fundado em grupos escolares que poderiam utilizá-lo em outras atividades, como forma de desenvolvimento de conhecimentos das diversas disciplinas escolares.[33] Medeiros reforçou que, em 1935, a SAAT definiu os objetivos a serem alcançados por todos os Clubes belorizontinos, que consistiam em: produzir uma horta, preparar um pomar, organizar uma campanha de reflorestamento na escola e no município, fazer uma cerca viva na escola, iniciar uma criação do bicho-da-seda e organizar uma semana contra insetos nocivos. Essas atividades ganhavam premiação cedida pela SAAT, a autora mostra, por exemplo, um *ranking* entre os clubes da cidade relacionados a coleções de insetos.

Em São Paulo, a *Revista do Professor*, na edição de setembro de 1936, trouxe um artigo sobre uma premiação recebida pelo Clube Agrícola Escolar do Grupo Escolar do Butantã. Em uma Exposição de Animais, dois galos da instituição foram premiados.

O outro ponto de vulgarização do trato com o meio rural e da valorização patriótica da agricultura feita pela SAAT foram as *Semanas Ruralistas*, Silvia O. C. Pinho diz que:

> Numa Semana Ruralista eram previstos: cursos pedagógicos, sanitários e agrícolas para professores, crianças e lavradores; exposição dos produtos

---

[32] "Já temos oito clubs em organização nos seguintes grupos escolares: Alexandre Drummond, Olegário Maciel, Cesario Alvim, Mello Vianna, Silviano Brandão, José Bonifácio, Marianno de Abreu e Santos Dumont" (ENSINO, 1935, p. 259–260).

[33] "Surge um grave problema – dificuldade financeira para resolver certas atividades. Eles não se sentem desanimados: fundam um banco, vendem ações e fazem, através dessa realização, o estudo ativo da Aritmética" (ENSINO, 1935, p.261).

> agropecuários e industriais da região; cinema educativo; excursões; distribuição gratuita de sementes e livros; conferências sobre assuntos econômicos, educativos e sanitários; e plantio de um bosque comemorativo.[34]

Essas atividades repercutiram amplamente pelo Brasil, tanto que Virgínia Ávila[35] exibe a recorrência das semanas ruralistas na década de 1930, no estado de Santa Catarina; Antonio Germano Magalhães Junior e Isabel Maria Sabino de Faria[36] trazem indicações que também ocorreram no Ceará; Na *Revista do Professor*, há diversos artigos tratando sobre semanas ruralistas em São Paulo. Marieta Aguiar[37] já apontava para existência dessas semanas em Minas Gerais. Na capital mineira houve a *Semana da Educação Rural* agenciada pela SAAT em junho de 1935. Esse acontecimento ganhou bastante repercussão na *Revista do Ensino*. Por esse ângulo, a SAAT funcionou como centro disseminador do ruralismo pedagógico. Essa postura fornecia à instituição um caráter formativo na ação pública dos seus seguidores, isto é, os sujeitos que adotavam as propostas da SAAT se posicionavam publicamente como defensores de um corolário de determinadas concepções.

Noêmia Cruz é um exemplo dessa situação, ela foi uma das primeiras mulheres a defender a ruralização da educação nos anos de 1930, também foi a primeira diretora do Grupo Escolar Rural do Butantã, sua trajetória profissional pode ser apreendida como uma expressão de aproximação aos ideais da SAAT. Tal fato evidencia-se quando Noêmia Cruz foi convidada, a pedido da própria Sociedade, a comparecer no Primeiro Congresso Brasileiro do Ensino Regional, realizado na Bahia, em 1934, organizado por iniciativa da SAAT.[38] Essa semelhança também pode ser encontrada em Marieta Aguiar, autora do livro *A escola Rural em Minas Gerais (1928–1938)*, quando reflete sobre o sistema escolar mineiro, a autora articula que "[...] passando os olhos sobre o horário estabelecido pelo R. E. P.[39] de Minas Gerais,

---

[34] PINHO, 2007, p. 183.

[35] ÁVILA, 2013.

[36] MAGALHÃES JUNIOR; FARIAS, 2007.

[37] AGUIAR, (s/d).

[38] PROFESSOR, 1935.

[39] Em relação à sigla R.E.P., Cleide Maria Maciel de Melo (2010), ao pesquisar sobre o processo de escolarização em Minas Gerais, apontou que foi aprovado um Regulamento da Educação Primária (REP) em 15 de outubro de 1927, através do decreto n. 7.970. Nesse período era Francisco Campos quem estava à frente da

publicado em 1928 e ainda em vigor" a autora encontrou alguns problemas, pois "o programa da E. Rural não pode ser o mesmo do G. Escolar, onde cada professora trabalha 4 horas". Aguiar critica esse regulamento e diz que "[...] o Programa do Ensino Primário de M. G. – obra, aliás, de notável valor e que é um ótimo guia de orientação para uma professora dos Grupos ou E. Reunidos – apresenta uma lamentável lacuna quando trata da E. Rural".[40] Para consolidação da Escola Rural, afirmava a necessidade de um projeto educacional diferenciado adaptado a realidade singular do campo. Assim questionava que:

> [...] a maioria das professoras rurais não recebe nenhuma orientação direta e tem urgente necessidade de um programa especial, com orientação, lições e modelos. Não poderá o Governo do Estado imitar o exemplo de S. Amigos de Alberto Torres que através dos Clubes Agrícolas traz à Escola Rural uma nova vitalidade?[41]

Aguiar retoma a SAAT como uma instituição que promoveria ações adequadas para a educação no campo. Já Ruth Ivoty Torres da Silva, que foi professora no Rio Grande do Sul, de acordo com Doris Almeida e Luciene Grazziotin,[42] frequentou alguns cursos oferecidos pela SAAT e escreveu o livro *A Escola Primária Rural*, em 1951, com objetivo de ser um instrumento formativo para a docência nas escolas rurais. Segundo as autoras, Ruth Silva apresentou em sua obra algumas queixas sobre os problemas educacionais e as diferenças que existiam entre a realidade do campo e da cidade. Já Sud Mennucci, educador paulista, manteve uma profícua relação com a SAAT, sua proposta educacional coadunava com as concepções defendidas nesse espaço, sua atuação no universo político educacional de São Paulo era fruto de uma grande conexão com ideais da SAAT.[43]

Portanto, nota-se que a SAAT se estruturava com ramificações por todo o país, havia escritórios espalhados nas capitais dos estados e uma hierarquia complexa de

---

direção do ensino de Minas Gerais, ele é referendado pela historiografia como autor de uma das reformas educacionais que condiziam com a expressão de um projeto escolanovista na década de 1920.

[40] AGUIAR, s/d, p. 7.

[41] AGUIAR, s/d., p. 7–8

[42] ALMEIDA; GRAZZIOTIN; 2013, p. 133-146.

[43] FONSECA, 2014.

organização. Evidenciando sua intenção de se apresentar para sociedade como uma instituição de intervenção social. Uma intervenção em defesa da Educação Rural.

CONSIDERAÇÕES FINAIS

Mesmo com essa ação organizada em defesa de um projeto de Brasil, pode-se afirmar que a SAAT nasceu, viveu e morreu acompanhando os sonhos vislumbrados como possíveis durante a estadia de Vargas no poder. O fim do Estado Novo, a redemocratização, juntamente com o inevitável e irrefreável desenvolvimento urbano e industrial, colocou uma pá de cal nas aspirações ruralistas. Os projetos educacionais voltados para o meio rural foram se alterando com o tempo, se os defensores do agrarismo acreditavam em uma mudança no rumo civilizatório, com o passar dos anos, começaram a desenvolver projetos de intervenção em locais específicos, em espaços que a vida rural foi teimosamente permanecendo. Lima Barreto talvez, de maneira, visionária, já traçava o futuro desse projeto patriótico galgado no desenvolvimento da agricultura e vinculado profundamente nos valores da tradição.[44] Esse projeto não se efetivou, para visualizar tal *desvio* basta olhar pela janela mais próxima, o Brasil tornou-se um país urbano, distante do projeto ruralista.

Uma das críticas mais bem balizadas no período sobre as propostas ruralista para educação proveio do notável Fernando de Azevedo. Em meio a diversas polêmicas e ansiando marcar seu posicionamento educacional como o mais acertado para o futuro da nação, Azevedo proferiu uma palestra – que posteriormente tornou-se parte de seu livro: *A educação e seus problemas* (1937) – atacando os ruralistas.[45]

[44] "O tupi encontrou a incredibilidade geral, o riso, a mofa, o escárnio; e levou-o à loucura. Uma decepção. E a agricultura? Nada. As terras não eram ferazes e ela não era fácil como diziam os livros. Outra decepção. E, quando o seu patriotismo se fizera combatente, o que achara? Decepções. Onde estava a doçura de nossa gente? Pois ele não a viu combater como feras? Pois não a via matar prisioneiros, inúmeros? Outra decepção. [...] A pátria que quisera ter era um mito; um fantasma criado por ele no silêncio do seu gabinete. Nem à física, nem a moral, nem a intelectual, nem a política que julgava existir, havia". (BARRETO, 1989, p. 224).

[45] [...] entre os problemas particulares da educação, nenhum se tem prestado mais à exploração literária de espíritos superficiais do que o da educação rural, apesar de toda a sua importância e gravidade. Por menos que pareça, tratada quase sempre como um tema literário, com esse espirito romântico, cuja essência é a exaltação lírica e imaginativa da realidade e uma revolta contra o real, quando ele prejudica ou tende a refrear essa exaltação, essa questão primordial ainda permanece entre nós, indecisa e flutuante, em estado de nebulosa, sem pontos sólidos de ideias em torno das quais já se possa organizar a obra de educação das massas rurais. A regular pela energia enfática com que, nessa matéria, se tem escrito, entre nós, sob signo e em nome

Azevedo exibe que as propostas para educação rural representavam uma desvinculação do mundo real, já que não se atrelavam a novas formulações científicas, apontava que eram embasadas apenas em argumentos de cunho afetivo, pouco analítico da sociedade daquele período que marchava a passos largos na direção do urbanismo. Claro que nesse universo educacional cada sujeito procurava *puxar a sardinha* para seu lado, o argumento de Azevedo não estava isento de seus interesses políticos. Mas sem julgar sobre certo ou errado, o fato é que o campo foi se esvaziando. Contudo, muitos dos pensadores daquele período, independente do posicionamento político, mantiveram uma profunda admiração por Alberto Torres. Suas formulações, por vezes, eram disseminadas por grupos distintos que divergiam sobre o desenvolvimento nacional. Fernando de Azevedo era um dos admiradores de sua obra, assim, mesmo criticando os ruralistas, tecia elogios às propostas de organização nacional de Torres. As múltiplas leituras feitas sobre Torres indicam que seu nome foi difundido por diversas vertentes no período de Vargas, colaborando com a afirmação de Celso Vieira quando diz: "se a República velha foi o ciclo das ideias liberais de Rui Barbosa em declínio solar, a República nova é o ciclo das ideias sociais de Alberto Torres em desordenada elaboração".[46]

de uma política realista, de espírito prático e livre de preconceitos de que estariam impregnados 'reformadores de gabinete', dir-se-ia que já podíamos descansar sobre as conclusões dos que, abordando-a com maior insistência, têm feito dessa questão o núcleo central de campanhas escolares (AZEVEDO, 1946, p. 49).

[46] VIEIRA *apud* LIMA, 1935, p. 311-312

REFERÊNCIAS

AGUIAR, Marieta. *A Escola Rural em Minas (1928-1938)*. Santo Antônio do Amparo: R.M.V. Tartaria, [sem data].

ALMEIDA, D. B., GRAZZIOTIN, Luciane. A escola primária rural, de Ruth Ivoty Torres da Silva. In: AREAL, Rosana e MIGLIO, Ilka. (Org.). *Coleção Clássicos da Educação*. 3ed., v. III, Belo Horizonte: UFMG, 2013, p.133-146.

ÁVILA, Virgínia Pereira da Silva de. *História do ensino primário rural em São Paulo e Santa Catarina (1921-1952):* uma abordagem comparada/ Virgínia Pereira da Silva de Ávila. Araraquara, 2013, (tese).

AZEVEDO, Fernando. *A educação e seus problemas*. São Paulo: Nacional, 1946.

BACZKO, Bronislaw. Imaginação social. In: ROMANO, Ruggiero (org.). *Enciclopédia Einaudi*. Lisboa: Imprensa Nacional; Casa da Moeda, 1985.

BARRETO, Lima. *Triste Fim de policarpo Quaresma*. Livraria Garnier, 1989.

CARVALHO, José M. *A Formação das Almas:* O imaginário da República no Brasil. São Paulo: Companhia das Letras, 1990.

ENSINO, Revista do. Belo Horizonte: Imprensa Oficial do Estado de Minas Gerais, ano IX, n. 120-121, nov. e dez. 1935.

FARIA FILHO, Luciano Mendes de. *A Publicação das Obras Completas de Rui Barbosa*: edição e sociabilidades intelectuais - 1930-1949. Tese (Concurso para Professor Titular) - Faculdade de Educação, Universidade Federal de Minas Gerais, Belo Horizonte, 2012.

FERNANDES, Maria Fernanda Lombardi. Nacionalismo e Agrarismo em Alberto Torres. In: MENEZES, L. M.; TRONCOSO, H. C., MORA R. (Org.). *Intelectuais na América Latina: pensamento, contextos e instituições*. Dos processos de independência à globalização. - Rio de Janeiro: UERJ/LABIME, 2014.

FIORI, Neide Almeida. Clube agrícola em Santa Catarina: ruralismo e nacionalismo na escola. In: *Perspectiva*. Florianópolis, v.20, n. Especial, jul./dez.2002, p.231-260.

FONSECA, Henrique de Oliveira. *Em Defesa Da Ruralização do Ensino: Sud Mennucci e o debate político e educacional entre 1920 e 1930*. Universidade Federal de Minas Gerais, Belo Horizonte, 2014, (dissertação).

FREITAS, Marcos Cezar de. *A educação como tema do pensamento autoritário no Brasil*. Perspectiva. Florianópolis, UFSC/CED, NUP, n.20, 1993, p.53-86.

LAMOUNIER, Bolívar. Formação de um pensamento político autoritário na Primeira República: uma interpretação. In: BORIS, Fausto (org.). *O Brasil Republicano*. VII. Rio de Janeiro: Difel, 1985.

LIMA, Augusto Sabóia. *Alberto Torres e sua obra*. 2. ed. São Paulo: Companhia Editora Nacional, 1935.

MAGALHAES JUNIOR, A. G.; FARIAS, I. M. S. Ruralismo, Memórias e Práticas Educativas no Cotidiano da Primeira Escola Normal Rural do Brasil: a Escola Normal Rural de Juazeiro do Norte - CE (1934-1946). In: WERLE, F. O. C. (Org.). *Educação Rural em Perspectiva Internacional:* instituições, práticas e formação do professor. Ijuí: Unijuí, 2007, p. 53-78.

MELO, Cleide Maria Maciel de. *A infância em disputa: escolarização e socialização na reforma de ensino primário em Minas Gerais (1927)*. Universidade Federal de Minas Gerais, Belo Horizonte, 2010, (tese).

MENDONÇA, Sônia Regina. *O ruralismo brasileiro*. São Paulo: HUCITEC, 1997.

MONARCHA, Carlos. Cânon da reflexão ruralista no Brasil: Sud Mennucci. In: WERLE, Flávia Obino Corrêa (org.) *Educação rural em perspectiva internacional: instituições, práticas e formação do professor*. Ijuí, RS: Unijuí, 2007, p.19-54.

PEREIRA, P.L.; PINHEIRO, A. C. F. Os Clubes Agrícolas Escolares na Paraíba (1930-1934). In: *VIII Seminário Nacional de Estudos e Pesquisas* –, 2009, Campinas – SP. "História, Sociedade e Educação no Brasil", 2009.

PINHO, Larissa Assis. *Civilizar o Campo*: Educação e Saúde nos Cursos de Aperfeiçoamento para Professores Rurais- Fazenda do Rosário (Minas Gerais, 1947-1956). Belo Horizonte, Faculdade de Educação, UFMG, 2009 (dissertação).

PINHO, Silvia Oliveira Campos de. *Alberto Torres*: uma obra, várias leituras. Belo Horizonte, 2007 (dissertação).

PROFESSOR, Revista do. São Paulo, Centro do Professorado Paulista (CPP), ano II, n.8, dez. jan. 1935.

____________, Revista do. São Paulo, Centro do Professorado Paulista (CPP), ano III, n.16, set. 1936.

ROCHA, Marlos Bessa Mendes da. *Matrizes da Modernidade Republicana*: cultura e política e pensamento educacional no Brasil. Campinas, SP. Autores Associados: Brasília, DF: Editora Plano, 2004.

THIELEN, Eduardo V.; SANTOS; Ricardo A. Belisário Penna: notas fotobiográficas. *História, Ciência, Saúde*; Vol. 9 (2), Manguinhos, Rio de Janeiro,2002, p.387- 404.

TORRES, A. *A organização nacional.* SP, Editora Nacional, 1978.

____________. *As fontes da vida Brasil.* 2ª ed. Rio de Janeiro: Editora da Fundação Getúlio Vargas, 1990.

Constituição do aprendizado agrícola de Barbacena (1910-1933): projeto de modernização do rural

Bruno Geraldo Alves
Ana Carolina de Almeida Bergamaschi

Tomando por referência os primeiros decênios do século XX como um momento em que a demanda pelo ensino agrícola esteve fortemente presente em discursos de políticos e educadores, este texto focaliza o projeto educacional desenvolvido no Aprendizado Agrícola de Barbacena, à luz de sua inserção política e pedagógica no cenário educacional de Minas Gerais, no período de 1910 a 1933.

Os Aprendizados Agrícolas foram criados a partir do decreto n° 8319, de 20 de outubro de 1910, que organizou o ensino agronômico no Brasil[1]. Nesse momento, os Aprendizados assumem um caráter estratégico para a formação do trabalhador agrícola, em nível primário, temática ainda pouco privilegiada pelos historiadores da educação[2].

[1] O capítulo II trata da organização do ensino agrícola, como se verifica no artigo descrito a seguir: Art. 2.. O ensino agricola terá as seguintes divisões: 1. Ensino superior. 2. Ensino médio ou theorico-pratico. 3. Ensino pratico. 4. Aprendizados agricolas. 5. Ensino primario agricolas. 6. Escolas especiaes de agricultura. 7. Escolas domesticas agricolas. 8. Cursos ambulantes. 9. Cursos connexos com o ensino agricola. 10. Consultas agricolas. 11. Conferencias agrícolas (BRASIL, 1910, grifos nossos).

[2] Apesar da maior organização do campo de discussão sobre a História da Educação no Brasil, propiciando a articulação e promovendo um maior intercâmbio de pesquisas, metodologias, fontes e temas, observamos que a educação, abordada numa perspectiva histórica, apresenta algumas lacunas consideráveis. Uma delas, especificamente, é a educação rural. Ver, por exemplo, DAMASCENO & BESERRA (2004); PINHO (2009); MENDONÇA (2007); VERSIEUX (2010).

De acordo com os estudos de Marco Arlindo Nery (2006), entre os anos de 1910 e 1912, foram fundados oito Aprendizados, distribuídos entre quatro regiões brasileiras: dois no Sul, dois no Sudeste, três no Nordeste e um no Norte. Porém, no ano de 1914, quatro dos oito Aprendizados foram extintos, restando apenas o de Barbacena (MG), o de São Luís das Missões (RS), o de Satuba (AL) e o da Bahia (BA).

O Aprendizado Agrícola de Barbacena, subordinado ao Ministério da Agricultura, Indústria e Comércio, foi criado, em 1910, no governo de Nilo Peçanha, com a finalidade de ensinar aos filhos de pequenos agricultores e trabalhadores rurais a arte do cultivo da terra.

Para tratar da sua organização, consideramos desde o período em que fora criado até o ano de 1933, quando é elevado a Escola Agrícola de Barbacena, buscando problematizar as concepções em torno do ensino rural brasileiro, pautadas a partir de ideário de modernização, o projeto educacional implantado nesse Aprendizado. A partir dos pressupostos da história social e de aspectos da história cultural, foram analisadas fontes escritas variadas que abarcam, principalmente, os documentos administrativos e pedagógicos ligados ao funcionamento da escola[3], as discussões veiculadas na imprensa barbacenense[4], a legislação e os relatórios do Ministério da Agricultura, Indústria e Comércio (MAIC).

Nos primeiros decênios do século XX, o Brasil era um país essencialmente rural. De acordo com dados do Anuário Estatístico do Brasil (1936), em meados dos anos 1930, 77% da população viviam na área rural e 23% na área urbana[5]. Nesse contexto, a demanda pelo ensino agrícola e pela profissionalização do trabalhador do meio rural estava fortemente presente em um discurso modernizador pautado no ideário do Estado Republicano. Conforme indica Jorge Nascimento, é certo que esse período trouxe transformações no discurso sobre o ensino agrícola, porém "não se pode afirmar que tais preocupações e concepções eram novas na sociedade brasileira"[6].

[3] Acervo do antigo Aprendizado Agrícola de Barbacena, atual Instituto Federal de Educação, Ciência e Tecnologia – Sudeste MG.

[4] Para efeitos desse estudo, consideramos exemplares do jornal *O Sericicultor* (1906-1923), disponíveis no arquivo público de Barbacena MG.

[5] De acordo com o IBGE, a população é denominada urbana ou rural segundo a localização dos domicílios em relação ao perímetro urbano estabelecido por lei municipal. A situação urbana abrange as áreas correspondentes às cidades (sedes municipais), vilas (sedes distritais) ou áreas urbanas isoladas.

[6] NASCIMENTO, 2004, p. 32.

De fato, no Brasil, desde o período imperial, é possível identificar propostas de educação para o trabalho no meio rural. Conforme os estudos de Mary del Priore e Renato Venâncio (2006), com o avanço da campanha abolicionista surgem iniciativas de ensino agrícola, como uma "forma de 'regenerar' a mão de obra do campo, tanto no que diz respeito aos efeitos negativos da escravidão, quanto ao desejo de autonomia gerado pela imensa fronteira agrícola existente"[7]. Após a Lei do Ventre Livre (1871), por exemplo, destacam-se instituições como colônias e asilos orfanológicos para o atendimento aos ingênuos. Marcus Vinicius Fonseca (2002) afirma que a criação destas instituições estava associada, por um lado, à necessidade de instrução e formação do trabalhador nacional, e por outro lado, seria a via pela qual se sanaria o que ficou conhecido como a crise da lavoura, representação provocada principalmente pela falta de mão de obra no campo durante o processo abolicionista no país[8]. Neste contexto, instaurou-se uma tradição de associar formação rural a crianças marginalizadas social e economicamente.

Segundo Nascimento, entre as mudanças no discurso acerca do ensino agrícola na Primeira República destaca-se, de um lado, "a busca de legitimação política do regime", e de outro, a busca de legitimação das ciências agrárias, assim como outros campos acadêmicos, "sob a condição de serem os conhecimentos científicos suficientes para a solução dos problemas da atividade agropecuária"[9]. Nesse sentido, o autor destaca que esse "processo de difusão das ciências aplicadas à agricultura" culminou na expansão das escolas superiores de Agricultura e de redes de estações experimentais, bem como na criação de Patronatos e Aprendizados Agrícolas.

Nesse sentido, para compreender o significado do ensino agrícola, bem como a criação dos Aprendizados no início da República, é preciso, primeiramente, "buscar a separação entre o ensino profissional e a assistência à infância pobre e desamparada". Segundo Miriam Jorge Warde[10], "as escolas profissionais foram depositárias de propostas de modernização dos processos de preparação ou formação para o trabalho nas quais registram-se apropriações peculiares de diferentes padrões norte-americanos de articulação entre educação e trabalho".

[7] PRIORE; VENÂNCIO, 2006, p.176.

[8] FONSECA, 2002, p.74.

[9] NASCIMENTO, 2004, p. 32.

[10] *Apud* NASCIMENTO, 2004, p. 32.

O destacado foco sobre a modernização da sociedade brasileira produziu e difundiu um olhar específico para o meio rural e para aqueles que nele habitam, a partir de concepções desqualificadoras e imagens idealizadas, as quais foram incorporadas às representações que, de certa forma, permeavam os argumentos para a elaboração de políticas públicas de ensino rural. Tais propostas partem da prévia definição de demandas, delineadas a partir de ideias que convergiam para a concepção de desenvolvimento nacional[11].

Segundo Liane Bertucci, Luciano Faria Filho e Marcus Oliveira (2010), uma das possibilidades de leitura dessa modernização é conectá-la com

> as mudanças no plano do industrialismo e da racionalização, mas também com um forte assento no desenvolvimento de uma nova sensibilidade interior, marcado pela ideia de cultura como refino do espírito. [...] O capitalismo forja lentamente novas sensibilidades a partir, basicamente, de um longo período revolucionário que tem na técnica e na reprodução um dos sues mais fortes vetores. [...] A ideia de uma padronização universal de determinados modos burgueses opera no sentido de obliterar formas alternativas de organização da cultura, ainda que elas permaneçam latentes. [12]

Tratar das concepções relativas ao ensino agrícola nos remete a discussões e a tensões entre o par campo e cidade, considerando essas categorias como construções sócio históricas, inevitavelmente apoiadas em um conjunto de representações sobre a realidade. Dessa maneira, cabe problematizar como o ideário da modernização, acompanhado dessas categorias, incidia sobre o discurso educacional e sobre um ideário pedagógico destinado à população rural, como veremos adiante.

Tomando as considerações de Sônia Regina de Mendonça (2007), faz-se necessário uma maior problematização das relações entre Estado e Educação Rural; ampliar o foco entre educação rural para além do desenvolvimento do capitalismo; buscar entender que esta relação merece atenção especial, devido à inerente conflitualidade na configuração de suas políticas. Existiria nesse cenário uma ênfase

[11] OLIVEIRA, ALVES e GARCIA, 2010, p.1.

[12] BERTUCCI, FARIA FILHO, OLIVEIRA, 2010, p. 82/83.

dialógica entre "saber e poder" ou, ainda, nas dinâmicas entre táticas e estratégias expressas nas práticas das culturas políticas e das culturas escolares.

Para pensarmos a organização do ensino agrícola, no Brasil, pelas vias do estado de Minas Gerais, no período proposto, buscando diálogo com os pressupostos e contribuições para a escrita da história a partir dos estudos de Certeau (1994; 2008), pretendemos articular, o modelo polemológico, expressão das diferenças entre estratégias e táticas, os conceitos e entendimentos afetos ao campo de pesquisa em História da Educação[13] – tais como instituições educacionais e cultura escolar – bem como os pressupostos de cultura política[14]. Além disso, entendemos que embora não seja possível enxergar a sociedade a partir de um fragmento social, por mais que ele seja cuidadosamente escolhido, é possível enxergar algo da realidade social que envolve o fragmento examinado. Como defende Jacques Revel,

> trata-se, portanto de desnaturalizar – ou ao menos de desbanalizar – os mecanismos de agregação e de associação, insistindo nas modalidades relacionais que os tornam possíveis, recuperando as mediações existentes entre "a racionalização individual e a identidade coletiva".[15]

Deste modo, pretendemos captar o projeto educacional debatido e implantado no Aprendizado Agrícola de Barbacena a partir das lentes da escola, problematizando as situações concretas vividas no âmbito educacional, sem, entretanto, desconsiderar sua inserção social e política nos primeiros anos republicanos.

---

[13] Além disso, buscamos estar alinhados as discussões mais recentes, entendendo que a partir da década de 1990, no Brasil, há uma nova configuração nos procedimentos de narrativa da História da Educação (LOPES; GALVÃO, (2001) e BICCAS; GALVÃO; GONDRA; ZERBINATTI (2008).). Existe um esforço de pesquisadores em investigar temas antes não considerados, ampliando o conceito de fontes, trazendo novos interesses, novos problemas e novos critérios de rigor científico.

[14] Os estudos de cultura política se inserem nas interseções de história cultural e história política. Ver PESAVENTO, *op. cit.*, p.76-77 e FERREIRA (1992). A ênfase proposta pelos estudos de cultura política é trabalhar a política não apenas no nível da consciência e da ação informada por projetos e interesses claros e racionais, mas também no nível do inconsciente, das representações, do comportamento e dos valores (MOTTA, 2009).

[15] REVEL, 1998, p. 25.

INSTRUINDO JOVENS NO COTIDIANO DO APRENDIZADO AGRÍCOLA DE BARBACENA: PRÁTICAS E DISCURSOS EM TORNO DO ENSINO AGRÍCOLA

> O ensino agrícola, um dos mais importantes problemas da administração publica em nosso paiz, factor principal da nossa grandeza economica, porque delle depende o progresso da nossa agricultura, precisa ser encarado seriamente pelos nossos agricultores, que, fazendo instruir seus filhos para profissão que abraçaram, verão em breve tempo as suas colheitas augmentadas e melhoradas.[16]

No discurso político que apregoava o progresso da agricultura no Brasil, na transição do século XIX e nas primeiras décadas do século XX, dois ideais destacavam-se: primeiro, o necessário empenho dos agricultores para a instrução de seus filhos, segundo, que houvesse uma sólida e extensa implementação de um projeto educacional que fosse destinado à formação de trabalhadores rurais nas ditas modernas práticas agrícolas. Essa é a problemática presente na palestra proferida pelo diretor do Aprendizado Agrícola de Barbacena, Diaulas Abreu, para o jornal *O Sericultor.*[17]

Desde a sua criação, o Aprendizado teve como um de seus fins formar trabalhadores aptos nos diferentes serviços da propriedade rural, principalmente nos que se referem a "fructicultura, á horticultura e as industrias que dellas derivam tendo como accessorios a apicultura e a criação de animaes domésticos mais uteis ao pequeno cultivador,[18] sendo o ensino essencialmente prático, devendo aproveitar, de preferência, os filhos de pequenos proprietários e trabalhadores rurais[19] que buscam conhecimento, "nas referidas especialidades, na cultura, tratamento, multiplicação,

---

[16] *O Sericicultor* – 07 de maio de 1918.

[17] O jornal *O Sericicultor* circulou na cidade de Barbacena entre os anos de 1906 e 1923. Fundado e editado por Amilcar Savassi, o periódico era apresentado como "órgão de propaganda agrícola, comercial e industrial". Segundo o relatório do Ministério da Agricultura "As sociedades, os syndicatos, e cooperativas agrícolas, precisando doutrinar os princípios que determinaram sua fundação, constituíram, entre outros orgãos" (BRASIL. RMAIC, 1908, p. 10-11), o periódico e mais um conjunto de outros espalhados pelo território nacional, a partir tais premissas.

[18] BRASIL, 1911.

[19] Apesar da legislação e do discurso do diretor preconizarem a matrícula de filhos de agricultores, foi possível detectar nas fontes diferentes critérios para ingresso no Aprendizado. Conforme orientação expedida

acclimatação o melhoramento das plantas fructiferas e hortenses e nos processos de conservação, emballagem, transporte e comércio, assim como no fabrico de conservas, geleias, vinhos, licores etc"[20].

As atividades no Aprendizado iniciaram-se no ano de 1913, com a oferta de dois cursos: curso regular ou profissional e anexo ou primário. De acordo com o Regulamento, o primeiro, com duração de dois anos, é um ensino teórico elementar, de forma a "esclarecer e guiar os alumnos para melhor execução dos trabalhos a seu cargo"[21]. Para ser admitido nesse curso, o candidato deveria ter boa conduta, constituição física que o tornasse apto para o serviço no campo, ser vacinado, revacinado, não sofrer de moléstias contagiosas, idade entre quatorze e dezoito anos, além de aprovação no exame de admissão que versava sobre as matérias do curso primário.

O curso anexo divide-se em preparatório, com duração de três anos, e curso de adultos destinado a trabalhadores rurais que não sabiam ler e escrever. Para ingresso nesse curso a boa conduta e a avaliação física também era condição obrigatória. O objetivo do Preparatório era a oferta do curso primário a crianças e jovens – com idades entre onze e dezesseis anos – que dele precisassem para acesso ao curso regular. O programa inclui matérias próprias do curso primário e noções de história natural e de agricultura, "com o fim de lhes despertar interesse pela vida agrícola".

O ensino dessas noções deveria ser ministrado de acordo com a gradação escolar, isto é, curso elementar, médio e superior. Conforme informação contida em relatório do Ministério da Agricultura, nos primeiros anos de atividades do Aprendizado funcionaram apenas os cursos elementar e médio "por não haverem ainda revelado os matriculados neste ultimo o preparo indispensavel para o superior"[22]. Esse dado, bem como a necessidade de oferta do curso primário em uma escola profissional, remete-nos à precariedade desse nível de ensino no período estudado. Dessa forma, o cenário educacional à época aponta que uma parcela significativa de brasileiros continuava sem acesso à escola, sendo que, em 1920, aproximadamente

pelo Ministério da Agricultura, os alunos se dividiam em três grupos: o de filho de agricultores, o de órfãos e os demais alunos.

[20] BRASIL, 1911.

[21] *Idem.*

[22] BRASIL. RMAIC, 1913, p. 11.

75% eram analfabetos[23].

Se a instrução era uma necessidade premente, a escola não parecia investir nesse nível de aprendizagem para os alunos do curso Preparatório. Regimentalmente o curso não consistia em um "curso sistemático de agricultura", entretanto as fontes indicam que os alunos estavam preferencialmente inseridos nos trabalhos práticos de agricultura. No campo de observações dos diários de classe, por exemplo, é recorrente os escritos: "Não houve aula. Alunos escalados para o campo", "Alunos em serviço no campo", "Trabalho no campo". Além disso, os trabalhos práticos eram feitos preferencialmente pelos alunos, mantendo um mínimo possível de funcionários para tal. Dessa forma, o Aprendizado teria organização similar a uma pequena propriedade agrícola "orientada pelos modernos methodos culturaes e dispondo dos meios necessários para obter o maior rendimento útil de suas culturas e das industrias correlativas"[24].

Os relatórios elaborados semanalmente pelos alunos nos dão a ver minúcias do trabalho executado em cada núcleo ou oficina, como verificamos nas narrações a seguir.

> Barbacena, 5/4/932. Snr. Diretor. Apresento-vos o relatório dos serviços executados pelos alunos da 2ª turma do curso Profissional. [...] Dia 2. Os alunos 51 - 78 e 79, trabalharam 8 horas e o 75, 3 na fabrica de conservas fazendo goiabada. Foram feitas 102 latas desse doce, sendo gastos para tal 284 kilos de goiabas e 76 de assucar. [...] O relator.[25]

> Relatório dos Alunos da 4ª turma. 22 de maio à 02 de junho de 1926. Senhor Director. A turma toda trabalhou das 02 as 17 na officina de couro pondo meias solas, sendo que cada um poz em dois pares; Francisco Rosa no dia 28 ajudou a um alumno do curso de adaptação a fazer um par de botinas novas. O Relator.

> Dia 24 de novembro de 1926. Eu, Miguel Rocha, João Lodi, João Teixeira e Milton de Almeida, trabalhamos na officina de madeira, com o Senhor Ramiro

[23] GREIVE, 2007, p. 253.

[24] BRASIL, 1911.

[25] AAB, Relatório de serviços executados pelos alunos, 1932.

> Couto, plainando peças de caibres para fazer um cabo para carrinho de mão. Ildefonso, Helio e Agostinho trabalharam na mesma officina lixando com uma lixa n.03 o portão para entrada deste estabelecimento. O relator.
>
> Dezembro de 1926. Relatório de zootechinia. Senhor Director. Dia 03. Das 12 as 17 horas trabalhei na pocilga, em companhia do meu collega do primeiro anno Alberto Baião fazendo os seguintes serviços: prendemos os leitões que estavam soltos, cortamos a mandioca na machina, acertamos e arreigamos a etrumeira, serviço este que foi feito em 30 minutos, desentupimos os encanamentos de escoamento das águas que shaem das pias internas, lavei a lata de sangue, ajudamos a distribuir a ração dos porcos e meu companheiro ainda fez a limpeza em redor da possilga e moeu sangue. [...].[26]

Esses relatórios, previstos no Regimento Interno, também serviam como instrumento de diálogo com a Diretoria do Aprendizado, o que justifica o apreço aos detalhes dos trabalhos executados nesses núcleos ou oficinas. Além disso, a partir das demonstrações nos trabalhos práticos e desses relatos escritos diariamente, os chefes de trabalho se responsabilizavam em registrar e controlar a aplicação e o comportamento de cada aluno em ficha própria.

A partir dessas anotações era organizado, em um livro apropriado, as notas diárias que indicavam se a aplicação do aluno foi "*medíocre, regular ou notável*", bem como o controle do número de horas de trabalho e, por fim, as notas referentes ao comportamento. Esse registro detalhado, detinha, um duplo objetivo: alcançar o aproveitamento máximo da aprendizagem técnica e a preparação adequada para o exercício do oficio, mas também exercer a função de molde para novos hábitos disciplinares.

A crença na instrução da juventude, como condição estratégica para atingir o progresso, a modernização, o desenvolvimento da agricultura parecia investimento comum no período e um dos campos de ação do Aprendizado. O combate a prática rotineira, considerada rústica e atrasada, parecia se dar pela crença na instrução nessa etapa de vida, que garantiria o por vir da produção agrícola e, ao mesmo tempo, estancaria em curto espaço de tempo, os impactos geracionais e as desconfianças

[26] AAB, Relatório de serviços executados pelos alunos, 1926.

dos produtores mais velhos. Seria, portanto, na volta daqueles jovens instruídos para suas roças, fazendas, unidades produtoras, ponto crucial para a mudança de hábitos e o desenvolvimento de práticas modernas no uso da terra.

Este ideal tinha na formação pelo trabalho o mote principal de sua articulação. Vemos por exemplo que de acordo com o Art. 29 do Regimento Interno, cada seis horas de trabalho correspondia a um dia de trabalho, que dava direito a percepção de uma diária caso a aplicação fosse notável ou regular. Essa estratégia, como nos aponta Luciano Mendes de Faria Filho (1991), era perceptível em outras instituições no período e com objetivo de formação com alguma similitude. Atrelava-se um sentido incentivador e ao mesmo tempo disciplinador, afinal as diárias, os pagamentos pelos trabalhos desenvolvidos, estavam relacionados com o rendimento favorável nas atividades. Além disso, segundo o autor,

> O certo é que, como já estamos vendo, a aprendizagem do valor do trabalho vai se dando através da aprendizagem de hábitos e atitudes a que, cotidianamente, os trabalhadores no conjunto das relações, do trabalho ao lar, do lazer à escola, do campo à cidade, da rua à fábrica, precisam estar atentos se querem "ser dignos, respeitados e honrados" [...] A construção, no imaginário social de nossas sociedades, da noção de que "tempo é dinheiro", de que o homem honrado dever viver do trabalho assalariado, foi um processo histórico ao qual o trabalhador foi sendo submetido ao longo da constituição do sistema capitalista. Nesse sentido, o trabalhador formado no Instituto deveria assimilar a ideia de que sua vivência, sua subsistência deveriam ser garantidas pelo salário conseguido com seu trabalho, e não através de meios escusos.[27]

Também era parte desse projeto a formação que incidia nos modos de agir e na constituição de novos hábitos, para além do conhecimento técnico, dava-se atenção, portanto, a um processo educativo preocupado em moralizar e disciplinar os futuros trabalhadores.

Regimentalmente os alunos estavam sujeitos a restrições e punições a partir da vigilância atenta dos inspetores e guardas, o que observamos em certos artigos do Regimento Interno (1917) como:

[27] FARIA FILHO, 1991, p. 112 e 124.

> Art. 30. [...] Terminada a lição o professor fará signal aos alumnos para que se levantem não permittindo que o façam com pressa ou barulho. Os alumnos sahirão na mesma ordem em que entrarem sendo recebidos na varanda pelos instructores que os farão formar novamente dous a dous e os conduzirão ao refeitorio, si fôr hora do almoço, ou merenda, ou darão signal para recreio ou sahida. Art. 31. Com exceção das horas destinadas ao recreio, os alumnos não poderão conversar. Art. 32. No recreio não serão permittidos sinão jogos e brincadeiras de meninos bem educados. Art. 33. A área destinada ao recreio compreende o pateo, varandas e o salao do edifício do refeitorio somente nos dias de chuva e á noite. O alumno que sahir dessa área será admoestado pelos inspectores e guardas, e, si reincidir, ficará privado de recreio.[28]

De acordo com a gravidade da falta cometida pelo aluno, as penalidades[29] eram aplicadas pelo auxiliar agrônomo, passando pelos professores (primário e adjunto), inspetores, chefes de trabalhos práticos, pelo próprio diretor ou mesmo pelo ministro, em casos de expulsão.

A partir dos documentos escolares, é certo que, para a tentativa de imposição desse rígido sistema disciplinar, uma série de medidas foram tomadas. Entre as cartas enviadas pelo diretor ao Ministério da Agricultura, por exemplo, encontramos um inquérito aberto pela diretoria da escola pelos motivos expostos a seguir.

> Tendo chegado ao conhecimento desta directoria que alguns alumnos vinham prejudicando a disciplina no estabelecimento, fosse pela pratica de actos contrários à moral ou por se manterem avessos aos preceitos disciplinares e mesmo ainda influenciando colegas no sentido de embaraçarem a acção disciplinadora da directoria deste Aprendizado, designei uma comissão para proceder a inquérito que apurasse o que de irregular houvesse entre os alumnos. Dos depoimentos de 65 alumnos, feitos no espaço de 9 dias, tendo, desde logo, resultado a prova de culpa contra 28 delles, determinei, preliminarmente, a suspensão dos mesmos, que foram então retirados para as casas de seus pais

[28] AAB, REGIMENTO INTERNO, 1917, p. 6.

[29] As penalidades eram as seguintes: 1. observação ou reprehensão; 2. exclusão momentânea da aula, dos trabalhos práticos e dos exercicios physicos; 3. privação de recreio; 4. reprehensão pelo director em seu gabinete ou na presença de alumnos, conforme a falta; 5. privação de sahida; 6. suppressão de diarias; 7. suspensão das aulas por oito dias; 8. expulsão do estabelecimento (AAB. REGIMENTO INTERNO, 1917, p. 7).

> e responsáveis. A comissão de inquérito [...] opinou pela exclusão de 26 dos mencionados alumnos, pelo que peço-vos autorização para tornal-a effectiva, a bem do renome de que sempre tem gozado este estabelecimento.[30]

Contudo, apesar da punição expressa na passagem acima, e de ser recorrente em outros estudos o caráter disciplinador[31] e rigoroso presente também no cotidiano dos Aprendizados, é perceptível a resistência desses alunos frente a esse regime, numa perspectiva das táticas, de microliberdades "gazeteiras"[32]. A fuga dos alunos, por exemplo,[33] registrada em cartas – escritas pelo Diretor e enviadas às famílias –, solicitando providência e informando a sansão a ser sofrida caso o fugitivo não retornasse, indica a existência de múltiplas formas dos sujeitos se apropriarem das condições e dos lugares formais, de forma criativa e fragmentária, aproveitando para criarem espaços de ação.

Percebemos, ainda, para além dos regimentos e estatutos, estratégias diferenciadas, ações que buscaram equilibrar punição com premiação e que negociavam momentos de autonomia frente aos alunos e seus familiares.

Tais situações nos permitem inferir que essa disciplina parece ter relação tanto com as questões estritas ao comportamento e a tentativa de manutenção da ordem numa instituição para jovens internos, como também ao ideal de constituição de um Aprendizado diferenciado, singular, modelo de desempenho pedagógico e prático com aproveitamento em nível de excelência nos cursos ofertados.

Dessa maneira, os bons alunos que se destacavam, recorrentemente, eram beneficiados por seu desempenho, sendo inclusive admitidos como funcionários pelo próprio Aprendizado, como mostra o relato publicado pelo Ministério da Agricultura: "terminaram o curso 4 alumnos, 3 dos quaes foram logo admitidos como trabalhadores, [...] mantendo-se dois no serviço do Aprendizado com relevante utilidade

---

[30] AAB, Cartas do Diretor, 1926, p. 282A.

[31] Ver, NEUVALD, 1996; MARQUES, 2004.

[32] MORAES; GAMBETA, 2011.

[33] Como exemplo, podemos citar trechos de cartas enviadas aos pais: "informo-vos que o mesmo, tendo sahido no último domingo em passeio, embarcou para ahi sem autoctorisação[...]" (AAB, 1926, p.78); "Constando-me achar-se em vossa companhia o menor [...], evadido deste Aprendizado, conforme communiquei ao progenitor do mesmo em officio n° 8, de 2 do corrente, communico-vos que o referido menor deverá se apresentar neste aprendizado com urgencia." (AAB, 1924, p. 16).

para o estabelecimento, visto servirem de guia aos alumnos nos trabalhos práticos"[34] Ou mesmo atendendo ao próprio regulamento[35], o diretor intervia junto ao ministro em beneficio de um aluno destaque,

> Sr. Ministro da Agricultura, Industria e Commercio. Para os fins convenientes, tenho a honra de passar às vossas mãos a inclusa petição do ex-alumno deste Aprendizado e actual arador da Delegacia do Serviço do Algodão no Estado da Bahia, [...], na qual o mesmo vos solicita a concessão gratuita de um lote de terreno no antigo Centro Agrícola "Sabino Vieira". [...] Outrosim, tenho a honra de vos informar que [...] foi o mais distincto da turma de alumnos que terminaram o curso deste Aprendizado em Junho de 1923, pelo que penso ser da maior justiça a concessão pelo mesmo requerida. Saúde e Fraternidade.[36]

Por fim, outro campo de ação impregnado na prática desenvolvida, que buscava eliminar os entraves e implementar as técnicas consideradas modernas, advinha do uso e da divulgação de um extenso maquinário e de ferramentas e métodos reconhecidos e praticados no exterior. Este impulso era expresso no jornal local de forma recorrente, como verificamos a seguir.

> Esteve durante dous dias da semana passada, nesta cidade, o illustre Dr, José Custodio Alves de Lima, de S. Paulo, que veio visitar o Aprendizado Agricola, [...]. Em conversa com o Dr. Diaulas elogiou muito o emprego da dynamite na lavoura, referindo-se às que se fazem nos Estados Unidos, onde reside ha longos annos. O Dr. Diaulas disse-lhe então, que já havia empregado esse explosivo, e, com o snr. Brainard, Instructor Agricola no Aprendizado, proporcionou-lhe algumas experiencias em pomares com terreno de sub-solo de cascalho, dando excellentes resultados.[37]

Em resposta à publicação da notícia pelo jornal, o diretor do Aprendizado,

---

[34] BRASIL-RAMAIC, 1916, p. 16.

[35] O Art. 59 do regulamento aprovado para o Aprendizado Agrícola aponta que "serão também preferidos na acquisição de lotes nos centros agrícolas, e ao que mais se houver distinguido, por sua conducta e aproveitamento, poderá o Governo conceder um lote gratuitamente" (BRASIL, 1911)

[36] AAB, Cartas do Diretor (1927).

[37] *O Sericicultor*, 01 de dezembro de 1912, n.. 174.

que utilizava aquele meio de informação para repassar as ações realizadas na instituição, endossou a matéria, apresentando exemplos de outras práticas desenvolvidas no Aprendizado.

> Li hontem em seu jornal uma noticia sobre o emprego da dynamite na lavoura, que muito apreciei como propaganda de um processo moderno applicado aos trabalhos agricolas [...] Aqui no Aprendizado já a empregamos várias vezes [...]. Faremos ainda este anno a applicação da dynamite em pomares, cujo sub-solo contem cascalho, o que tem prejudicado muito o crescimento das arvores pelo facto das raizes não se aprofundarem [...]. O resultado que obtivermos com essa experiencia será communicado ao seu jornal para devido conhecimento dos seus innumeros leitores.[38]

Tais trabalhos eram demonstrações de como fazer, apontamentos na prática de ações que teriam obtido êxito, com maior produtividade em curto tempo. O sentido de vitrine ou de demonstração era um dos objetivos intrínsecos às práticas realizadas, o que ficava exposto nos exemplos dados pelo diretor:

> Ha tempos, um fazendeiro deste municipio, aliás considerado como agricultor adeantado, em visita a este aprendizado, me disse que tinha arado (só possuia um!) mas que esse mesmo não trabalhava satisfactoriamente, porque não enterrava bem matto, isto é, não revirava vem a terra. Era um arado de aiveca, proprio para terrenos leves e que por isso mesmo não poderia trabalhar bem no solo argilloso em que estava sendo empregado.Aconteceu que havia, exactamente na occasião, um arado lavrado um solo argilloso, coberto de matto de m.0.50 de altura, que ia sendo completamente enterrado, cujo trabalho enthusiasmou o referido fazendeiro que não se conteve e me disse: " A ignorancia de tudo que estou vendo e ouvindo é que é o nosso mal".[39]

Diante disso, podemos assinalar que as proposições pedagógicas do Aprendizado Agrícola de Barbacena estiveram fortemente ligadas às aspirações de progresso do país que ainda era rural e de modernização das atividades econômicas e sociais.

[38] *Idem*, 01 de dezembro de 1912.

[39] *Idem*, 07 de maio de 1918.

Destaca-se, assim, o discurso que enfatiza a superioridade do meio urbano em detrimento ao meio rural, que aponta como necessidade primeira a busca do aprimoramento técnico e da constituição de novos costumes e hábitos para acabar de vez com os grandes males que afligiriam o homem do meio rural: o trabalho rotineiro e a ignorância.

CONSIDERAÇÕES FINAIS

A partir das discussões empreendidas nesse trabalho buscamos afinar diálogos com o campo de estudo que se ocupa com os projetos para a educação do meio rural brasileiro, nos primeiros anos republicanos. Para tal, consideramos algumas impressões que nos mobilizaram como a criação dos Aprendizados Agrícolas enquanto parte do projeto de modernização para o meio rural e o processo de construção das práticas educativas, envolvendo, é claro, os diferentes sujeitos escolares.

A tentativa não foi de dicotomizar as práticas entre formais e furtivas/informais, enquadrar ou enrijecer ações, mas problematizar aspectos que impactam as experiências dos sujeitos escolares frente às formalidades das práticas, as relações de poder e de representações deste. Instigados pela possibilidade da caça, do golpe é que buscamos o diálogo, atentos à marginalidade de uma historiografia nos termos certeaunianos.

Através das fontes, podemos inferir que a trajetória ininterrupta do referido Aprendizado – o que o diferencia dos demais, e as ações empreendidas ali, culminaram na elevação da instituição a Escola Agrícola de Barbacena, no ano de 1933, sendo considerada instituição modelar para o ensino agrícola brasileiro.

Nesse sentido, as práticas prescritas e por vezes desenvolvidas no Aprendizado Agrícola de Barbacena sinalizam para uma experiência que lidou com as demandas de seu tempo de forma exitosa, constituindo-se, naquele momento, como possibilidade de vislumbrar ações mais duradouras voltadas para o ensino rural. Porém, não sem tensões.

Como ressaltamos, a rigidez na disciplina escolar e a constituição de um sistema de punições austero aponta para a necessidade de controlar os atos furtivos dos alunos, futuros trabalhadores do meio rural. As constantes estratégias empreendidas para negociações indicam uma certa inadequação da proposta educacional aos interesses de seu público. E, tal inadequação corrobora com a hipótese de que as propostas elaboradas para vida rural frequentemente foram baseadas na vida urbana.

Nesse sentido, indicamos que, para compreender as concepções do ensino agrícola nas primeiras décadas republicanas faz-se necessário considerar as contradições entre o meio rural e meio urbano, inscritas nos debates e nas proposições políticas e pedagógicas.

REFERÊNCIAS

BERTUCCI, L. M., FARIA FILHO, L. M., OLIVEIRA, M. A. T. *Edward P. Thompson, história e formação*. Belo Horizonte: Editora UFMG, 2010.

BICCAS, M. S.; GALVÃO, A. M. de O; GONDRA, J. G.; ZERBINATTI, D. de M. A produção da história da educação na Revista Brasileira de História da Educação (2001-2007). RBHE, v. 8, n. 1 [16] (2008).

CERTEAU, M. de. *A escrita da história*. 2. ed. Rio de Janeiro: Forense Universitária, 2008.

_________. *A invenção do Cotidiano*. Petrópolis: Vozes, 1994.

DAMASCENO, M. N. & BESERRA, B. Estudos sobre educação rural no Brasil: estado da arte e perspectivas. *Educação e Pesquisa*, São Paulo, v.30, n.1, jan./abr. 2004, p.73-89.

DEL PRIORE, M., VENANCIO, R. *Uma história da vida rural no Brasil*. Rio de Janeiro: Ediouro, 2006.

FERREIRA, M. de M. "A nova 'velha história': o retorno da história política". *Estudos Históricos*. Rio de Janeiro: FGV/CPDOC, n.. 10, 1992.

FARIA FILHO, L. M. de. República, trabalho e educação: a experiência do Instituto João Pinheiro 1909-1934. *Dissertação* (mestrado). UFMG, Faculdade de Educação, 1991.

FONSECA, M. V. *A educação dos negros: uma nova face do processo de abolição da escravidão no Brasil*. Bragança Paulista: EDUSF, 2002.

LOPES, E. M. T. e GALVÃO, A. M.O. História da Educação – Rio de Janeiro: DP&A, Ed; 2001.

MENDONÇA, S. R. Estado e Educação Rural no Brasil: alguns escritos. Niterói: Vício de Leitura/Faperj, 2007.

MORAES, J.G.V. GAMBETA, W. Michel de Certeau: pensador das diferenças. In: REGO, T. (Org.). *Memória, história e escolarização.* Petrópolis: Vozes, 2011, v.1, p.157-182.

MARQUES, A. A.; Aprendizado Agrícola Gustavo Dutra: seu papel e importância no contexto agrícola de Mato Grosso. *Dissertação* (mestrado). UFMT, 2005.

MOTTA, R. P. S. Desafios e possibilidades na apropriação de cultura política pela historiografia. In: Motta, R. P. S. (Org.). *Culturas Políticas na História: Novos Estudos.* Belo Horizonte: Argvmentvm, 2009, v., p. 13-37.

NASCIMENTO, J. C. do. *Memórias do Aprendizado:* 80 anos de ensino agrícola em Sergipe. Maceió: Edições Catavento, 2004.

NERY, M.A.A.M. Da escolha a aragem da terra: a gênese do ensino agrícola primário federal no Brasil (1910-1934). In: *V Congresso Brasileiro de História da Educação*, 2008, São Cristóvão: Universidade Federal de Sergipe. Aracaju: Universidade Tiradentes, 2008. p.1-11.

NEUVALD, L. O ensino agrícola no período populista - 1943/1964: o Aprendizado Agrícola de Mato Grosso (atual Escola Agrotécnica Federal de São Vicente- Cuiabá). *Revista de Educação Publica* (UFMT), v. 5, 8, p. 71-90, 1996.

OLIVEIRA, M. R. P. de, ALVES, B. G., GARCIA, A. M. Missões rurais de educação e o projeto de modernização do campo. In: *CONGRESSO EM DESENVOLVIMENTO SOCIAL, 2, e SEMINÁRIO NORTE-MINEIRO DE ENSINO E PESQUISA EM HISTÓRIA DA EDUCAÇÃO*, 2, 2010, Montes Claros. Anais. Montes Claros, 2010.

PINHO, L. A. Civilizar o Campo: Educação e Saúde nos Cursos de Aperfeiçoamento para Professores Rurais- Fazenda do Rosário (Minas Gerais, 1947-1956). Belo Horizonte, Faculdade de Educação, UFMG, 2009 *(dissertação).*

REVEL, J. Microanálise e construção do social. In: REVEL, Jacques (Org.). *Jogos de Escalas:* a experiência da microanálise. Rio de Janeiro: Editora da Fundação Getúlio Vargas, 1998.

VEIGA, C. G. *História da Educação.* 1. ed. São Paulo: Ática, 2007. 328 p

VERSIEUX, D. P. Modernização e escolarização do trabalho agrícola: as fazendas-modelo em Minas Gerais (1906-1915). *Dissertação* (Mestrado). Belo Horizonte: CEFET/MG, Brasil, 2010.

VIDAL, D.G. Michel de Certeau e a difícil arte de fazer história das práticas. In: FARIA FILHO, L.M. (Org.). *Pensadores sociais e história da educação.* Belo Horizonte: Autêntica, 2005.

VIÑAO, A. A historia das disciplinas escolares. *Revista Brasileira de História da Educação.* São Paulo, n. 17, 2008.

Fontes

AAB, Relatório de serviços executados pelos alunos. Arquivo Geral do IF Sudeste MG Campus Barbacena, 1926, 1932.

AAB, Regulamento Interno. Arquivo Geral do IF Sudeste MG Campus Barbacena, 1917.

BRASIL. Decreto n. 8.319, de 20 de outubro, 1910. Crêa o Ensino Agronomico e approva o respectivo regulamento. Disponível em: http://www.camara.gov.br/sileg/integras/417045.pdf. Acesso em: 03. Ago. 2015.

_______. Decreto n. 8.736, de 25 de maio, 1911. Approva o regulamento do Aprendizado Agricola de Barbacena, no Estado de Minas Geraes. Disponível em: http://www2.camara.leg.br/legin/fed/decret/1910-1919/decreto-8736-25-maio-1911-520182-publicacaooriginal-1-pe.html. Acesso em: 03. Ago. 2015.

BRASIL-RAMAIC. Relatório do Ministro da Agricultura Indústria e Comércio enviado ao Presidente da República. Rio de Janeiro: Imprensa Oficial, 1908, 1913, 1916.

Livro de Cartas do Diretor. Arquivo Geral do IF Sudeste MG Campus Barbacena, 1924, 1926, 1927, 1931.

Sericicultor (O). Barbacena: Ano I-XII, 1912-1918. Arquivo Municipal de Barbacena MG.

Modernização, educação e formação docente: discursos (e ações) acerca do rural em Santa Catarina nos anos 1940 e 1950

Elaine Aparecida Teixeira Pereira

Nos discursos em circulação no Brasil das décadas de 1940 e 1950, a necessidade de superação dos problemas da educação e o entusiasmo em relação ao poder da escola na construção de um país moderno aparecem como permanências. Nesse contexto, a má qualidade da educação rural, com destaque para as escolas primárias e os cursos de formação de professores, adquire tom acusador como problema ainda não resolvido. Em livros, artigos de jornais e revistas, mensagens de governadores e presidentes, a educação rural ganhava visibilidade, uma vez que sua vinculação à modernização proclamada pedia urgência de ações.

Em pesquisa intitulada *Modernizar o arcaico: discursos sobre a formação de professores para o meio rural (Santa Catarina 1942-1959)*, desenvolvida no curso de Mestrado em Educação da Universidade Federal de Santa Catarina – e em articulação com o Programa de Pesquisa Moderno, Modernidade, Modernização: a educação nos projetos de Brasil (séculos XIX e XX) –, discutiu-se a formação de professores para as escolas rurais. Tendo como foco o Estado de Santa Catarina, relacionado a contextos mais amplos, o estudo privilegiou as questões presentes nos discursos sobre a formação docente no período demarcado, em especial, os que se referem à preparação dos professores para o meio rural.

Discursos de intelectuais ligados à educação, além de outros produzidos por agentes em circulação no campo educacional, serviram como fontes ao citado estudo, que buscou fundamentação teórica em Pierre Bourdieu[1] e Quentin Skinner[2], além de Carlos Eduardo Vieira[3]. Para o texto ora apresentado, operou-se um recorte nas relações entre educação, modernização e formação docente nas décadas de 1940 e 1950, especialmente em discursos/ações a respeito do meio rural. Assim, são tratados no presente escrito os acordos para a construção de prédios escolares, a formação docente oferecida pelos cursos normais regionais e a formação complementar via concessão de bolsas de estudo para docentes, além do plano de reforma para a educação catarinense construído sobre os auspícios do Instituto Nacional de Estudos Pedagógicos (Inep).

O conceito de campo, com base nas formulações de Bourdieu, é a lente pela qual está sendo vista a sociedade e situada a educação. Como microcosmo social dotado de certa autonomia, com leis e regras próprias, ao mesmo tempo em que influenciado e relacionado a um espaço social mais amplo, o campo é lugar de embates, tensões, relações de poder entre os agentes que o integram e que buscam manter ou alcançar posições. Assim é pensada a educação e são situados os discursos intelectuais.

O conceito de intelectual toma a definição explicitada por Vieira, quando situa os intelectuais como agentes que compartilhavam o sentimento de identidade e pertencimento a um grupo específico, que se viam e eram vistos como portadores da missão de condução da sociedade. A legitimidade para tal missão lhes era conferida pela capacidade técnica, pela formação escolar, pela familiaridade com a "cultura", por falarem de um lugar que tornava possível a síntese dos interesses sociais, e, consequentemente, a elaboração de projetos de intervenção para a realidade social. A defesa da centralidade da educação na reforma da sociedade, por meio da ação do Estado, também está relacionada à versão moderna do conceito.

Ao tratar da leitura de textos históricos, Skinner adverte que o exercício precisa ser realizado de modo a integrar os textos nos contextos culturais específicos em que foram produzidos. Tendo em vista as funções que as palavras podem desempenhar, assim como as múltiplas manipulações das quais são passíveis as linguagens, defende que, para compreender um texto, é preciso levar em conta não somente o que foi dito, mas também as intenções aí subjacentes. Por estarem relacionados a

[1] Bourdieu (1983; 1990; 1992).

[2] Skinner, 2005.

[3] Vieira (2008; 2011).

ações, os discursos devem ser tomados também pela percepção do que seus autores e divulgadores *estavam fazendo*.

O que um intelectual quer dizer com aquilo que diz? O que o leva a formular seus argumentos, a escolher determinadas questões em vez de outras? Partindo do princípio de que estão imbricados ao arcabouço teórico, ideológico e linguístico de seu contexto, os discursos são aqui compreendidos como sociais e políticos, como produção dos intelectuais ou de agentes ligados ao campo educacional, em situações de interlocução. Os aspectos culturais e sociais imprimem sua ação nos discursos formulados, que têm tanto a função de comunicar quanto a de apreciar, ou ainda a de ditar normas e construir verdades. Pressupondo ações e intenções, relacionam-se a projetos e a ações.

Nessa esteira de pensamento, a modernização do país era uma das questões do debate educacional das décadas de 1940 e 1950, a qual seria alcançada via desenvolvimento econômico, político e social, assim como pela ação da escola. De caráter polissêmico, como processo e projeto de superação do tradicional e do arcaico, objetivando alcançar o moderno[4] (ligado a conceitos como novo, atual, produtivo, objetivo, racional), a modernização do Brasil foi uma bandeira que moveu intelectuais do período estudado, os quais travaram debates e formularam propostas modernizadoras. Colocando-se como intérpretes do povo, posicionavam-se como atores dotados de capacidade para ler cientificamente a sociedade, gestando – a partir desta leitura e fundamentados na crença da possibilidade de aceleração do tempo histórico – projetos para nela intervir.

Em meio aos projetos de modernização e desenvolvimento do país, o foco no rural punha em destaque o que de mais inadequado ao impulso modernizador se poderia ter. A tradição rural do Brasil era vista como entrave à unidade da nação e à formação do povo num sistema de hábitos modernos. Para tanto, a modernização nacional, alavancada pelos processos de urbanização e industrialização, deveria acontecer também pela modernização do campo e pela educação de seus habitantes. Nesse contexto, projetos faziam-se necessários.

[4] Corrêa Carvalho, 2012.

OS PRÉDIOS ESCOLARES

A instituição do Fundo Nacional do Ensino Primário, em novembro de 1942 (Decreto-lei n. 4.958), proporcionou a viabilização de recursos para que fosse levado a efeito o plano de ampliação e melhoria do ensino primário e normal via construções escolares. Aí estão situados os acordos para a edificação de "escolas rurais", "grupos escolares rurais" e "escolas normais rurais", firmados entre Santa Catarina e o Ministério da Educação e Saúde, por meio do Inep.

No primeiro acordo localizado, datado de 1946, está prevista a construção de 28 prédios escolares "localizados fora das sedes dos municípios, de preferência nas zonas do alto interior, onde maiores fôssem as necessidades educacionais".[5] A localização dos prédios fora escolhida pelo próprio Inep, "mediante pesquisa realizada por seus órgãos técnicos, o que aconteceu, também, nos demais acordos".[6] Após a indicação dos municípios e distritos onde seriam realizadas as construções, caberia ao governo estadual negociar com as prefeituras a doação dos terrenos.

Dois outros contratos haviam sido firmados em 1947, um destinando-se à edificação de 40 prédios, e outro, à construção de 56 unidades "em zona de fronteira e nacionalização". Em 1948, fora assinado o auxílio para outros 60 prédios. Assim, "pelos quatro acordos, recebeu nosso Estado um auxílio correspondente à construção de cento e oitenta e quatro (184) prédios para escolas rurais, os quais se acham, em sua maioria, concluídos e em funcionamento".[7]

Em relatório do Departamento de Educação, datado de 1952, os convênios são noticiados, podendo-se verificar que, além das unidades escolares discriminadas, haviam sido acertadas outras 100, a partir de dois novos contratos (um em 1949 e outro em 1950). Assim, até o ano de 1952, o Estado de Santa Catarina havia firmado seis convênios para a construção de 284 prédios para escolas rurais, estando "em funcionamento" e "devidamente equipadas" 217 escolas.[8] Acordos especiais para a construção de grupos escolares rurais são também mencionados, além de outros visando o aparelhamento escolar.

---

[5] Anuário Catarinense, 1950, p. 6.

[6] Anuário Catarinense, 1950, p. 6.

[7] Anuário Catarinense, 1950, p. 8.

[8] Santa Catarina, 1953, p. 16.

Acerca dos prédios escolares, um dado merece atenção: a referência a escolas normais rurais. Desde 1946, em Santa Catarina, os cursos de formação de professores para o meio rural eram denominados "cursos normais regionais", conforme previsto na Lei Orgânica do Ensino Normal.[9] Em alguns estados continuaram a funcionar "escolas normais rurais", mas Santa Catarina não parecia fazer parte dessa realidade.

Não é o que se constata em algumas das fontes compiladas, uma vez que há menção a duas escolas normais rurais a serem construídas nos municípios de Criciúma e Joaçaba: "as obras dos citados estabelecimentos ainda não estão terminadas. A Escola Normal da cidade de Criciúma está com três pavilhões prontos e a de Joaçaba encontra-se nos trabalhos de terraplanagem e alicerces".[10] O contato com as fontes, no entanto, trouxe também a conclusão parcial de que tais prédios não chegaram a funcionar, pelo menos tendo em vista o projeto inicial.[11]

Ao lado da estrutura física das escolas primárias e de preparação de seus professores, a formação destes exigia medidas, o que alimentava uma série de discursos/ações.

A FORMAÇÃO DOCENTE NOS CURSOS NORMAIS REGIONAIS

Oficializando nacionalmente o dualismo de certa forma já presente na preparação dos professores, a Lei Orgânica do Ensino Normal incorporou as escolas normais rurais, resultantes de projetos ligados ao movimento ruralista, tendência presente no Brasil, nas décadas de 1930 e 1940. Por meio dos Cursos Normais Regionais, de ciclo ginasial, uma formação simplificada foi instituída para os "regentes" das escolas primárias caracterizadas como de "caráter regional". De acordo com Tanuri, "a Lei Orgânica do Ensino Normal não introduziu grandes inovações, apenas acabando por consagrar um padrão de ensino normal que já vinha sendo adotado em vários estados".[12]

[9] Decreto-Lei nacional n. 8.530, de 02 de janeiro de 1946.

[10] Santa Catarina, 1953, p. 18.

[11] Quanto à Escola Normal Rural de Joaçaba, é possível inferir que não tenha funcionado, ou sequer tenha sido finalizada. Por sua vez, o prédio da Escola Normal Rural de Criciúma teria ficado pronto, mas sido transformado em sede para um curso normal confessional e privado. Nesse sentido, é possível indagar sobre as intenções e os interesses que permearam o desvio de função do prédio da escola normal rural.

[12] Tanuri, 2000, p. 75.

Santa Catarina se adaptou rapidamente à Lei Orgânica nacional quando, em dezembro de 1946, promulgou uma correlata normatização estadual.[13] Essa agilidade na resposta parece ter surtido efeitos, de modo que, em 1951, era o primeiro Estado da federação na quantidade de cursos destinados a formar regentes do ensino primário, com um total de trinta e oito. Estes cursos eram, inclusive, bastante superiores numericamente se forem tomadas em conta as escolas normais existentes no mesmo Estado, apenas doze.[14] Anunciado em alguns discursos como "Estado modelo" no que se refere à formação de professores para as escolas isoladas, situação que refletia a "exemplar" atitude em relação à democratização do ensino primário, era também criticado em argumentos que denunciavam um ensino ineficiente e que nada tinha de regional.

Os discursos de Manoel Bergström Lourenço Filho e Murilo Braga de Carvalho – que dirigiram o Inep, respectivamente, entre 1938 e 1945, e entre 1946 e 1952 – podem ser situados entre os que aclamavam a liderança catarinense na educação nacional. De acordo com Lourenço Filho: "o pequeno Estado de Santa Catarina, cuja superfície é apenas de 95 mil km^2" tem "50 estabelecimentos [de ensino normal], dos quais 38 são cursos regionais, bem distribuídos". E prossegue: o "Estado é também o que melhor proporção apresenta entre a matrícula das escolas primárias urbanas e a das escolas rurais, como, aliás, seria de prever".[15] Murilo Braga já havia se posicionado de forma similar ao elogiar a adaptação da legislação educacional catarinense à federal – principalmente do ensino primário e normal. Estabelecimentos, currículos, estrutura do ensino primário encontravam-se adequados ao preconizado nacionalmente, o que sustentava a seguinte afirmação: "pode-se dizer sem receios que a melhor rêde escolar brasileira se encontra em Santa Catarina".[16]

Um posicionamento diferente pode ser percebido nos discursos de João Roberto Moreira.[17] A presença de professores sem formação atuando nas escolas iso-

[13] Decreto-Lei n. 257, de 21 de outubro de 1946.

[14] Dados divulgados por Lourenço Filho, 1953.

[15] Lourenço Filho, 1953, p. 73.

[16] Carvalho, 1950, p. 10.

[17] João Roberto Moreira era natural de Santa Catarina, onde fora diretor de grupo escolar, professor e diretor de curso normal. Nos anos 1940, manteve aproximações com a Sociologia e com o talvez primeiro divulgador dessa disciplina no Brasil, Fernando de Azevedo. Passou a atuar no Inep, onde exerceu as funções de coordenador da Campanha de Inquéritos e Levantamentos do Ensino Médio e Elementar e dirigiu a Divisão de Estudos e Pesquisas Sociais do Centro Brasileiro de Pesquisas Educacionais.

ladas, conforme apontam os dados publicados por ele na obra *A educação em Santa Catarina: sinopse apreciativa sobre a administração, as origens e a difusão de um sistema estadual de educação*, no âmbito da Campanha de Inquéritos e Levantamentos do Ensino Médio e Elementar (Cileme), constituía-se em permanência na educação catarinense: "Sta Catarina sempre lutou com deficiência de pessoal especialmente formado para o magistério. Em 1940, 2/3 do professorado primário não tinha formação pedagógica especializada para a função", o que gerava um contingente de professores provisórios recrutados "por meio de concurso ou exame de licença".[18] Na década de 1950 o problema permanecia: "de 4.818 professores, 2.783, isto é, mais da metade, é constituída por extra-numerários, os quais não são nem normalistas, nem regentes com curso normal regional, nem siquer complementaristas. Trata-se de gente com simples curso primário, na sua maior parte".[19]

Nesse quadro, poderiam dar grande contribuição os cursos normais regionais. Mas não era essa a constatação a que chegara Moreira, pois, além de contarem com um grande número de disciplinas para as quais não havia professores habilitados e não obedecerem a um critério racional de localização, faltava a tais cursos um caráter regional. Em suas palavras:

> A proliferação dos cursos normais regionais conforme padrão único, cristalizou em rotina a formação do professor rural, com desrespeito à diferenciação regional e local, bem como chocou-se com a impossibilidade de se dar, a tais cursos normais, pessoal docente capaz e adequado. Até hoje continuam os professôres provisórios de escolas isoladas, sem formação pedagógica, em proporção que ultrapassa a 50% de todo o magistério primário.[20]

Construindo interpretações, prescrevendo e legitimando práticas, os discursos expostos contradizem-se nas avaliações acerca da qualidade da educação catarinense, ao passo em que se embasam num mesmo princípio, qual seja, o uso de dados racionais, estatísticos.

[18] Moreira, 1954, p. 68-69.

[19] Moreira, 1954, p. 69.

[20] Moreira, 1954, p. 86-87.

O que se percebe é que as variáveis utilizadas para medir a "qualidade" das escolas primárias e de formação de professores existentes em Santa Catarina são distintas. Enquanto Lourenço Filho, por exemplo, toma como base a quantidade de instituições de ensino, sua distribuição no Estado, a aplicação de recursos na educação, o número de alunos frequentando as escolas, Moreira prioriza, além de dados quantitativos, também aspectos que giram em torno da filosofia das escolas primárias e de formação de seus professores, dos métodos de ensino, dos interesses e das finalidades do público que frequentava as instituições de formação docente.

Os discursos de Lourenço Filho e de Murilo Braga parecem estar apoiados em uma abordagem de certa forma quantitativa. Trazendo um perfil moderno de análise e avaliação da educação nacional por meio do uso de dados racionais, produzidos com base na realidade de cada uma das unidades federadas, os diretores usam de alguns indicadores para a avaliação da educação em Santa Catarina: o que está diretamente relacionado aos resultados obtidos, que poderiam ser outros, caso também o fossem os aspectos mensurados.

Ao escrever *A educação em Santa Catarina*, Moreira, por sua vez, parece falar não apenas como técnico do Inep e responsável pela Cileme, mas como alguém que estava escrevendo sobre o Estado ao qual prestara serviços educacionais e com o qual possivelmente mantinha relações. Por este motivo, certo distanciamento poderia protegê-lo de uma análise passional e de acusações neste sentido. Um outro ponto a considerar é que os direcionamentos da educação catarinense podem ter tomado rumos com o quais não concordava, ou que diferiam das opções feitas quando de sua atuação nos anos 1940.[21]

Para além dos debates acerca da formação inicial, outras medidas visando solucionar o "problema da formação dos professores" foram gestadas, como é o caso dos cursos oferecidos pelo Inep.

---

[21] De acordo com Skinner (2005, p. 13), para compreender um texto é preciso interpretar não apenas o significado do que foi dito, "mas também a intenção que o autor em questão pode ter tido ao dizer aquilo que disse".

FORMAÇÃO COMPLEMENTAR: AS BOLSAS DE ESTUDO PARA DOCENTES

Santa Catarina havia sido contemplada com a política de concessão de bolsas de estudo implementada pelo Inep, conforme indicam os dados sobre o deslocamento de professores catarinenses a fim de se especializarem. É o que se pode ler em relatório do Departamento de Educação, quando é citada a necessidade de um "preparo intelectual acima da média usual de alunos das escolas normais", o que vinha sendo feito, desde 1947, a "professôres de todo o Brasil, inclusive aos de Santa Catarina", pelos cursos do Inep.[22] Até a ocasião, 38 professores haviam sido beneficiados com tal formação, frequentando cursos onde eram estudados Administração e Organização Escolar; Estatística Educacional; Evolução do Sistema Escolar Brasileiro; Fundamentos Biológicos da Educação; Metodologia dos Conhecimentos Gerais aplicados à vida social, à educação e ao trabalho; Metodologia da Geografia e da História; Metodologia Geral; Metodologia das Instituições Complementares da Escola; Metodologia da Leitura e da Linguagem Oral e Escrita; Metodologia da Matemática; Princípios de Administração Geral; Provas e Medidas Educacionais; Psicologia Educacional. Cursos "de outra natureza" também eram oferecidos, tais como "Medidas Educacionais, Administração e Organização dos Serviços de Educação Primária e de Orientação Educacional e Profissional".[23]

Uma professora chamada Marcília Oliveira,[24] por exemplo, frequentara, no ano 1950, a formação em "Orientação Educacional e Profissional" baseada, "quase que exclusivamente, na psicologia da infância". Por estar munida desta formação, sugere-se a designação da citada professora para os trabalhos ligados à "Orientação Educacional e Profissional, na cidade de Florianópolis, a título experimental, no corrente ano de 1953, percebendo, além de seus vencimentos e gratificações, diárias que lhe permitam visitar todos os grupos escolares do Município".[25]

Tais cursos, ao que parece, contribuíram na constituição de uma equipe técnica para a educação catarinense, que começava a se especializar. Essa equipe atenuaria a

---

[22] Santa Catarina, 1953, p. 42.

[23] Santa Catarina, 1953, p. 44.

[24] Não foi possível encontrar informações acerca de Marcília, a não ser que há uma escola que leva seu nome no bairro de Forquilhinhas, em São José (SC).

[25] Santa Catarina, 1953, p. 45-46.

necessidade anterior de recorrer a reformadores vindos de outros lugares, com vistas à assessoria para a definição dos rumos da educação estadual, como aconteceu, em 1911, com Orestes Guimarães, ou, em 1938/39, com Sebastião de Oliveira Rocha?[26] Quando o Departamento de Educação sugeriu que a professora Marcília compusesse uma equipe de Orientação Educacional que auxiliasse na condução da educação no Estado, estar-se-ia caminhando neste sentido? Seria essa uma tentativa de proceder de forma mais racional no trato com os assuntos educacionais?

Além dos citados, outros discursos/projetos para a educação em âmbito nacional, visando ações locais, também foram identificados, como os formulados ou postos em circulação pelo Inep nos anos 1950.

DISCURSOS/PROJETOS NO ÂMBITO DO INEP DOS ANOS 1950: SANTA CATARINA EM PAUTA

No Inep dos anos 1950 – em especial nos artigos veiculados em seu periódico oficial, a Revista Brasileira de Estudos Pedagógicos (RBEP), ou nas obras das séries de publicações do Centro Brasileiro de Pesquisas Educacionais (CBPE) –, é possível identificar, além de apreciações e críticas acerca da situação educacional brasileira, uma série de projetos de formação, seleção e atuação docente.

Na obra *A educação em Santa Catarina*, João Roberto Moreira avalia a situação educacional do Estado. Declarando a hipertrofia da escola catarinense – pobre do ponto de vista intelectualista, ruim da perspectiva moderna, contando com professores mal preparados para sua função –, sugere medidas que previam o recrutamento dos professores em seu próprio meio, a reformulação do currículo e do caráter dos cursos de formação, o treinamento em serviço por meio de "missões" no período de férias, a reorganização dos órgãos responsáveis pela educação.

Na defesa de uma escola que pudesse agir como "centro cultural da comunidade local", as formulações propostas por Moreira aproximam-se de outras em circulação, como as que estão presentes nos discursos de Abgar Renault.[27] No texto

[26] Os dois professores paulistas haviam sido contratados pelo governo de Santa Catarina com a incumbência de implementar reformas, visando dotar a educação catarinense de um perfil mais moderno.

[27] Renault dirigiu o Centro Regional de Pesquisas Educacionais de Minas Gerais. Foi também Secretário da Educação nesse Estado, onde incentivou iniciativas ligadas à educação rural.

intitulado *A professora rural o cumprimento de sua missão,*[28] defende que, para além de instruir, educar deveria ser o objetivo precípuo da escola primária, especialmente nas localidades distantes do perímetro urbano, onde a necessidade do novo se colocava com maior urgência. Por conseguinte, a ação dos docentes dos meios rurais deveria buscar a melhoria do ambiente escolar, o desenvolvimento do espírito de colaboração dos alunos, o transbordar da escola pela liderança do professor na comunidade – tanto como agente modernizador deste meio, quanto como promotor de circunstâncias que levassem os alunos a "conhecer o mundo" existente além daqueles limites territoriais.

Como pontos de intersecção entre os projetos explicitados por Moreira e por Renault estão, portanto, a adequação da escola ao seu ambiente; a necessidade de que boas condições de funcionamento dessa instituição fossem viabilizadas; o recrutamento dos professores em seu próprio meio social, num modelo de formação a ser cuidadosamente pensada e praticada. Numa rede de relações e pertencimentos, tais bandeiras estão também relacionadas aos direcionamentos de Anísio Teixeira e ao seu projeto de reconstrução educacional à frente do Inep, que era embasado na descentralização administrativa da educação, no espírito científico, nos diagnósticos da realidade e no planejamento como base para as políticas educacionais. Na defesa pela racionalidade e pela democracia, era preciso superar os vícios ainda existentes no país, como a improvisação de professores e de sua formação.

Discursos acerca de uma administração racional embasada em elementos como avaliação, pesquisa, planejamento, com fins à elaboração de projetos e aplicação de recursos na educação, marcaram o contexto de cientifização e autonomização do campo educacional brasileiro e o debate dos anos 1950. Para além do campo, o planejamento era aclamado como base do próprio desenvolvimento do país, como elemento a guiar as ações políticas. O Inep "de Anísio Teixeira", neste contexto, buscou nas Ciências Sociais as bases para a pesquisa educacional – que deveria ancorar uma administração marcada pela racionalidade.

A continuidade e ampliação da ênfase na formação docente pode ser verificada em iniciativas do período, como a implementação da Cileme e da Caldeme (Campanha do Livro Didático e Manuais de Ensino), a política de publicações mantida pelo

[28] Renault, 1955.

CBPE, os cursos oferecidos aos professores.[29] Nessa direção, a assessoria e a presença do Inep nas unidades da federação mostram a preocupação de condução e unidade nacional dos assuntos ligados à educação, ao mesmo tempo em que uma espécie de regionalização e descentralização era defendida como necessária e decisiva.

Tal intervenção, no caso de Santa Catarina, ocorreu em diversos momentos, como nos anos 1940, quando Lourenço Filho elaborou e divulgou discursos que dizem da liderança do Estado na educação elementar nacional e na formação de seus professores (os quais endossa nos anos 1950); ou quando são firmados acordos com o Estado no sentido de contribuir para o desenvolvimento quantitativo e qualitativo da educação dos meios rurais catarinenses através da construção de prédios escolares e da concessão de bolsas de estudos a docentes. Gil,[30] ao abordar a relação entre os índices educacionais publicados pelo Inep e a intervenção que indiretamente sugeriam, aponta que os rendimentos insatisfatórios anunciados pelo Instituto abriam precedentes para a ação do poder central nas decisões políticas locais, ação essa indicada como "necessária e legítima em função das 'dificuldades' enfrentadas pelo Estado em questão". O plano de reforma para a educação catarinense, elaborado pelo Inep dos anos 1950, parece ir nessa direção.

O PLANO DE REFORMA PARA A EDUCAÇÃO CATARINENSE

Um Plano de reforma para a reorganização dos serviços da educação catarinense é noticiado no relatório do Departamento de Educação do ano de 1953. Em carta endereçada ao governador Irineu Bornhausen, Lourenço Filho teria solicitado material para estudo, tendo em vista a elaboração do projeto de reforma educacional. Alguns meses depois, Anísio Teixeira pediria a colaboração de um técnico catarinense, ao que fora enviado o professor Sálvio Oliveira.[31] Elza Nascimento Alves, chefe da

---

[29] Abordando as políticas do Inep dos anos 1950 e 1960, Mendonça (2008, p. 13) cita centralidade conferida à "formação dos profissionais de ensino", juntamente à reconstrução da educação escolar. Estas iniciativas "configuraram uma política de formação do 'magistério nacional', que pressupunha e buscava promover uma autêntica 'refundação' do lugar do professor. Tal política, de caráter nacional, mas regionalizada, se traduziu num amplo programa de qualificação de professores". Acerca do assunto, vale conferir: Mendonça; Xavier (2008).

[30] Gil, 2008, p. 52.

[31] O professor Sálvio de Oliveira foi consultor técnico do Departamento de Educação do Estado de Santa Catarina e primeiro diretor do Museu de Arte Moderna de Florianópolis (atualmente denominado Museu de

secção de Orientação Educacional e Profissional do Inep, foi a designada para realizar os "estudos preliminares e levantamento do material necessário à elaboração do plano".[32] Após um período de trabalho, o projeto de reforma fora entregue ao Estado de Santa Catarina. Apesar de até o momento o documento ainda não ter sido localizado, há alguns indícios acerca do projeto, em princípio não implementado.

De acordo com Fiori[33], o processo de descentralização da educação catarinense foi iniciado em 1955. Anteriormente, a administração do ensino era centralizada no Departamento de Educação que, localizado na capital Florianópolis, tinha cerca de 7.200 professores, 4.100 unidades escolares e 250.000 alunos sob sua responsabilidade. Levando em conta este quadro, o Inep elaborara o projeto de reforma, que, no dizer da autora, tivera um ponto aproveitado na prática: a descentralização da educação. Em suas palavras:

> Baseado nessa realidade, o projeto de reforma elaborado pelo INEP teve como idéia básica, a tão urgente descentralização da administração e da orientação pedagógica do sistema de ensino público de Santa Catarina. Nessa oportunidade, algumas lideranças cristãs do Estado empreenderam um movimento visando à não execução desse projeto: segundo a perspectiva intelectual da época, a linha pedagógica seguida por Anísio Teixeira não se harmonizava com as concepções da educação cristã. O projeto elaborado pelo INEP, entendido como uma unidade de planejamento, não foi executado pelo Governo de Santa Catarina. Contudo, a descentralização dos serviços de inspeção escolar estabelecida nesse documento foi logo – no ano de 1955 – concretizada mediante a criação, no Estado, das primeiras regiões escolares, então chamadas Delegacias do Ensino.[34]

Anexo à obra *Comentários sobre a monografia: 'A educação em Santa Catarina'* (1955), escrita por Orlando Ferreira de Melo,[35] foi localizado um recorte de

Arte de Santa Catarina), cargo que assumiu em março de 1950.

[32] Santa Catarina, 1953, p. 37.

[33] Fiori, 1991.

[34] Fiori, 1991, p. 160.

[35] Melo havia sido aluno de Moreira em Santa Catarina, quando normalista no Instituto de Educação de Florianópolis. Foi um interlocutor local do Inep – como na crítica que fez em *Comentários sobre a monografia*

jornal cujo título faz sentido à discussão. Trata-se do texto *Delegacias do Ensino*, do mesmo autor:

> Talvez um dos temas mais em discussão no âmbito educacional, no presente, seja o da descentralização do ensino, tanto no ciclo primário como no secundário. Este é o pensamento nítido do Instituto Nacional de Estudos Pedagógicos quando elaborou, com uma equipe de técnicos sob a direção do Prof. Anísio Teixeira, o Projeto de Reforma do Sistema do Ensino no Estado de Santa Catarina (agôsto de 1954). É bem verdade que êste Projeto está desenvolvido em bases muito mais avançadas que as disposições do recente decreto estadual, mas, sentes-se neste sentido o espírito que anima aquele – a descentralização – e isto já é razoàvelmente suficiente.[36]

A partir do que pode ser lido nos excertos, constituindo-se em permanência de períodos anteriores e em contraposição ao "clima" racional e científico da modernização pretendida, estão situados os posicionamentos de setores ligados à Igreja católica, os quais pareceram inviabilizar, por meio de jogos de forças, uma presença mais enfática, em Santa Catarina, das diretrizes "anisianas" no que tange à educação, pelo embargo à aplicação do Plano de reforma elaborado sob os auspícios do Inep. A recusa, ou espécie de abandono a tal plano, estaria relacionada à figura de Anísio Teixeira e às hostilidades que contra ele vinham se fortalecendo na década de 1950, em especial, advindas de setores ligados à Igreja? O embate entre escola pública e escola privada, que marca os debates em tornos da tramitação da LDB de 1961, teria ecoado em Santa Catarina? Também o não funcionamento da escola normal rural de Criciúma – que ao invés de centro de formação de professores mantido pelo Estado, tivera seu prédio cedido a uma instituição confessional e não pública – manteria relações com tal contenda?

'A educação em Santa Catarina', lançada, em 1955, como resposta ao trabalho de Moreira, publicado no ano anterior no âmbito da Cileme. A partir do conteúdo do livro de Melo, é possível concluir que também foi contemplado com uma bolsa de estudos oferecida pelo Inep, possivelmente entre 1953 e 1954.

[36] Melo [1955?], s. p.

CONSIDERAÇÕES FINAIS

Buscando compreender os discursos por meio da análise destes em relação ao seu contexto de produção, percebeu-se que os professores eram aclamados como líderes na modernização do meio rural. Com a função de contribuir para a permanência da população em seu próprio ambiente, onde seria reformada e civilizada de acordo com padrões "universais" de comportamento, os docentes eram vistos como portadores de uma grande missão, como capazes de contribuir para a transformação do rústico, arcaico, atrasado, em moderno, educado, civilizado.

Para o sucesso das mudanças necessárias nas escolas primárias rurais, objetivo atrelado a preocupações mais amplas de modernização do país, uma das tônicas recaía na preparação dos professores, mas não apenas nesse aspecto. Como impeditivos à construção de uma escola integrada aos "novos tempos", podem ser citadas as condições materiais, como a falta de estrutura dos prédios escolares. Também a presença de currículos já superados e sem relação com os alunos e seu meio, a considerável demanda por formação docente devido à quantidade de mestres sem habilitação atuando nas escolas, e a falta de professores para lecionar nos cursos normais, são questões que permeiam os discursos do período de recorte do trabalho.

Para tais problemas, projetos e ações faziam-se necessários. É aí que estão circunscritos, por exemplo, os acordos firmados entre o Estado de Santa Catarina e o Inep, tendo em vista a construção de prédios escolares, ou a oferta de bolsas de estudo para que docentes catarinenses pudessem se especializar. Mas como as descontinuidades são igualmente integrantes dos processos, nem todos os projetos iniciados parecem ter sido concluídos, como foi o caso, supõe-se, das duas escolas normais rurais que deveriam ter funcionado no Estado, ou ainda do Plano de reforma elaborado com o assessoramento do Inep, tendo em vista a realidade e as necessidades locais.

Uma constatação da pesquisa é a de que, nos discursos produzidos nas décadas de 1940 e 1950, a formação de professores é tratada como problema e como solução. Na condição de problema, são apontadas dificuldades nos cursos de formação e na atuação dos profissionais nas escolas primárias. Mas uma formação de qualidade é também sinalizada como solução, pois as reformas educacionais e as mudanças pretendidas não teriam êxito sem a ação dos professores. Responsáveis pela preparação de sujeitos modernos e adequados ao contexto de desenvolvimento social, os docentes necessitariam realizar um trabalho eficaz, o que fez nascerem propostas de formação, seleção e atuação destinadas a tais agentes, como as apontadas por João Roberto Moreira e Abgar Renault.

Num processo que visava a superação do arcaico pela instauração do novo, o moderno parecia estar relacionado a uma série de condições: existência de professores com formação adequada atuando nas escolas elementares; educação livre de improvisações e assentada em processos racionais e científicos; métodos de ensino adequados a uma escola que mantivesse relação com as características sociais e oferecesse um ensino ativo com vistas à preparação de seus alunos para a vida e o trabalho; processos educacionais embasados no planejamento racional de ações; instituições escolares que trabalhassem no sentido de educar integralmente seus alunos.

Nessa direção, se os professores rurais tivessem acesso a uma formação de qualidade e se encontrassem verdadeiramente integrados à escola e ao meio social, tal obra modernizadora poderia ser levada a efeito. Nos discursos acerca do meio rural, portanto, o urbano é tomado como modelo de racionalidade, civilidade, modernidade, e é deste ponto, e com este olhar, que o rural é visto, na condição de lugar marcado pelo arcaico, no qual os traços da modernidade eram ainda inexistentes, ou ao menos, pouco expressivos.

REFERÊNCIAS

BOURDIEU, P. Algumas propriedades dos campos. In: BOURDIEU, P. *Questões de sociologia*. Rio de Janeiro: Marco Zero, 1983. p. 89-94.

BOURDIEU, P. O campo intelectual: um mundo à parte. In: BOURDIEU, P. *Coisas Ditas*. São Paulo: Brasiliense, 1990. p.169-180.

BOURDIEU, P. O ponto de vista do autor: algumas propriedades gerais dos campos de produção cultural. In: BOURDIEU, P. *As regras da arte*: gênese e estrutura do campo literário. São Paulo: Companhia das Letras, 1992. p. 243-316.

CORRÊA CARVALHO, M. V. Moderno, Modernidade, Modernização: polissemias e pregnâncias. In: GIL, N; CRUZ E ZICA, M; FARIA FILHO, L. M. (Org.). *Moderno, Modernidade e Modernização*: a educação nos projetos de Brasil - séculos XIX e XX. Vol 1. Belo Horizonte: Mazza Edições, 2012. p. 13-34.

FIORI, N. A. *Aspectos da evolução do ensino público*: ensino público e política de assimilação cultural no Estado de Santa Catarina nos períodos Imperial e Republicano. 2 ed. Florianópolis: EdUFSC, 1991.

GIL, N. L. Os Boletins do Inep e "a obra de racionalização do aparelhamento escolar" (ou de como hierarquizar os Estados a partir de índices educacionais). In: MORAES, J. S. (Org.). *O Inep na visão de seus pesquisadores*. Brasília: Instituto Nacional de Estudos e Pesquisas Educacionais Anísio Teixeira, 2008. p. 43-66.

MENDONÇA, A. W. P. C. Formar o "Magistério Nacional": as políticas do Inep/MEC nos anos 1950/1960. *Cadernos de História da Educação, Uberlândia,* v. 7, p. 13-28, jan./dez. 2008.

MENDONÇA, A. W. P. C; Xavier, L. N. (Orgs.). *Por uma política de formação do magistério nacional*: o Inep/MEC dos anos 1950/1960. Brasília: Instituto Nacional de Estudos e Pesquisas Educacionais Anísio Teixeira, 2008.

TANURI, L. M. História da formação de professores. In: *Revista Brasileira de Educação*, Rio de Janeiro, n.14, p.6188, mai./ago. 2000.

SKINNER, Q. *Visões da política*: sobre os métodos históricos. Algés (Portugal): Difel, 2005.

VIEIRA, C. E. Intelligentsia e intelectuais: sentidos, conceitos e possibilidades para a história intelectual. *Revista Brasileira de História da Educação*, Campinas, v. 1, n. 16, p. 63-85, jan./abr. 2008.

VIEIRA, C. E. Erasmo Pilotto: identidade, engajamento político e crenças dos intelectuais vinculados ao campo educacional no Brasil. In: LEITE, J. L.; ALVES, C. (Org.). *Intelectuais e História da educação no Brasil*: poder, cultura e políticas. Vitória, ES: EdUFES, 2011. p. 25-54.

Fontes

ANUÁRIO CATARINENSE. Florianópolis: Imprensa Oficial, n. 3, 1950.

CARVALHO, M. B. Introdução. In: BRASIL. Ministério da Educação e Saúde, Instituto Nacional de Estudos Pedagógicos. *Organização do Ensino Primário e Normal*. Estado de Santa Catarina. Rio de Janeiro: Inep, 1950. p. 7-13.

LOURENÇO FILHO, M. B. Preparação de pessoal docente para escolas primárias rurais. *Revista Brasileira de Estudos Pedagógicos*, Rio de Janeiro: Inep, v. 20, n. 52, p. 61-104, out./dez. 1953.

MELO, O. F. *Comentários sobre a monografia 'A educação em Santa Catarina'*. Blumenau, SC: Tipografia e Livraria Blumenauense S. A., 1955.

MELO, O. F. *Delegacias do Ensino*. [1955?].

MOREIRA, J. R. *A educação em Santa Catarina:* sinopse apreciativa sobre a administração, as origens e a difusão de um sistema estadual de educação. MEC/Inep/Cileme, 1954.

RENAULT, A. A professora rural e o cumprimento de sua missão. *Revista Brasileira de Estudos Pedagógicos*, Rio de Janeiro: Inep, v. 24, n. 60, p. 235-243, out./dez. 1955.

SANTA CATARINA. Secretaria do Interior e Justiça, Educação e Saúde, Departamento de Educação. *Relatório* do ano de 1952 apresentado a Fernando Ferreira de Mello, Secretário do Interior e Justiça, Educação e Saúde, pela professora Ondina Nunes Gonzaga, diretora, em exercício, do Departamento de Educação. Florianópolis, 1953.

Desenvolvimentismo e transnacionalização na discussão educacional no Brasil dos anos de 1950 e 1960[1]

Maria das Dores Daros

INTRODUÇÃO

As formas de pensar o Brasil assumidas "por determinados grupos sociais" constituíram projetos que informam "ainda hoje valores, condutas e práticas sociais" (BOTELHO, 2011, p. 15). As interpretações sobre o Brasil indicam a necessidade de problematizar processos históricos que gestaram projetos de país "como elementos importantes para a compreensão da articulação das forças sociais que operam no desenho da sociedade" e "contribuem para movê-la em determinadas direções" (*Ibidem*, p. 15).

Uma das tradições intelectuais, "o nacional-desenvolvimentismo" dos anos de 1950-1960 é um exemplo destas interpretações, que pode ser utilizada como chave analítica para interrogar conceitos, argumentos e intencionalidades presentes nos discursos que atribuem à educação escolar o lugar de instância mediadora dos processos de construção da nação. Para Marcos César de Freitas (1999), o debate sobre a relação educação e sociedade existente no Brasil dos anos de 1950 estava marcado pelos parâmetros ideológicos da Guerra Fria. Dentro deste âmbito destaca-se a von-

[1] O presente texto teve a colaboração de Leziany Silveira Daniel (UFPR), Marilândes Mól Ribeiro de Melo (UFC) e Elaine Aparecida Teixeira Pereira (CUSJ) no âmbito do Projeto Moderno, Modernidade, Modernização: a educação nos projetos de Brasil – séc. XIX e XX.

tade dos Estados Unidos de manter sua influência sobre os países da América Latina, sobretudo a partir da Revolução Cubana de 1959. Sauter e Boom (2011) indicam que a OEA e especialmente o programa 'Aliança para o Progresso',[2] impulsionado pela administração Kennedy, apostou decididamente nas políticas desenvolvimentistas, tentando frear estratégias de modernização econômica e social de inspiração socialista no continente latino americano. Indica ainda Freitas (1999) a necessidade de ser acrescentado a esse debate o impacto da nova ciência econômica advinda da Comissão Econômica para a América Latina e Caribe - Cepal - a partir de 1948.

Tendo presente a existência de projetos de Brasil e de projetos educacionais a eles articulados, este trabalho tem como objetivo compreender e discutir a presença das lógicas transnacionais[3] no debate educacional brasileiro dos anos de 1950 e 1960. Embora as leis e a organização do sistema educativo brasileiro resultem da ação do governo do país, elas seguem na esteira de um pensamento mais global e de uma estratégia de desenvolvimento definida em função de conveniências de uma sociedade capitalista. Fortes pressões externas mais ou menos explícitas pela influência do Banco Mundial, do Fundo Monetário Internacional, da Organização para a Cooperação e Desenvolvimento Econômico - OCDE –, da Organização das Nações Unidas para a Educação, Ciência e Cultura - UNESCO – e de outros organismos internacionais, estiveram presentes em vários países, na segunda metade do século XX.

A presença dos organismos internacionais se apresentava sobre diversas formas: missões técnicas para orientação do planejamento educacional, realização de conferências educacionais, assistência na produção do conhecimento para a implementação das políticas públicas pela valorização do papel das ciências sociais, como também a realização de empréstimos, entre outras ações. São, sobretudo importantes, em relação à modernização, as pressões para o desenvolvimento da escola de massas. Este era sentido como necessário à expansão das relações que deviam promover a

[2] A Aliança para o Progresso foi um plano de ajuda econômica de dez anos (1961-1970) aprovado na reunião da Organização dos Estados Americanos (Conferência de Punta del Este-Uruguai) em agosto de 1961, subscrito por todos os estados membros da OEA, com exceção de Cuba que se absteve. Os Estados Unidos deveria aportar a metade da ajuda total e a outra metade ficaria a cargo de instituições financeiras internacionais.

[3] Hobsbawm (1995) considera que até os anos de 1960 a economia mundial era internacional e a partir dos anos 60, esta economia tornou-se *transnacional*, significando que nesta altura existia um sistema de atividades econômicas para quais os estados, os seus territórios e respectivas fronteiras, não constituíam o enquadramento básico.

consolidação e a expansão das sociedades que valorizavam a iniciativa privada, os valores burgueses, a circulação do capital e dos produtos e o aumento do consumo.

A criação de organizações internacionais de natureza supranacional como a UNESCO proporcionou um forte impulso à internacionalização das problemáticas educacionais. As conferências, missões e assistência técnica e financeira oferecidas a inúmeros países, entre os quais o Brasil fazia parte do

> esforço para estabelecer uma racionalidade científica que permitisse formular leis gerais capazes de guiar, em cada país, a acção reformadora no campo da educação permitindo criar vastas redes de conctatos, de financiamentos e de permuta de informações e conhecimentos entre autoridades político-administrativas de âmbito nacional, actores sociais *experts* e investigadores universitários" (TEODORO, 2001, p. 127).

O tema predominante no meio intelectual brasileiro, nos anos de 1950/60, era o tema da mudança social, ancorada na percepção dualista da realidade brasileira. Esses foram os anos do *desenvolvimentismo,* forma de teorizar a industrialização, elaborada pela Comissão Econômica para a América Latina - Cepal - e divulgada no Brasil, visando colocar o Estado a serviço de um acelerado crescimento econômico. No Brasil, as bases do projeto nacional desenvolvimentista[4] são reforçadas pelo processo de redemocratização do país após a queda do Estado Novo, em 1945, sendo esse um momento de confluência entre o projeto do Estado Nacional e as ambições dos educadores e intelectuais reunidos em torno do projeto de democratização da sociedade brasileira, ancorado também no debate transnacional sobre a educação.

Os projetos de desenvolvimento discutidos no pós-segunda guerra mundial tinham o Estado-nação como seu espaço privilegiado. Para Teodoro (2001, p. 147) a *modernização* era assumida como um ideal universal e dentro de uma perspectiva otimista para o desenvolvimento econômico nacional, baseado em programas de as-

[4] Para Teodoro (2001) a partir da *crise da dívida pública* dos anos oitenta, deslocaram-se os termos do desenvolvimento de uma questão dominantemente nacional, mediada pelos Estados nacionais, para uma questão progressivamente global. (p. 148/149). Vale lembrar que os Estados-nação, forma administrativa assumida a partir do século XVIII, são entidades políticas imaginadas (ANDERSON, 1983). A bandeira é a tradução simbólica da unidade do Estado nação, construída em torno de um território, língua, religião, cultura, etc., comuns.

sistência, de carácter *bi* ou *multilateral*, normalmente conduzidos pelas organizações internacionais que foram então criadas. Nesta perspectiva, as iniciativas de desenvolvimento resultaram de um processo onde, apesar dos planos nacionais e internacionais, era o espaço nacional que constituía a unidade política fundamental para a intervenção governamental e a mobilização das populações e para que se pudesse atingir o ideal da modernização.

TRANSNACIONALIZAÇÃO E DESENVOLVIMENTISMO NO DEBATE EDUCACIONAL BRASILEIRO

Embora cada país tenha seu sistema educativo com especificidades decorrentes de suas dinâmicas econômicas e culturais, a educação participa de um sistema civilizacional fortemente relacionado com a ordem econômica capitalista. Portanto, devemos ter em conta que a educação que se discute e se concretiza no Brasil está sujeita a lógicas transnacionais que a condicionam fortemente.

Assim, se os efeitos da globalização[5] nas políticas de educação são consequência da reorganização das prioridades dos Estados em se tornarem mais competitivos, as leis e a organização do sistema educativo brasileiro, por exemplo, resultam da ação de seu governo, mas também seguem um pensamento mais global e uma estratégia de desenvolvimento definida em função de conveniências de uma sociedade capitalista.

Teodoro (2001, p. 148), apoiado em Roger Dale (2001), ao analisar as novas formas de regulação transnacional no campo educativo, argumenta que os efeitos da globalização nas políticas de educação, além de ser resultado das políticas para atraírem os investimentos das corporações transnacionais para os seus territórios, indicam que isto não significa a sobreposição ou mesmo a mudança das particularidades nacionais dessas políticas, mas é muito mais uma construção supranacional com a mediação dos estados nacionais.

Ao analisar a realidade sócio econômica portuguesa, Cortesão e Stoer (2001), identificam diferentes tipos de transnacionalização educativa e indicam que fortes

[5] Souza Santos (2001, p. 32) indica que globalização é uma fase posterior à internacionalização e à multinacionalização, porque, ao contrário destas, anuncia o fim do sistema nacional enquanto núcleo central das atividades e estratégias humanas organizadas.

pressões externas mais ou menos explícitas pela influência do Banco Mundial, do FMI, da OCDE, da Unesco e de outros organismos internacionais, estiveram presentes em vários países, na segunda metade do século XX. Entre esses efeitos da globalização sobre a política educativa encontra-se a ideia que seu lócus de viabilidade é externo (abrangendo tanto os objetivos como os processos da política educativa), e que sua origem não pode ser encontrada em nenhum Estado-Nação específico. Para os autores, Dale (2001) contrasta duas concepções da relação educação e globalização: a primeira concepção é a de cultura educacional mundial comum baseada em valores ocidentais, onde o desenvolvimento dos sistemas educativos nacionais e das categorias curriculares é explicado através de utilização de modelos universais de educação, Estado e sociedade, mais do que pelos fatores nacionais distintos[6] a segunda concepção sustenta que é a natureza mutável da economia capitalista mundial que constitui a força principal da globalização e que procura estabelecer a sua influência sobre os sistemas educativos, ainda que intensamente mediados pelos sistemas educativos nacionais. Para Stoer (2002, p. 36), Dale indica que é o imperativo econômico que assume o papel principal no processo de globalização da educação e não as dimensões culturais e normativas.

A origem, a institucionalização e o incremento de uma escola de massas, por exemplo, não é uma função específica de características endógenas a cada país, mas o resultado principal da formação do Estado-nação, alimentada por uma cultura política mundial que emergiu dos dinâmicos e múltiplos conflitos da economia-mundo capitalista (TEODORO & ANIBAL, 2007, p. 15).

O processo de globalização cultural de longa duração[7] (que inclui a expansão da forma política do Estado-Nação) deve ser considerado para compreender a relação educação e desenvolvimento no Brasil, tendo como principais atores, nas décadas de 1950-1960 organizações internacionais como OCDE, UNESCO, Cepal, entre outras.

[6] No trabalho Globalização e Educação: demonstrando a existência de uma "cultura educacional mundial comum" ou localizando uma "agenda globalmente estruturada para a educação"? Dale examina a relação entre globalização e educação contrastando a abordagem Cultura Educacional Mundial Comum desenvolvida por John Meyer da Universidade de Stanford (Califórnia) e a sua abordagem de Agenda Globalmente Estruturada para a Educação. (DALE, 2001. p. 133).

[7] Os padrões de organização escolar fazem parte de um processo de globalização cultural de longa duração. A difusão de modelos institucionais pode ser entendida como parte dos processos de transnacionalização e globalização no campo educativo, interagindo com outros fenômenos. Ver Teodoro, 2001.

A criação de organizações internacionais de natureza supranacional como a UNESCO deu um forte impulso à internacionalização das problemáticas educacionais. As conferências, missões e assistência técnica e financeira oferecidas a inúmeros países, entre os quais o Brasil, faziam parte das iniciativas de criar redes de permuta de informações, para criar consenso em torno das problemáticas educacionais (TEODORO, 2001). Essas redes, para o autor, centraram-se em torno de vários aspectos essências sendo um deles, a ideologia do progresso, centrada na equação educação e desenvolvimento, ou seja, na crença que a expansão e a melhoria dos sistemas educativos assegurariam o desenvolvimento socioeconômico.

Nas Conferências Internacionais de Instrução Públicas realizadas pela Unesco, entre os anos de 1946 e 1962, destacam-se as recomendações da urgente necessidade de pôr em prática uma reorientação profunda da estrutura escolar dos países latino -americanos com vistas ao desenvolvimento sócio econômico.

Na "Conferência sobre Educação e Desenvolvimento Econômico e Social na América Latina", patrocinada pela Unesco e realizada no ano de 1962, em Santiago do Chile, a Cepal apresentou vários documentos nos quais expunha a reciprocidade de influências dos fatores econômicos e sociais e os sistemas escolares da América Latina, mostrando em que medida a situação educacional se condicionava à demografia, à economia e à estrutura da própria região.[8] É o caso do documento "Desarrolo econômico y educacion em América Latina", que demonstra a necessidade de integração entre política social e econômica, indicando que a elevação dos níveis de renda não é um fim em si mesmo, mas uma parte do processo orientador do desenvolvimento "para lograr a continuidade do crescimento, de tal forma que possa manter-se por seus próprios meios" (RBEP n. 87, 1962, p. 93).

Foi também apresentado à Conferência o relatório "Educação e Desenvolvimento Econômico", elaborado pelo Centro Brasileiro de Pesquisas Educacionais – CBPE[9] – que havia sido instituído pelo Decreto n. 38.460, de 28 de dezembro de 1955. Este relatório é indicativo da importância atribuída no período à produção de conhecimentos sobre a realidade brasileira, com vistas à renovação dos sistemas de

---

[8] Ver "Situación demográfica, económica, social y educativa de América Latina" (RBEP,n. 87, 1962, p. 86).

[9] Foram também criados os Centros Regionais de Pesquisas Educacionais instalados nas cidades de São Paulo, Belo Horizonte, Salvador, Recife e Porto Alegre e estavam articulados ao Centro Brasileiro de Pesquisas Educacionais, sediado no Rio de Janeiro.

ensino e à modernização educacional (XAVIER, 2012). Vinculado ao INEP/MEC e reunindo intelectuais de projeção em diversos setores da sociedade, o CBPE mostrou-se afinado às ideias que circulavam transnacionalmente sobre as relações entre educação, desenvolvimento e modernização social. O CBPE pretendia promover a articulação entre os estudos da Educação e das Ciências Sociais na resolução de problemas práticos, entre eles, o da educação. Para tanto, esse desenvolvimento deveu-se, em grande medida, à pressão dos produtores culturais pela renovação das ciências sociais e pela pressão de organismos internacionais e regionais (BLANCO, 2007).

O relatório brasileiro apresentado mostrou que somente 50% da população de 7 a 14 anos (dados de1959), no Brasil, frequentava o ensino primário (cerca de 7 milhões e 500 mil alunos). Seria necessário para cumprir a meta estabelecida, que era de universalizar este nível de ensino, incorporar às escolas brasileiras os demais 6 milhões e setecentas mil crianças (RBEP, n. 87, 1962, p. 37). Indicava o relatório que a insuficiente escolarização acrescentado ao fato que ponderável parte da população escolarizável ser atendida em regime de turnos múltiplos, para cumprir a meta de universalizar a educação elementar de 6 anos até 1970, significaria quintuplicar o dispêndio educacional.

A meta para o ensino primário estabelecida na Conferência de 1962 ratificava as recomendações das reuniões interamericanas promovidas pela Unesco, nos anos de 1956, 1958 e 1961, e era a de atender a 100% do grupo etário correspondente ao ensino primário, ou seja, a universalização da educação primária, obrigatória e gratuita. Há também a recomendação da diversidade da educação secundária e sua progressiva gratuidade e sua articulação com o ensino superior. A relação das metas estabelecidas com o desenvolvimento econômico foi enfatizada por Raul Prebish, secretário executivo da Cepal, quando afirmou na Conferência de Santiago que "o completo sucesso só pode ser alcançado se o problema educacional é resolutamente atacado coincidentemente com o esforço para remover todos os obstáculos estruturais a se atingir ou manter uma alta taxa de desenvolvimento econômico" (PREBISCH, 1962 *apud* ABREU, 1962, p. 38).

Tanto a UNESCO como a Cepal, nos anos após a segunda guerra passam a desempenhar um papel determinante na afirmação de um projeto de desenvolvimento. No Brasil das décadas de 1950 e 1960, houve a presença marcante do debate relacionado à modernização e ao desenvolvimento nacional, a partir do qual foram elaboradas formulações sobre as razões do atraso do país, assim como alinhavadas propostas sobre os caminhos a serem trilhados para a efetivação das mudanças necessárias. Neste contexto, intelectuais e políticos buscavam "guiar a ação do Estado na remoção dos obstáculos ao desenvolvimento" (XAVIER, 2012, p. 206).

O projeto de desenvolvimento que partia de temas nacionais, envolvendo questões relacionadas à autonomia e política de industrialização brasileira, vinha sendo discutido desde os anos de 1930. Tanto o governo Vargas como o governo Kubitschek[10] adotaram políticas desenvolvimentistas. No segundo governo Vargas (1951-1954), os estudos da Cepal embasaram a decisão do Estado de investir em infraestrutura (energia, transporte e comunicações). Em 1952, foi criado o Banco Econômico de Desenvolvimento Econômico – BNDE –, com o objetivo de financiar as atividades que fomentassem o desenvolvimento econômico e social.

Na reflexão sobre o subdesenvolvimento como obstáculo a ser superado, cabe destacar, além da Cepal, o papel do Instituto Superior de Estudos Brasileiros (Iseb),[11] criado pelo Decreto n. 37.608, de 14 de julho de 1955, como órgão vinculado ao MEC. Este Instituto tinha como objetivo a análise e a compreensão da realidade brasileira, visando incentivar e promover o desenvolvimento nacional. Ficou marcado pela construção do nacional-desenvolvimentismo, "que perpassa por toda a política de desenvolvimento brasileiro nos anos 1950" (SOUZA, 2009, p. 1), um contexto caracterizado por mudanças econômicas, sociais e políticas, derivadas da implementação da industrialização e no qual se acirrou um forte debate de ideias acerca dos modelos de progresso e de desenvolvimento para o Brasil. A este respeito Souza indica ainda que:

> É de fácil constatação que o país vivia um singular processo de reestruturação da máquina estatal, no qual se destacava o recrutamento de intelectuais que defendiam a valorização prática do conhecimento e de uma maior racionalização das ações governamentais e políticas, tendo em vista o efetivo desenvolvimento nacional (SOUZA, 2009, p. 2).

[10] É importante ressaltar que a política econômica seguida por Kubitschek apresenta diferenças em relação à de Vargas. A mais importante diferença é em relação à ênfase da participação do capital estrangeiro no desenvolvimento industrial brasileiro.

[11] Em sua origem, o Iseb encontra-se ligado ao Grupo Itatiaia, constituído por intelectuais e técnicos administrativos do Rio de Janeiro e de São Paulo que se encontravam informalmente entre os anos de 1952 e 1953 no Parque Nacional de Itatiaia. Aí estudavam e debatiam questões econômicas, sociais e políticas do Brasil, objetivando elaborar um projeto para o desenvolvimento econômico e social do país.

Embora presente como preocupação governamental desde os anos de 1930, foi o processo de redemocratização após a queda do Estado Novo, em 1945, que reforçou as bases do nacional-desenvolvimentismo, o qual atingiu seu auge com o governo Kubitschek. Neste governo, é que se retomaram as questões relacionadas ao desenvolvimento, o que resultou na construção de um amplo projeto nacional de desenvolvimento capitalista assumido como política de governo (IANNI, 1979, p. 156).

Tal Plano teve como uma de suas bases de sustentação o "idioma cepalino". Produzido pela Cepal[12] com base em uma nova economia política, o "idioma cepalino" foi apropriado por vários ambientes intelectuais brasileiros. Este pensamento socioeconômico estava fortemente vinculado à ideia de desenvolvimento, que reconhece nas virtualidades e potencialidades de cada sociedade a possibilidade de prosseguir em direção à superação intencional do atraso ou subdesenvolvimento.

Segundo a análise da Cepal,[13] o processo pelo qual se expandiu a economia brasileira contrastava acentuadamente com o que se realizou historicamente nos países desenvolvidos, como os Estados Unidos. Isto se traduziu numa desigualdade social crescente no Brasil, desfavorável para a população não incorporada tanto no mercado de trabalho como no mercado consumidor. O problema estratégico brasileiro era, portanto, incorporar sua população nos benefícios do desenvolvimento econômico e social.

Em trabalho elaborado sobre o Brasil pela Cepal e pelo BNDE,[14] publicado em 1964, afirma-se que o desequilíbrio social parece haver se agravado durante o processo de desenvolvimento no período compreendido entre os anos de 1950-1960. Para os autores do referido trabalho, há vários indicadores neste sentido, como por exemplo, o aumento das populações marginais nas cidades e os desníveis do ingresso da população ocupada no setor mais atrasado, o primário, em maior número em relação ao mais desenvolvido, o setor secundário.

[12] A Comissão Econômica para a América Latina e Caribe (Cepal), sediada em Santiago do Chile, foi criada em 1948 pelo Conselho Econômico e Social da Organização das Nações Unidas (ONU) para incentivar a cooperação econômica entre seus membros. É uma das cinco comissões econômicas da ONU.

[13] *Auge e Declinacion del proceso de substituicion de importaciones el Brasil. Boletim Econômico de América Latina*, Comissão Econômica para a América Latina, Nações Unidas, vol.IX, nº 1, março de 1964, p. 58.

[14] *Ibidem*, p.56.

Indica-se, ainda que o modelo de desenvolvimento do período conduzia a economia brasileira a um dos tipos mais acabados de economia dual. Existia um setor capitalista dinâmico que crescia com rapidez, dando ocupação a pouca gente e um setor insuficientemente desenvolvido, no qual se concentrava a maioria da população que se mantinha praticamente à margem do desenvolvimento.

A Cepal, composta por um conjunto de economistas e cientistas sociais, entre os quais o brasileiro Celso Furtado,[15] José Medina Echavarría[16] e o argentino Raul Prebish,[17] produziu vários documentos sobre o subdesenvolvimento. Pode-se aí destacar a posição assumida por Celso Furtado que, segundo Vieira (2010), faz um caminho próprio para entender o fenômeno do subdesenvolvimento, com uma "fundamentação teórica mais aprofundada do que aquela feita por Prebish nas suas reflexões" (VIEIRA, 2010, p. 93).

Em um seminário realizado no ano de 2001 pelo Centro de Estudos de Cultura Contemporânea (CEDEC) denominado "Para pensar o Brasil", o sociólogo Francisco de Oliveira indica, seguindo sugestão do também sociólogo e literato Antonio Candido, que para se chegar a novas interpretações com poder explicativo sobre o Brasil seria preciso considerar duas condições: pensar com radicalidade e pensar com especificidade. Ou seja, fazia-se necessário analisar o processo de constituição da sociedade e do Estado brasileiro, o que havia de próprio e de singular, evitando o isolamento das grandes correntes das ciências humanas e sociais, numa análise "inscrita como especificidade no movimento mais geral do capitalismo, como fez Caio Prado Jr. e posteriormente Celso Furtado" (OLIVEIRA, 2001, p. 89). Na opinião de Francisco de Oliveira, pela contribuição à teoria do subdesenvolvimento, Celso Furtado ofereceu uma interpretação sobre o Brasil com poder explicativo, e na qual é possível constatar a presença de "radicalidade" e "especificidade":

---

[15] O economista brasileiro Celso Furtado (1920-2004) integrou a Cepal entre os anos de 1949 e 1958. Publicou em 1954 a obra "A economia brasileira" e, em 1959, "Formação econômica do Brasil", esta considerada um clássico do pensamento latino-americano. Criou em 1959, a pedido do presidente Kubitschek, a Superintendência de Desenvolvimento do Nordeste (Sudene).

[16] Nascido na Espanha José Medina Echavarría (1903-1977), se exilou no México durante a Guerra Civil espanhola. Em 1952 foi contratado pela Cepal para desenvolver um núcleo de estudos sociológicos, colaborando também na área de desenvolvimento econômico. Atuou nesta comissão, com alguns intervalos, até o ano de 1977. Entre 1957 e 1958, integrou também a Unesco, sendo responsável pela direção da Escola Latino-Americana de Sociologia e pela Faculdade Latino-Americana de Ciências Sociais.

[17] O economista argentino Raul Prebish (1901-1986) ocupou o cargo de secretário executivo da Cepal entre os anos 1950 e 1963, além de ter sido autor da obra considerada inauguradora do pensamento Cepalino: "El desarrolo econômico de la América latina y algunos de sus principales problemas" (1949).

> Radicalidade em romper o padrão acomodatício da interpretação brasileira [...] Especificidade [...] [porque] elabora uma interpretação singular, notável, que rompe tanto o ramerrão das interpretações conservadoras, quanto [...] com a incapacidade que o marxismo teve até aquela época de dar um salto até uma teoria que tratasse países da periferia com a complexidade exigida pela situação de ex-colônias (OLIVEIRA, 2001, p. 91-92).

O subdesenvolvimento, para Celso Furtado, ainda de acordo com Oliveira (2001), constituía-se numa criação específica do capitalismo na sua periferia, e "não um elo numa cadeia contínua entre não desenvolvido e desenvolvido" (*Ibidem*, p. 92). Outro intérprete do Brasil indicado por Oliveira como alguém que também trabalha com radicalidade e especificidade é Florestan Fernandes. Para aquele autor, as ideias de radical e de específico em Florestan podem ser constatadas na leitura da obra *A Revolução Burguesa no Brasil*, que versa sobre "os limites e os problemas da democracia numa específica periferia capitalista" (*Ibidem*, p. 91).

Celso Furtado, que coordenava as ações da Cepal no Brasil, interpretava o subdesenvolvimento como dependência tecnológica e cultural. Assim, entendia que para superar tal condição, fazia-se necessário "estimular a capacitação científica e tecnológica dos setores produtivos", como também "favorecer a integração dos indivíduos nos sistemas de produção e consumo para que a economia pudesse movimentar-se em razão de suas próprias demandas" (XAVIER, 2012, p. 216).

Em relação à educação a Cepal[18] indicava as funções necessárias para a manutenção dos sistemas de economia moderna, tendo em vista um rápido progresso econômico na América Latina. Seriam elas:

- Formação de uma classe de administradores de empresas nos principais ramos de atividades econômicas modernas.
- Formação de um estoque de profissionais de acordo com as novas exigências desses ramos e que, de modo geral, seguem em importância os trabalhos de diretores e gerentes.
- Formação de uma grande variedade de técnicos e especialistas de nível intermediário – contramestres, mecânicos de reparação, montadores –,

[18] Três aspectos sociológicos del desarrollo económico. Revista de la Comission Econômica para a América Latina, Nações Unidas. 1955. Citado por Lourenço Filho (RBEP, vol. XXXV, N. 81, 1961. p. 43).

de par com a de contadores e pessoal com especialização de grau médio em atividades de administração e de laboratórios industriais.

- No plano do trabalho manual, operários qualificados, sobretudo em certos processos técnicos e no manejo de máquinas especiais.

A deficiência de pessoal qualificado, advertia a Cepal, poderia constituir um dos principais pontos de estrangulamento para o conveniente desenvolvimento industrial equilibrado na América latina.

Em relação ao Brasil, a tese "industrialização substitutiva de importações", como uma das principais interpretações sobre o país, segundo Ianni (2004, p. 52) nasce, expande-se, enraíza-se de forma intensa e generalizada nos anos de 1930-1964. Situando Celso Furtado nessa orientação, Ianni indica a constituição do projeto de capitalismo que "se refere à criação e ao desenvolvimento de uma ampla, complexa e dinâmica economia nacional, crescentemente apoiada na industrialização, acompanhada de intensa urbanização e outros processos sociais de alcance nacional" (*Ibidem*, p. 53). O economista Celso Furtado, para o autor, destaca-se como um inovador[19] nas interpretações do Brasil, instituindo "outros parâmetros de compreensão e explicação da realidade política, econômica e sociocultural" (IANNI, 2004, p. 61).

Furtado, em 1953, instalou-se no Rio de Janeiro a fim de presidir o grupo misto Cepal/Banco Nacional de Desenvolvimento Econômico (BNDE), cujo trabalho proporcionaria subsídios para o Plano de Metas do governo Kubitschek. O Plano de Metas definiu os pressupostos básicos da educação para o desenvolvimento, aproximando as diretrizes educacionais das recomendações e dos incentivos financeiros provenientes de organismos internacionais como a Cepal e a Unesco. Guiadas pela discussão sobre a contribuição da educação para o desenvolvimento, as políticas educacionais do período defendiam a tese da educação como motor e consequência deste processo, além de fator decisivo na transformação da mentalidade social da população.

As recomendações da Conferência sobre Educação e Desenvolvimento Econômico e Social na América Latina, em 1962,[20] eram:

[19] Além de Celso Furtado, Ianni (2004) indica ainda Florestan Fernandes, Raymundo Faoro, Antônio Cândido, entre outros, como inovadores nas interpretações do Brasil.

[20] Publicadas na Revista Brasileira de Estudos Pedagógicos n.87 de 1962.

- reorientação da estrutura de administração dos serviços educativos;
- reestruturação escolar dos países latino-americanos sendo uma primeira etapa de 8 a 9 anos de educação geral (abrangendo a educação primária e o 1° ciclo da instrução média), uma segunda etapa de 2 a 4 anos que combine educação geral e formação vocacional e profissional de nível médio que conduzirá a estudos superiores, e uma terceira etapa de 2 a 7 ou 8 anos em que a formação geral se combinaria com formação especializada profissional ou científica de nível superior.

Havia ainda recomendações quanto à educação de adultos, formação e aperfeiçoamento de professores, supervisores e administradores, quanto ao serviço de assistência social e econômica aos escolares, sobre material didático, biblioteca, etc. O documento[21] enfatizava que esperava que os Estados representados na Conferência empregassem os melhores esforços para o alcance das metas estabelecidas "a fim de que a educação possa contribuir eficazmente para o progresso cultural, tecnológico, econômico e social da América Latina". Raul Prebisch, secretário executivo da Cepal, em palestra proferida na citada Conferência, advertia que "progredir resolutamente em educação, sem fazer o mesmo em relação ao desenvolvimento econômico, geraria apenas novos elementos de frustração e tensão social" (PREBISCH, 1962 *apud* ABREU, 1962, p. 36). Ainda no mesmo texto é possível ler que, sem a cooperação internacional, adicionada a um ponderável esforço nacional, o Brasil não teria a quantidade e a qualidade da educação exigida para elevá-lo ao nível dos países industrializados e desenvolvidos (ABREU, 1962).

Anísio Teixeira, então Diretor do Inep, em artigo denominado *Estado Atual da Educação*, que indica que o período compreendido entre os anos de 1960 e 1970 foi proclamado como a década do desenvolvimento "e o Brasil subscreveu em reuniões internacionais, compromisso de atingir até 1970 certas metas educacionais definitivas". (RBEP, n. 89. 1963, p. 16).

Anteriormente, em artigo denominado "Educação e Desenvolvimento" (RBEP, n. 81, 1961), Anísio Teixeira parte da argumentação de que nada se pode dizer sobre educação e desenvolvimento sem responder a questões que, segundo sua apreciação,

[21] Conclusões do Comitê I – Sobre a extensão e melhoria da educação em face do Desenvolvimento Econômico e Social. Conferência sobre Educação e Desenvolvimento Econômico e Social na América Latina. RBEP, n.87, 1962, p. 55-57.

são fundamentais. As questões apontadas eram: que elite dirige o desenvolvimento? Com que propósito o dirige? E em que velocidade quer marchar?

Afirma que tanto as decisões básicas quanto as do método de distribuição da força de trabalho, do sistema educativo e da velocidade da industrialização dependem do tipo de elite que dirige o desenvolvimento. Tendo por referência o trabalho da Universidade de Harvard, *Industrialism and Industrial Man*[22] *(Harvard University, 1960)*, advoga que a elite de classe média, por ser a mais aparelhada em ideias específicas relativas à nova ordem industrial, é que deve conduzir o processo de desenvolvimento (RBEP, n. 81, p. 85, 1961). Acreditava ser característico da doutrina de classe média a crença na educação como instrumento fundamental de justiça social e mobilidade vertical e o consequente enfraquecimento das fronteiras e divisões de classe. Para ele, eram as elites de classe média e dos intelectuais revolucionários, que efetivamente, acreditavam na educação, pois ambas defendem a educação para todos. Anísio entendia que cada elite estabelece a educação que melhor se ajusta à sua estratégia para a industrialização. Para ele, as elites de classe média eram as mais aparelhadas em ideias especificadas relativas à ordem industrial.

No entanto, segundo sua avaliação, a América Latina se havia radicalizado entre direita e esquerda. Para ele, o Brasil estava longe da formação do cidadão indispensável ao funcionamento da democracia liberal, enquanto o desenvolvimento estava muito mais sob a influência do espírito dinástico e paternalista herdado do Estado Novo, do que sob o comando da doutrina da classe média, além de também receber a propulsão do combustível nacionalista.

Conclui, de forma pessimista, embora adequada ao momento político vivenciado pelo Brasil, no início dos anos de 1960, que, antes de se estabelecer "um ambiente de maior nitidez e claridade política e melhor definição da doutrina democrático-liberal, pouco se pode fazer pela educação nacional" (*Ibidem*, p. 91). Para Anísio, a modernização social e econômica requeria uma elite condutora de classe média, que ainda não estava presente no Brasil dos anos de 1960.

[22] Relatório de autoria de Jonh T. Clark Kerr, Frederick H. Harbinson Dunlop e Clarles A. Myer da Harvard University Press, Cambridge, Mass. U.S.A, 1960, apresentado ao Encontro Regional de Educadores Brasileiros. (*RBEP*, n. 81, p. 73, 1961).

CONSIDERAÇÕES FINAIS

As redes de organismos internacionais como a Unesco e Cepal impulsionaram a internacionalização da problemática educacional e propiciaram, principalmente pela realização de Conferências sobre Educação realizadas entre 1946 e 1962, a permuta de informações e conhecimentos. É possível compreender que as conferências constituíssem redes de sociabilidades, assim como indica Sirinelli para o caso das revistas, "pelas posições tomadas, os debates suscitados, e as cisões advindas [...] um lugar precioso para a análise do movimento das ideias" (2010, p. 249).

As Conferências estabeleceram metas a serem cumpridas pelos países da América Latina no sentido de universalização do ensino primário e ampliação dos anos da educação geral oferecida, mudanças no ensino médio e superior, entre outras metas para a educação de adultos, formação e aperfeiçoamento de professores etc. Jaime Abreu, do CBPE, publicou na Revista Brasileira de Estudos Pedagógicos,[23] periódico oficial do Instituto Nacional de Estudos Pedagógicos e lócus importante do debate educacional brasileiro, artigo em que afirma que os documentos produzidos na Conferência de Santiago do Chile de 1962 "são documentos que expressam o pensamento dos educadores latino-americanos sobre a situação educacional do continente e sobre o que consideram pertinente e necessário ao incremento e melhoria do seu sistema educacional" (RBEP, N. 87, 1962, p. 34).

Os compromissos assumidos pelo Brasil são explicitados no primeiro Plano Nacional de Educação,[24] aprovado pelo Conselho Federal de Educação,[25] em 12 de

[23] O ensino primário e médio na Conferência de Santiago. RBEP, n. 87. p. 34-43.

[24] A Lei de Diretrizes e Bases da Educação Nacional de 1961 determinou no parágrafo 2. do artigo 92 que cabia ao Conselho Federal de Educação a elaboração do Plano Nacional de Educação para a aplicação dos fundos do ensino primário, médio e superior.

[25] O Conselho Federal de Educação foi instalado, em 12/02/1962, sob a presidência de Edgar Santos, que designou uma comissão para a elaboração do Plano, integrada pelos conselheiros Anísio Teixeira, Brochado da Rocha e Dom Cândido Padim (relator), integrada posteriormente também por Almeida Júnior. A comissão constituída para a elaboração do Plano iniciou os debates em abril, e em maio o conselheiro Anísio Teixeira formulou um estudo especial sobre as bases preliminares para o Plano de Educação referente ao Fundo Nacional do Ensino Primário. Anteriormente, em 1931, havia sido criado o Conselho Nacional de Educação, órgão consultivo do Ministro de Educação e Saúde. A lei 4.024/1961 reformulou sua denominação para Conselho Federal de Educação. Em 1995, cria-se novamente o Conselho Nacional de Educação por transformação do Conselho Federal de Educação.

setembro de 1962,[26] e homologado pelo então Ministro da Educação Darci Ribeiro em 21 do mesmo mês. Em nota publicada pelo Conselho Federal de Educação,[27] afirma-se que a secretaria geral procedeu o levantamento "das metas educacionais, extraídas de programa de governo e de compromissos internacionais (encontros de Lima, Punta del Este e Santiago do Chile)". Afirma-se ainda que o Plano fixou as metas em oito anos para coincidir "com o termo dos compromissos internacionais".

As metas estabelecidas pelo Plano Nacional de Educação a serem atingidas até 1970 eram, para o ensino primário, atender 100% da população de 7 a 11 anos até a 4ª série e na quinta e sexta série, atender 70% da população de 12 a 14 anos[28] e são as mesmas contidas na Resolução A, comitê I da Conferência de Santiago de 1962, onde foram estabelecidas as metas que deveriam ser atingidas pelos países da América Latina.[29] O primeiro Plano Nacional de Educação estabelecia, portanto, um ensino primário com duração de 6 anos.

Já nos anos de 1950, Anísio Teixeira, em *Educação não é privilégio,* defendia a necessidade que o ensino obrigatório primário se estendesse para 6 anos, "o mínimo para uma civilização que começa a industrializar-se", dizia ele. Como se sabe, é a Lei 5.692/1971 que estabelece que o ensino de 1. grau com duração de 8 anos será obrigatório dos 7 aos 14 anos.[30]

O debate sobre a modernização social e econômica brasileira e o papel da educação nessa modernização existente no Brasil dos anos de 1950-1960 são indícios que as pautas transnacionais sobre educação foram construídas também com a colaboração de técnicos e intelectuais brasileiros. Os artigos publicados na RBEP são exem-

---

[26] Este plano foi revisto em 1965 e segundo Baia Horta a justificativa para tal revisão seria a execução apenas parcial do Plano em 1963 e 1964 em virtude da inexistência de planos estaduais e do não cumprimento das disposições orçamentárias previstas pela LBD/1961. (BAIA HORTA, 1982, p. 57)

[27] Nota histórica da Secretaria do Conselho Federal de Educação publicada na RBEP, N.87, 1962, p. 108-110.

[28] Para o ensino médio são previstos o atendimento de 30% da população escolar de 11 e 12 e14 anos nas duas primeiras séries do ciclo ginasial; matrícula de 50% da população escolar de 13 a 15 anos nas duas últimas séries do ciclo ginasial e 30% da população de 15 a 18 anos nas séries do ciclo colegial. Para o ensino superior, expansão da matrícula até a inclusão de pelo menos a metade dos que terminaram o ciclo colegial. In Planos de Educação referentes aos Fundos Nacionais do Ensino Primário, Médio e Superior. RBEP, n. 88,1962 p. 110-111.

[29] RBEP, n.87.1962, p.55-57.

[30] Sobre a obrigatoriedade escolar ver BAIA HORTA, J.S. Direito à educação e obrigatoriedade escolar. **Cadernos de Pesquisa.** São Paulo: Fundação Carlos Chagas, n. 104, 1998.

plos da confluência existente entre as propostas defendidas nas Conferências sobre Educação do período em análise e àquelas indicadas por educadores brasileiros. Essas pautas embasaram o estabelecimento das metas da política educacional definida pelo governo brasileiro no primeiro Plano Nacional de Educação, como resultado dos compromissos assumidos nos eventos transnacionais.

REFERÊNCIAS

ABREU, Jayme. *Educação, Sociedade e Desenvolvimento*. Rio de Janeiro: Centro Brasileiro de Pesquisas Educacionais, Instituto Nacional de Estudos Pedagógicos, Ministério da Educação e Cultura, 1968, p. 51-78. [Série VI – Sociedade e Educação – vol. 8].

________. O ensino primário e médio na Conferência de Santiago. *Revista Brasileira de Estudos Pedagógicos*. Rio de Janeiro: Inep, v. 38, n. 87, p. 34-43, jul./set. 1962.

BOTELHO, André. Prefácio – Intérpretes do Brasil, nossos antepassados? In: RICUPERO, Bernardo. *Sete lições sobre as interpretações do Brasil*. 2 ed. São Paulo: Alameda, 2011, p. 7-18.

BOLETIM ECONÔMICO DE AMÉRICA LATINA, Comissão Econômica para a América Latina, Nações Unidas, vol. IX, n° 1, março de 1964.

BLANCO, Alejandro. Ciências sociais no Cone Sul e a gênese de uma elite intelectual (1940-1965). Tradução de Luiz Carlos Jackson. Tempo Social, Revista de Sociologia da USP, v. 19, n. 1, p. 89-114, jun. 2007.

BRASIL. Ministério da Educação e Cultura. Decreto n. 37.608, de 14 de julho de 1955. Institui no Ministério de Educação e Cultura um curso de altos estudos sociais e políticos, denominado Instituto Superior de Estudos Brasileiros.

BRASIL. Ministério da Educação e Cultura. Decreto n. 38.460, de 28 de dezembro de 1955. Institui o Centro Brasileiro de Pesquisas Educacionais e centros regionais. Disponível em: <http://www2.camara.leg.br/legin/fed/decret/1950-1959/decreto-38460-28-dezembro-1955-334313-republicacao-49484-pe.html> Acesso em: 10 jul. 2013.

CORTESÃO, L. & STOER, S. R. Cartografando a transnacionalização do campo educativo: o caso português. SANTOS, B.S. Globalização: fatalidade ou utopia. Porto: Afrontamento, 2005.

DALE, Roger. Globalização e Educação: demonstrando a existência de uma "cultura educacional mundial comum" ou localizando uma "agenda globalmente estruturada" para a educação. *Educação, Sociedade e Cultura*, Porto: v.16, p.133-169, 2001.

FREITAS, M.C. A pesquisa educacional como questão intelectual na história da educação brasileira (breves anotações para uma hipótese de trabalho). FREITAS, M.C. (ORG). *Memória Intelectual da Educação Brasileira.* Bragança Paulista: Editora da Universidade São Francisco/EDUSF, 1999.

HOBSBAWM, Eric. *A era dos extremos.* São Paulo: Companhia das letras, 1995.

HORTA, J.S.B. *Liberalismo, tecnocracia e planejamento educacional no Brasil.* São Paulo: Cortez Editora.1982.

____________. *Cadernos de Pesquisa.* São Paulo: Fundação Carlos Chagas, n. 104, 1998.

IANNI, Octávio. *Estado e Planejamento Econômico no Brasil (1930-1970).* Coleção Retratos do Brasil. Rio de Janeiro: Civilização Brasileira, 1979. [vol. 83].

IANNI, Octávio. *Pensamento social no Brasil.* São Paulo: EDUSP, 2004. [Coleção Ciências Sociais].

LOURENÇO FILHO, M.B. Educação para o desenvolvimento. *Revista Brasileira de Estudos Pedagógicos.* Rio de Janeiro: Inep: v.35, n.81, p. 35-66, jan./mar. 1961.

OLIVEIRA. Francisco de. Pensar com radicalidade e com especificidade. *Lua Nova.* Revista de cultura e política. São Paulo: Centro de Estudos de Cultura Contemporânea, n. 54, p. 89-95, 2001.

REVISTA BRASILEIRA DE ESTUDOS PEDAGÓGICOS. Conferência sobre educação e desenvolvimento econômico e social na América Latina. Rio de Janeiro: Inep, v. 38, n. 87, p. 55-106, jul./set. 1962.

________. Plano Nacional de Educação. Notícia Histórica. Rio de Janeiro: Inep, v. 38, n. 88, p. 107-126, set./dez. 1962.

SANTOS, B. S. Os processos de globalização. SANTOS, B.S. *Globalização: fatalidade ou utopia.* Porto: Afrontamento, 2005.

SAUTER, G.O. e BOOM, A. M. Itineraines of the discourses on development and education in Spain and Latin America (circa 1950-1970). *Pedagogica Historica :journal of the history of education.* V.47. n. 5, 2011.

SIRINELLI, Jean-François. Os intelectuais. In: RÉMOND, René. (Org.). *Por uma história política.* Rio de Janeiro: Ed. FGV, 2003.

STOER, S. Educação e Globalização: entre regulação e emancipação. *Revista Critica de Ciências Sociais.* Lisboa: n. 63, p. 33-45, 2002.

SOUZA, Edson Rezende de. O ISEB e o nacional-desenvolvimentismo: a *intelligentsia* brasileira nos anos 50. *Contemporâneos.* Revista de artes e humanidades, n. 4, p. 1-16, mai. /out. 2009.

TEIXEIRA, Anísio. O estado atual da educação. *Revista Brasileira de Estudos Pedagógicos.* Rio de Janeiro: Inep, v. 39, n. 89, p. 08-16, jan./mar. 1963.

________________. Educação e Desenvolvimento. *Revista Brasileira de Estudos Pedagógicos.* Rio de Janeiro: Inep, v. 35, n. 81, p. 71-92, jan. /mar. 1961.

________________. *Educação não é privilégio.* Rio de Janeiro: Ed. UFRJ, 1994.

TEODORO, A. Organizações internacionais e políticas educativas nacionais: a emergência de novas formas de regulação transnacional, ou uma globalização de baixa intensidade. In STOER, S. R., CORTESÃO, L. e CORREIA, J. (org.). *Transnacionalização da educação: da crise da educação à educação da crise.* Porto: Afrontamento, 2001.

TEODORO, A. e ANÍBAL, G. A educação em tempos de globalização: modernização e hibridismo nas políticas educativas em Portugal. *Revista Lusófona de educação.* Lisboa: v. 10, n. 10, p. 13-26.2007.

VIEIRA, Wilson. *A construção da nação no pensamento de Celso Furtado.* Tese (Doutorado em Sociologia). Programa de Pós-Graduação em Sociologia, Instituto de Filosofia e Ciências Humanas, Universidade Estadual de Campinas. Campinas: 2010.

XAVIER, Maria do Carmo. A educação no u do desenvolvimento: as décadas de 1950 e 1960. In: GIL, Natália; CRUZ E ZICA, Matheus da; FARIA FILHO, Luciano Mendes de (Org.). *Moderno, modernidade e modernização*: a educação nos projetos de Brasil - séculos XIX e XX. Belo Horizonte: Mazza Edições, 2012.

_________. *A tradição (re) visitada* - a experiência do Centro Regional de Pesquisas Educacionais de Minas Gerais - CRPEMG (1956/1966). Tese (Doutorado em Educação). Faculdade de Educação, Universidade Federal de Minas Gerais. Belo Horizonte, 2007.

Colóquios estaduais sobre a organização dos sistemas de educação (CEOSE): lócus para pensar a orientação do planejamento educacional no Brasil nas décadas de 1950/60

Marilândes Mól Ribeiro de Melo

INTRODUÇÃO[1]

No Brasil dos anos 1950/60, a cooperação técnica internacional não era uma raridade. Sua difusão no século XX pode ser observada nas décadas anteriores, quando a Universidade de São Paulo (USP) recebeu missões de professores franceses nos anos 1930, e também foi criada a Comissão Mista Brasil Estados Unidos para o Desenvolvimento Econômico em 1951 e encerrada em 1953, durante a segunda gestão do governo de Getúlio Vargas (RIBEIRO, 2013). Essas missões encontraram no País uma ambiência privilegiada e receptiva. Após a 2ª Guerra Mundial, a intervenção de organizações internacionais nas políticas educativas nacionais, como novos modos de regulação da problemática educacional, possuem uma intensa movimentação. O planejamento e a pesquisa eram prescritos como "remédios" capazes de curar os males da educação e de tornar hígidos os recursos humanos e materiais para acelerar o progresso social, econômico e cultural.

[1] Texto elaborado no âmbito do "Projeto MODERNO, MODERNIDADE, MODERNIZAÇÃO: A EDUCAÇÃO NOS PROJETOS DE BRASIL NOS SÉCULOS XIX E XX", a partir da dissertação de mestrado *Sílvio Coelho dos Santos - um intelectual moderno no Centro de Estudos e Pesquisas Educacionais (CEPE) – SC: pertencimento, missão social e educação para a formação/modernização* defendida pela autora no PPGE/UFSC.

A Organização das Nações Unidas para a Educação, Ciência e Cultura – Unesco –, para cumprir com sua finalidade,[2] por meio da promoção da cooperação técnica entre os Estados membros, afirmou "a cooperação intelectual como um dos primordiais eixos de sua atuação. A ideia de "colaboração", termo empregado com regularidade nos documentos da Unesco reforça a necessidade do "espírito de assistência mútua" em uma espécie de "comoção humana" em favor de seu próprio desenvolvimento, considerando que "são, sobretudo, as perspectivas da modernização[3] que descrevem com mais fidelidade os projetos, as teorias e os métodos sobre os quais se construiu o discurso sobre a educação da Unesco" (SOUSA, p. 6482 – acesso, 2015). Os países da periferia e da semiperiferia ocidental começaram a depender cada vez mais "da legitimação e da assistência técnica das organizações internacionais" (TEODORO, 2001, p. 127) para a formulação de suas políticas educativas. Em face das questões abordadas, este artigo objetiva analisar a contribuição da missão técnica internacional para a orientação ao planejamento educacional no Brasil, nas décadas de 1950/60, notadamente por meio da realização dos Colóquios Estaduais sobre a Organização dos Sistemas de Educação (Ceose).

CEOSE: COOPERAÇÃO TÉCNICA DA UNESCO AO PLANEJAMENTO EDUCACIONAL NO BRASIL

Dentre os 20 os países que ratificaram a constituição da Unesco estava o Brasil, sendo denominado, um Estado-membro fundador. Por meio dos acordos de cooperação com o MEC, as missões internacionais encontraram uma ambiência privi-

[2] Convenção que constitui a Organização das Nações Unidas para a Educação, Ciência e Cultura – 1945. Disponível em: <http://www.direitoshumanos.usp.br/index.php/UNESCO-Organizacao-das-Nacoees-Unidas-para-a-Educacao-eCultura/convencao-da-Unesco-relativa-a-luta-contra-as-discriminacoes-na-esfera-do-ensino-1960.html> Acesso: 20 fev, 2015. De acordo com este documento sua finalidade era "de realizar gradualmente, mediante a cooperação das nações do mundo nos domínios da educação, da ciência e da cultura, os objetivos de paz internacional e bem-estar comum da humanidade".

[3] António Nóvoa em seu estudo *Modèles d'analyse en éducation comparée: le champ et la carte* publicado em 1998, identifica pelo menos sete configurações no que diz respeito arcabouço teórico e metodológico pelos quais a Unesco examina a educação mundial. Dentre eles, três podem ser percebidos: as perspectivas historicistas, as positivistas e as da modernização. Esta última é a pauta primordial das décadas de 1950/60.

legiada e receptiva, nos campos da arte e da cultura,[4] das Ciências Sociais[5] e da Educação,[6] com um intenso trânsito de *experts* entre os anos 1950 a 1972. Estas missões faziam parte daquilo que se convencionou denominar Programa de Assistência Técnica para países em desenvolvimento, iniciado na década de 1950.[7] Desta forma, uma vez instalada a cultura do planejamento em educação,[8] estaria consolidada uma "ferramenta útil para as instâncias decisórias na formulação de políticas educacionais nos países, para educadores e administradores" (SOUSA, 2015, p. 6474). Com este objetivo, o Brasil passou a receber o suporte técnico de *experts* da Unesco para

[4] Cecilia Ribeiro destaca que o "Brasil solicitou e recebeu missões de assistência técnica para o turismo cultural em 1964, de Paul Coremans" e nos anos de 1966 e 1967, "veio Michel Parent em missão para informar o potencial brasileiro e propor diretrizes para a criação de um programa sobre o tema" além de definir diretrizes para a criação de um programa pelo governo brasileiro, elegendo "cidades de arte" para receber investimentos, guiando também várias missões, dentre as quais, a de Viana de Lima a Ouro Preto (2013, p. 53).

[5] Marcos Chor Maio assinala que entre os de 1951 e 1952, a Unesco patrocinou várias pesquisas no campo das Ciências Sociais (Antropologia e Sociologia) sobre as relações raciais no Brasil, por um programa denominado "Projeto Unesco", gerando "amplo e diversificado quadro das relações raciais no Brasil" e contribuindo "para o surgimento de novas leituras acerca da sociedade brasileira em contexto de acelerado processo de modernização capitalista" (1999. p. 141).

[6] Em 1949, após a adoção de uma resolução sobre educação em geral, um projeto que visava reunir informações sobre os sistemas educacionais dos países resultou na publicação *World Handbook of Educational Organization and Statistics*. As informações sobre o Brasil foram fornecidas pelo ministro da Educação e Saúde, da então capital federal (Rio de Janeiro). Nelas estava incluído um "diagrama da organização do sistema escolar em 1950" e um "sumário das estatísticas escolares", relativo às unidades escolares, aos professores e ao total de matrículas dos alunos, em todos os níveis de ensino, desagregados por sexo, no período compreendido entre 1936 e 1946 (SOUSA, 2015, p. 6474).

[7] José Silvério Baía Horta e Osmar Fávero assinalam que, após 1946, a ideia de planejamento ganhou nova perspectiva, uma vez que foi "aceita a possibilidade de se conciliar, em regimes democráticos, liberalismo e planejamento". Passa então a compor o cenário a variável desenvolvimento nacional, discussão fortemente presente entre os intelectuais nos anos de 1950, "especialmente a partir do Instituto Superior de Estudos Brasileiros – Iseb. E, no final da década de 1950, a educação passa a ser incluída como uma das exigências básicas do processo de desenvolvimento" (2014, p. 502). Como marcadores ocorrem dois encontros internacionais: a Conferência de Punta del Este (agosto, 1961), que reuniu "ministros da educação e de finanças de todos os países latino-americanos, que deu origem ao Plano Decenal da Aliança para o Progresso, e a Conferência sobre Educação e Desenvolvimento Econômico na América Latina, realizada em Santiago do Chile, em março de 1962" (BAÍA HORTA; FÁVERO 2014, p, 502).

[8] De acordo com a Unesco, os países que "tiveram sucesso, os que estavam no "bom caminho", eram aqueles que já desenvolviam a prática do planejamento educacional: países especialmente da Europa. Já aqueles continentes subdesenvolvidos, como a África e os generalizados como "América" que "não tinham conseguido superar o desafio do analfabetismo", precisavam superar esta situação, tendo em vista que o tema em pauta era a modernização (SOUSA, p. 6479 – acesso, 2015).

"pensar a educação", ganhando projeção a Assistência Técnica aos Estados no Campo da Educação, por meio da organização dos eventos Colóquios Estaduais sobre a Organização dos Sistemas de Educação (Ceose). Promovidos pelo Ministério da Educação e Cultura, em colaboração com a Unesco, constituíam-se em "um sistema de assistência técnica do MEC aos Estados, por intermédio do Inep,[9] baseando-se em objetivos bem definidos e em instrumentos adequados para a sua realização" (MEC/INEP, Informação Prévia, 1967, s/p).

A duração desses eventos no Brasil foi de três anos e o professor Durmeval Trigueiro permaneceu na coordenação dessas atividades. Os primeiros movimentos para a implantação dos Colóquios coube a Carlos Pasquale[10] e ao seu sucessor no Inep, Carlos Mascaro,[11] a quem foi delegada não só a concretização do programa, mas também as mudanças necessárias para a sua operacionalização. No entanto, "a responsabilidade técnica do programa foi atribuída a uma comissão de especialistas brasileiros e peritos da Unesco, sob a coordenação do Prof. Durmeval Trigueiro[12]" (MEC/INEP, Informação Prévia, 1967, s/p). Como integrantes da Comissão

---

[9] Na década de 1960, ainda denominado Instituto Nacional de Estudos Pedagógicos.

[10] Rothen, (2005, p. 199), afirma que "em abril de 1964, Carlos Pasquale, representante da educação particular, assume a direção do Inep" e em 1966, "afasta-se do Inep para assumir a Secretaria de Educação do Estado de São Paulo". "Carlos Pasquale participou do Conselho de Redação na maioria dos números [da RBEP] durante a sua gestão como diretor do Inep" (ROTHEN, 2005, p. 204).

[11] Carlos Correa Mascaro era funcionário de carreira do Inep e tinha ligações com Anísio Teixeira. Sua gestão foi marcada pela "desconfiança dos militares em relação às atividades desenvolvidas pelo Inep" (ROTHEN, 2005, p. 199). "Participou do Conselho de Redação da Revista Brasileira de Estudos Pedagógicos (RBEP) durante a gestão de Pasquale como substituto deste e de todos os números durante a sua gestão como diretor do Inep" (ROTHEN, 2005, p. 204).

[12] Durmeval Bartolomeu Trigueiro Mendes nasceu em 1927, em Cuiabá e faleceu em 1987. "Foi no Rio de Janeiro, a partir de 1958, que centrou suas atividades profissionais como educador, pesquisador, conferencista, administrador e consultor junto a empresas de planejamento educacional". "Desde o primeiro ano na capital federal reintegrou-se no magistério superior, lecionando Filosofia da Educação no Curso de Pedagogia da PUC/RJ. Em 1960 foi designado para integrar o Conselho Consultivo da CAPES – Campanha Nacional de Aperfeiçoamento do Pessoal de Nível Superior". "Foi Coordenador da Comissão INEP / UNESCO, instituída em 1966 no âmbito do Ministério da Educação com o nome de Ceose – Colóquios Estaduais sobre a Organização dos Sistemas Educacionais, que, durante três anos, prestou cooperação técnica em matéria de planejamento, organização e reestruturação dos sistemas educacionais de 14 Estados brasileiros". Biografia de Durmeval Bartolomeu Trigueiro Mendes. Disponível em: <http://www.durmevaltrigueiro.pro.br/bioinep.htm.> Acesso: 23 fev, 2015.

> além de professores brasileiros convidados para cada Estado, os professores Pierre Furter, Michel Debrun, Jacques Torfs e Isabelle Deblé, peritos da Unesco, cuja Missão em nosso país ficou sediada no Centro Brasileiro de Pesquisas Educacionais, no Rio de Janeiro. Essa equipe trabalhou integrada em 14 Estados: Amazonas, Pará, Maranhão, Piauí, Ceará, Rio Grande do Norte, Paraíba, Pernambuco, Alagoas, Sergipe, Bahia, Paraná, Santa Catarina e Rio Grande do Sul.[13]

Para Trigueiro

> o papel dos Colóquios era sobretudo o de despertar uma consciência crítica da situação do ensino em cada unidade federada, mediante a discussão aberta das questões pertinentes à educação. Nada de trazer receitas prontas, fechadas, para os problemas locais. Tratava-se antes de suscitar a análise desses problemas com os responsáveis pela tomada de decisão em âmbito estadual, com a audiência e participação de técnicos, professores e quantos se sentissem envolvidos na temática em debate. Determinadas questões, como a do ginásio fundamental de dois anos, nova tentativa de extensão da escolaridade, provocou amplo debate, ponderando alguns que o compromisso primeiro seria o de garantir o primário básico de quatro anos a toda a população em idade escolar, meta ainda não atingida satisfatoriamente naquela oportunidade.[14]

Os documentos produzidos pelo MEC/INEP estão assim distribuídos em termos de abordagem: o primeiro trata da doutrina dos Ceose e os outros fazem indicações ao seu modo de operacionalização. O Ceose é designado como um instrumento de ação do Ministério da Educação e defende a Lei de Diretrizes e Bases da Educação, a 4.024 de 1961, como a expressão das condições reais do Brasil e, portanto, o mais viável e adequado documento a combinar as aspirações e os ideais do País. Essa LDB era uma manifestação não estéril, nem abstrata, mas "uma objetividade dinâmica

[13] Biografia de Durmeval Bartolomeu Trigueiro Mendes. Disponível em: <http://www.durmevaltrigueiro.pro.br/bioinep.htm.> Acesso: 23 fev, 2015.

[14] Biografia de Durmeval Bartolomeu Trigueiro Mendes. Disponível em: <http://www.durmevaltrigueiro.pro.br/bioinep.htm.> Acesso: 23 fev, 2015.

capaz de impulsionar o desenvolvimento da educação brasileira" (DOCUMENTO n. 1, 1967, p. 1).

A LDB emerge como um princípio flexível e nítido, que abrigava a diversidade de situações e experiências educacionais brasileiras. Assim advoga a necessidade da relação entre as esferas sociais quando assinala que "não há mais um órgão de fazer leis, divorciado dos setores que fazem a educação" (DOCUMENTO n. 1, 1967, p. 1). Considerava-se que o Brasil, no contexto declarado como nação subdesenvolvida,[15] estava no "rumo certo", uma vez que produziu uma norma capaz de imputar uma identidade educacional.

O contexto da segunda metade dos anos 1950 anunciava a necessidade de liberdade de iniciativa, de progressos e de experiência na ação dos Administradores públicos nos âmbitos estaduais e municipais, bem como de instituições ligadas à educação, como as universidades e as escolas, situação com a qual a realidade brasileira não estava habituada, uma vez que esteve submetida a um longo

> regime da docilidade, que lhes retirava a iniciativa intelectual e a responsabilidade de analisar e resolver seus próprios problemas, tornaram-se, muitas delas vítimas da estagnação, desprovidas, por isso mesmo, do cabedal de informações e ideias, e dos quadros disponíveis ao cumprimento das tarefas que lhes foram transferidas.[16]

À Administração dos Estados competia realizar políticas autônomas e criadoras, capazes de renovar o "velho estilo burocrático e formalista", desvinculando-se cada vez mais do MEC como seu mecenas. Por outro aspecto, a autonomia tanto dos Estados, quanto das instituições não poderia excluir o Ministério da Educação na formulação e execução de suas políticas educacionais. Era competência do MEC "definir certos objetivos comuns, que transcendem as particularidades regionais, e devem consubstanciar-se nos Planos Nacionais de Educação primária, média e superior" (DOCUMENTO n. 1, 1967, item 4, p. 1).

---

[15] Maria do Carmo Xavier destaca em seu artigo *A educação no debate do desenvolvimento: as décadas de 1950 e 1960* que as principais características que se atribuíam aos países considerados subdesenvolvidos no contexto eram os baixos índices de industrialização e urbanização; as altas taxas de analfabetismo; a desorganização do mercado interno e a baixa disponibilidade de bens materiais.

[16] DOCUMENTO n. 1, 1967, item 3, p. 1.

Não se tratava apenas de atender imperativos sociológicos de interesse nacional, de integrar recursos humanos e materiais para acelerar o progresso social, econômico e cultural. Assim, era o Ceose um instrumento que atribuía ao MEC "a responsabilidade de formular os referidos Planos, à base de recursos federais destinados à educação" (DOCUMENTO n. 1, 1967, item 5, p. 1). Entretanto, duas linhas de ação deveriam ser observadas: iniciativa própria do MEC como provedor dos recursos, reavaliando seus métodos e trocando as ações autoritárias pelo diálogo; ação cooperativa tanto das esferas públicas quanto particulares. Assim,

> os Planos, ainda que baseados nos recursos federais, [deveriam] recobrir iniciativas que em larga escala se devem reconhecer à liberdade dos Estados, ou de instituições autônomas, como são as Universidades. Por isso mesmo terão de ser construídos por meio de mútua consulta e interação em todas as fases de sua elaboração e execução. Quanto às iniciativas da competência dos Poderes autônomos, a ação do Ministério da Educação e Cultura se exercerá, primordialmente, sob a forma de estímulo e de assistência técnica.[17]

Desta maneira estaria "invertido" o sentido de atuação do MEC, que não estaria se "esvaziando" das políticas educacionais ao deslocar sua posição de central para periférico. Ao conferir poderes de competência intelectual e técnica aos Estados, o MEC esperava destes um fluxo permanente de cooperação técnica e financeira. Esta última se faria sob a caução de diretrizes estabelecidas pela União. Era imperativo que o poder público se despojasse "de considerável soma de encargos administrativos, mas não do dever de participar, em nova forma [...] da política educacional descentralizada" (DOCUMENTO n. 1, 1967, item 6, p. 1). À União competia no campo da educação uma atuação menos normativa e mais cooperativa.

Importa assinalar que o Documento data de 1967, mas retrata toda uma atmosfera anterior ao percurso de um projeto autoritário de nação instalado em 1964, ainda que os acontecimentos do pós-1964 reitere a técnica social do planejamento como instrumento de controle social. A ideia de lei para a educação revelou a necessidade de competência dos administradores e dos técnicos. Em tese, a ideia de Lei e de planeja-

[17] DOCUMENTO n. 1, 1967, item 5, p. 2.

mento visava acabar com o *tout fait*: "a ação do Administrador e do técnico se afirma, [...], em cada emergência de permanente devenir da realidade social e educacional". Para a efetivação do planejamento era necessário que existissem "líderes e técnicos suficientemente lúcidos[18] e adestrados para o diálogo" (DOCUMENTO, n. 1, 1967, item 7, p. 3). Outro fator importante é que os problemas educacionais não cabiam apenas às diligências burocráticas e técnicas: era basilar contar com "uma elite cultural capaz de dar conteúdo real à educação" (DOCUMENTO, n. 1, 1967, item 7, p. 3).

As defesas que fundamentavam o plano dos Ceose eram: preparar as condições mediante às quais pudessem ter aplicação concreta a LDB e a sua filosofia (DOCUMENTO, n. 1, 1967, item 8, p. 3); isto é, fazer a "fusão" da doutrina com a experiência, ideias separadas nos programas educacionais brasileiros. Em especial, esta última relegada aos empirismos opacos. Desta maneira

> a iniciativa do Inep ao instituir o Ceose [estava] enquadrada nas suas atribuições legais com órgão de pesquisa, documentação e informação educacionais em todas as áreas e níveis. O instrumento específico para realizar, tanto a articulação administrativa como a fusão entre as ideias e os fatos, [deveria] ser o Plano, fecho natural dos esforços empreendidos pelos Ceose. Pela constituição da equipe que os promove, pela filosofia que os inspirou e pela metodologia empregada, parece-nos que os Ceose se constituem no mecanismo perfeitamente adequado à elaboração dum plano nacional de educação. Um plano que não seja apenas especulativo ou cerebrino, nem tampouco mera expressão duma vontade central autoritária, mas, ao contrário, a conveniente orquestração das diversidades brasileira, sob uma liderança nacional que recolha as potencialidades de cada região e as multiplique pela força dinamizadora de todo.[19]

Dentre os objetivos e o funcionamento estabelecidos constam: os eventos que estavam ligados a duas consequências importantes da LDB 4024/1961, que seriam a ideia de descentralização da política educacional brasileira, da qual resultou a criação de 22 sistemas estaduais de educação, em substituição ao sistema único e o novo caráter de atuação imputado ao MEC; a autonomia dos sistemas estaduais de educação

[18] Grifo do documento.

[19] DOCUMENTO, n. 1, 1967, item 9, p. 4.

não deveria ser "repetição dos clichês recebido do MEC", mas uma colaboração técnica pela instituição oferecida e que precisava ser observada, uma vez que os quadros técnicos e as aptidões nos Estados eram escassos para tão importante tarefa; o MEC mobilizaria "os melhores, [estivessem onde quer que fosse], para juntos, de forma sistemática, oferecerem assistência nos Estados, ou aos setores ainda emperrados da educação - em qualquer Estado, ou mesmo no sistema federal" (DOCUMENTO, n. 2, 1967, Inciso II, p. 5). Isto orientou que a opção mais racional seria a cooperação técnica nos modelos consubstanciados nos Ceose.

O Inciso IV traz a argumentação sobre os Colóquios a partir da explicitação do que representavam; de quais suas pretensões; de como se organizaria sua equipe; de quais os métodos de trabalho e suas implicações e efeitos. Está afiançado que os Ceose significavam a "presença de uma equipe de educadores e especialistas de alto nível"[20] assessorando cada Estado, realizando ações que por meio burocrático não surtiam efeito. Estes educadores e especialistas iriam realizar uma espécie de "trabalho artesanal, tomando problemas e soluções, não por palavras, mas operativamente", por estarem imersos na origem, na significação e no *modus operandi* da cada realidade. (DOCUMENTO, n. 2, 1967, Inciso IV, Letra A, p. 5).

Nessa defesa, o papel da teoria era assegurar princípios e critérios apoiadores da prática, evitando que esta se esgotasse em si mesma. Isto demarca a importância de peritos no recolhimento de dados e informações diretamente nos sistemas estaduais de ensino em seus aspectos mais significativos e orientados para o próprio MEC, que poderia imprimir ações reais, fundamentadas na experiência real desenvolvida em cada Estado.

As pretensões dos Ceose eram "tornar efetiva a existência dos sistemas estaduais de educação" (DOCUMENTO, n. 2, 1967, Inciso IV, Letra B, p. 6), requeridos seis anos antes na LDB de 1961, mas tênue na realidade, em grande medida revelado na ineficácia dos Conselhos Estaduais de Educação, arcabouço sustentador da LDB, a quem caberia a elaboração dos planejamentos educacionais. A assistência técnica deveria ser um "processo artesanal" de executar uma ideia em cada local, com as "mentes e as mãos" dos peritos que iriam realizá-las e desenvolvê-las em suas necessidades, grau de condições e de intenções, segundo

[20] O pressuposto do MEC era que esses peritos estivessem dispersos nos próprios Estados, e dos quais as experiências deveriam ser colhidas para serem articuladas e ordenadas em prol de todo o País.

administração pública local. Mesmo que em alguns Estados essa discussão estivesse avançada, a cooperação técnica e seu valor não estariam dispensados pelos confrontos de "pontos de vista" e de permuta de experiências. A equipe destinada a atuar nos Ceose era composta por

> educadores brasileiros e peritos da Unesco, sob a coordenação do Prof. Durmeval Trigueiro Mendes. Os peritos da Unesco [eram] os professores Michel Debrun e Jacques Torfes; quanto aos especialistas brasileiros, [estava] previsto um sistema flexível de convocação que permita o seu revezamento, já que o grande número de Colóquios e o largo período de tempo em que se vão desdobrar, torna impraticável a presença permanente das mesmas pessoas na equipe.[21]

O evento durava oito dias e possuía como método de trabalho, diagnosticar a situação e indicar medidas técnico-administrativas, visando implantar novas estruturas aos sistemas educacionais dos Estados e nas respectivas Secretarias de Educação; discutir medidas para alicerçar as políticas educacionais e implementar o planejamento educacional. Quanto às implicações e aos efeitos dos Ceose, não se esperava que trouxessem soluções miraculosas para os problemas educacionais brasileiros, e sim que fosse um elemento capaz de estremecer os "empirismos educacionais" e a deflagrar uma racionalização e a ação constante sobre os problemas educacionais, podendo ter uma eficiência imediata ou mediada, segundo a natureza dos problemas. As discussões travadas seriam uma maneira de projetar problemas futuros, como também de buscar soluções. A sua realização comprometeria o MEC em "escolher o adequado instrumento de sustentação [dos] esforços, ou seja, a institucionalização de uma verdadeira política de assistência técnica aos sistemas estaduais de educação" (DOCUMENTO, n. 2, 1967, Inciso IV, Letra E, p. 7).

A promulgação da LDB 4.024/1961 exigiu o abandono de padrões centralizadores, burocráticos, impositivos, e requereu a prática da pesquisa e o uso da técnica. Tornou possível a criação de 22 sistemas educacionais e concedeu uma autonomia "antes de tudo intelectual" aos Estados, na busca de ideias educacionais bem elaboradas, como resultado de profundas reflexões das condições reais, gerando assim

---

[21] DOCUMENTO, n.. 2, 1967, Inciso IV, Letra C, p. 6.

um sistema de ensino, em tese, capaz de atender aos apelos sociais, econômicos e políticos.

A razão da criação dos Colóquios foi oferecer um "*staff*, instrumentos de análise e de planejamento, estrutura administrativa e técnica apropriada" para operar com os problemas educacionais, sendo "o instrumento mais qualificado e o processo mais orgânico de assistência técnica do MEC aos Estados" (DOCUMENTO, n. 3, 1967, p. 8). Deveriam cumprir três etapas: levantar dados sobre a situação educacional do Estado; promover estudos relacionados com a política educacional e o seu planejamento e formar e/ou aperfeiçoar os especialistas de que os Estados careciam. O Ceose ressalta o caráter técnico dos coordenadores do programa e a necessidade de decisão política para as mudanças. Encerrados os trabalhos destes eventos, a equipe continuou à disposição dos administradores do ensino, com a finalidade de prestar assessoria na implantação das propostas acordadas.

COLÓQUIO ESTADUAL SOBRE A ORGANIZAÇÃO DO SISTEMA DE EDUCAÇÃO EM SANTA CATARINA

O Ceose, em Santa Catarina, foi realizado na primeira quinzena de julho de 1967, na Faculdade de Educação - Faed -, da então Universidade para o Desenvolvimento do Estado de Santa Catarina - Udesc -. Ocorrido entre os dias 5 a 8 de julho foi coordenado por Sílvio Coelho dos Santos, como Diretor Assistente do Centro de Estudos e Pesquisas Educacionais - Cepe.[22] O evento reuniu técnicos e autoridades catarinenses interessadas nas questões educacionais e foi patrocinado pelo Inep. Contou com a presença de peritos da Unesco que debateram com autoridades e técnicos em educação os problemas pertinentes ao sistema de ensino em vigor. Os peritos Torfes e Debrun, no Documento n. 1, desse evento, reconheciam que "a curta estadia do grupo do Ceose em Florianópolis não podia permitir um equacionamento pormenorizado dos problemas educacionais" (1967, p. 1). O Ceose foi somente o primeiro contato, que geraria frutos ao se

[22] Sobre o Centro de Estudos e Pesquisas Educacionais (Cepe) e suas finalidades consultar: MELO, Marilândes Mól Ribeiro de. *Sílvio Coelho dos Santos - um intelectual moderno no Centro de Estudos e Pesquisas Educacionais (CEPE) – SC*: pertencimento, missão social e educação para a formação/modernização (1960/1970). Mestrado em Educação. Programa de Pós-Graduação em Educação, Centro de Ciências da Educação, Universidade Federal de Santa Catarina. Florianópolis, 2008.

desdobrar no tempo. Alegavam os peritos que o empenho dos representantes do Colóquio se tornaria vão se o estado não empreendesse esforços que levassem a discussões sobre a educação catarinense no contexto a um patamar científico, e principalmente que gerasse um diálogo entre os educadores, no aspecto de confrontar ideias sobre o sistema educacional com diferentes visões: uma endógena e outra exógena. Sugestões que emergissem desse debate subsidiariam e confeririam legitimidade às políticas públicas educacionais. Esse confronto de ideias deveria ser mais amplo e objetivo que

> a visão dos que vivem mergulhados na situação local, e, por outro lado, menos prática na sua primeira formulação, por não ter a vivência de certos obstáculos, mais ou menos imponderáveis, que só se podem aquilatar a partir de uma longa familiaridade com aquela situação. As duas visões hão, pois, de se corrigir mutuamente.[23]

Tanto o relatório elaborado pelo Cepe, como o dos peritos foram concordes com a necessidade imediata da realização de uma reforma administrativa na Secretaria de Educação e Cultura (SEC) e o estabelecimento de um plano global de educação. A orientação de uma reforma administrativa célere da SEC, se justificava devido à sua importância nos assuntos pertinentes à educação de modo geral e também no que se refere ao planejamento, por sua importância no processo de modernização do Estado, uma vez que permitiria realizar os objetivos e as metas fixadas pela coletividade (Ceose, 1967). Como principais falhas na SEC foram apontadas: o grande número de órgão; a reunião de temas que nada tinham a ver entre si, dentro de uma mesma instância; a duplicação disfuncional dos órgãos; a obstrução da máquina administrativa e a "invasão das áreas pedagógico-culturais por assuntos de natureza administrativa" (Ceose Documento 2, 1967, p. 3). Assim, os peritos aconselharam a elaboração racional de um plano emergencial referente ao ano de 1969.

Para mitigar esses problemas, Torfes e Debrun fazem algumas sugestões: descentralizar a máquina administrativa; conceder autonomia para algumas decisões; introduzir um tratamento mecanográfico às informações. Segundo suas análises,

[23] CEOSE, Documento 1, 1967, p. 1.

essas modificações aliviariam a máquina administrativa, sem haver entre elas uma separação estanque.

Outro aspecto importante com relação à SEC era a distinção entre as instâncias de políticas educacionais e as de execução dessa mesma política. No entanto, não deveria existir um abismo entre uma e outra para que ambas não se desresponsabilizassem com a concretização do planejamento educacional. A dupla função da SEC consistia em: ser a fonte primeira de informações de problemas de pessoal e material; ser o instrumento de execução do plano educacional. O relatório do Ceose apontou discrepância entre qualidades humanas e técnicas dos elementos responsáveis da SEC e o baixo rendimento da máquina educacional na qual atuavam.

Outra indicação dos peritos foi a organização de "um grupo de técnicos de alto nível para atuarem em colaboração com os organismos nacionais e internacionais" e elaborar o plano integral do "processo educacional catarinense, ajustando-o aos planos globais de desenvolvimento do Estado e determinando as modificações estruturais e funcionais que se fazem necessárias na máquina administrativa responsável pelo controle e desenvolvimento da Educação" (MENSÁRIO INFORMATIVO do Cepe, n. 12, 1968, p. 5). Era preciso pensar nos problemas que emperravam o desenvolvimento do sistema de ensino em vigor: repetência na 1ª série primária, deserção, implantação de uma série preparatória, revisão dos programas escolares, distribuição de professores por série, melhoria do magistério, problemas das escolas isoladas, do professorado, de recursos, entre outros.

O sistema educacional de Santa Catarina foi considerado "bastante desenvolvido"[24] pelos peritos por estar "conforme às normas nacionais: de acordo com os cálculos do IPEA". Como "remédios" para solucionar os problemas acima referidos foram apontados cinco fatores decisivos: 1) Desdobramento da 1ª série; 2) Desenvolvimento do Ensino Pré-Primário; 3) Modificação do Programa da primeira série primária; 4) Redistribuição dos professores e 5) Melhoramento do Magistério.

O problema da implantação de uma série preparatória, justificável para as zonas industrializadas e com urbanização intensa, foi um tema tratado como uma

[24] Ainda assim, no ano de 1966, Santa Catarina tinha uma população de 2.579.000 habitantes. Desse contingente populacional 185.000 crianças foram matriculadas na primeira série em 1966, ou seja, 3,3%. Devem ser consideradas duas questões importantes nesse sentido: nem todas as crianças catarinenses moravam próximas à escola e havia deserções voluntárias nesse processo como fatores explicativos.

das medidas importantes para conter a repetência. A escola primária era o primeiro contato que a criança catarinense, quase em regra, tinha com "uma organização comunitária", pelo número reduzido de estabelecimentos que oferecia este ensino e que em regra eram particulares. Por esta razão, os professores comprometiam grande parte do ano letivo socializando as crianças em detrimento de "entregar-se ao ensino do programa escolar". Era preciso que esse espaço para a socialização fosse anterior, "numa série dedicada à adequação e ao entrosamento do aluno no sistema social escolar" (Ceose, Documento 2, 1967, p. 6). Ao iniciar o segundo dia de debates, Debrun abordou a temática da influência do ensino pré-primário na repetência e deserção, requerendo dos técnicos do Cepe a descrição da situação educacional neste aspecto. Como a ausência do Estado foi de certo modo comprovada, esse ensino ficou sob iniciativas privadas, sem legislação ou orientação.

Debrun orientou sobre a importância da prática da pesquisa para compreender as condições e a influência desse ensino na promoção dos estudantes, reiterando que somente por meio dela, se poderia avaliar os aspectos quantitativo, qualitativo e financeiro para posteriormente implantá-lo nos ambientes rurais e urbanos. Para eles, de modo prático o Estado deveria empregar esforços em criar escolas pré-primárias, o que melhoraria o rendimento na escola primária e diminuiria as questões da repetência. Tais medidas deveriam ser compreendidas em caráter de urgência com a implantação dessas classes.

CONSIDERAÇÕES POSSÍVEIS

A promulgação da LDB 4024/61 trouxe como decorrência um novo posicionamento do Ministério da Educação e Cultura (MEC) na perspectiva de não mais definir e gerir a política da educação, de modo impositivo, verticalizado, da União para estados e municípios. O MEC passa então a prestar assessoria, por meio do Inep e da Unesco para a implementação das políticas em educação. Para atender tais objetivos foram organizados os Colóquios Estaduais sobre a Organização dos Sistemas de Ensino - Ceose–, coordenados pelo Professor Durmeval Trigueiro Mendes. Este evento contou com a participação de técnicos brasileiros e especialistas da Unesco, uma vez que "prestar assessoria técnica aos estados em matéria de planejamento, organização educacional e reestruturação dos sistemas educacionais" (BAÍA HORTA; FÁVERO, 2014) era uma de suas finalidades. Foram realizados vários estudos e diagnósticos em diferentes estados e estes geraram propostas técnicas inovadoras para o campo educacional. A realização do Ceose no Estado de Santa Catarina contribuiu em grande medida para delinear algumas questões, que no aspecto educacional poderiam comprometer o projeto de modernização, considerando que a qualidade dos recursos humanos era imprescindível para o desenvolvimento econômico e social, como evidenciavam as discussões teóricas daquele momento. A realização desse Colóquio contribuiu para o (re)conhecimento da realidade educacional no Estado, por meios das oportunidades da realização de pesquisas no setor educacional.

REFERÊNCIAS

BAÍA HORTA, José Silvério; FÁVERO, Osmar. O planejamento educacional na pós-graduação em educação no Brasil. In: *Cadernos de Pesquisa* v. 44 n. 153 p. 494-521 jul./set. 2014.

BRASIL. MINISTÉRIO DA EDUCAÇÃO E CULTURA. Instituto Nacional de Estudos Pedagógicos. *Assistência técnica aos estados no Campo da Educação* (Colóquios Estaduais sobre a Organização dos Sistemas de Educação - Ceose), 1967.

CHOR MAIO, Marcos. O Projeto UNESCO e a agenda das Ciências Sociais no Brasil dos anos 40 e 50. In: *Revista Brasileira de Ciencias Sociais.* Vol. 14, n. 41 outubro, 1999.

MELO, Marilândes Mól Ribeiro de. *Sílvio Coelho dos Santos – um intelectual moderno no Centro de Estudos e Pesquisas Educacionais (CEPE) – SC*: pertencimento, missão social e educação para a formação/modernização (1960/1970). Dissertação (Mestrado em Educação). Programa de Pós-Graduação em Educação, Centro de Ciências da Educação, Universidade Federal de Santa Catarina. Florianópolis, 2008.

NÓVOA, António. Modèles d'analyse en éducation comparée: le champ et la carte. In: NÓVOA, António. *Histoire & Comparaison (essais sur l'Education)*. Lisbonne, EDUCA, 1998.

RIBEIRO, Cecília. Viana de Lima em missão da UNESCO no Brasil In: *URBANA*, V.5, n. 6, mar. 2013 - Dossiê: Urbanistas e Urbanismo – CIEC/UNICAMP.

ROTHEN, José Carlos. O Instituto Nacional de Estudos Pedagógicos: uma leitura da RBEP. In: *R. bras. Est. pedag.*, Brasília, v. 86, n. 212, p. 189-224, jan./abr. 2005.

SANTA CATARINA. CEPE/FAED/UDESC. *Mensário Informativo do CEPE.* n. 12, março, 1968. 8 p.

________. CEOSE (Conforme íntegra dos documentos elaborados pelos professores Jacques Torfes e Michel Debrun) – CEPE/FAED/UDESC/FESC. Documento n. 1. Introdução. Julho, Florianópolis, 1967.

________. CEOSE (Conforme íntegra dos documentos elaborados pelos professores Jacques Torfes e Michel Debrun) – CEPE/FAED/UDESC/FESC. Documento n. 2. Princípios de Reforma Administrativa. Julho, Florianópolis, 1967.

SANTOS, Sílvio Coelho dos. *Educação e Desenvolvimento em Santa Catarina.* Florianópolis- SC. Editora da UFSC, 1968.

SOUSA, Cynthia Pereira de. *A escola de massas em Portugal e no Brasil nas estatísticas da UNESCO*: um estudo histórico-comparado (de 1946 aos anos 60). Disponível em: <http://www2.faced.ufu.br/colubhe06/anais/arquivos/585CynthiaPereiraSousa.pdf> Acesso: 05 mar, 2015.

TEODORO, A. N. D. Organizações internacionais e políticas educativas nacionais: a emergência de novas formas de regulação transnacional, ou uma globalização de baixa intensidade. In: STOER, S.; CORTESÂO, L.; CORREIA, J. (Org.). *Transnacionalização da educação: da crise da educação à "educação" da crise.* Porto: Afrontamento, 2001.

UNESCO. *Conferência Internacional sobre o Planejamento da Educação*; Paris, 1968. Planificação da Educação. Conferências promovidas pela Unesco. Um levantamento mundial de problemas e prospectivas. Rio de Janeiro, Fundação Getúlio Vargas, Serv. de publicações, 1971.

UNESCO. Convenção que constitui a Organização das Nações Unidas para a Educação, Ciência e Cultura – 1945. Disponível em: <http://www.direitoshumanos.usp.br/index.php/Table/UNESCO-Organizacao-das-Nacoes-Unidas-para-a-Educacaoinfancia-e-Cultura/> Acesso: 20 fev, 2015.

XAVIER, Maria do Carmo. A educação no debate do desenvolvimento: as décadas de 1950 e 1960. In: *Moderno, modernidade e modernização*: a educação nos projetos de Brasil – séculos XIX e XX/Natália Gil, Matheus da Cruz e Zica, Luciano Mendes de Faria Filho (Orgs). Belo Horizonte: Mazza Edições, 2012.

Mediação e sociabilidades intelectuais: uma análise da constituição e da atuação do Instituto de Estudos Brasileiros (1937-1944)[1]

Vanessa Costa de Macedo
Luciano Mendes de Faria Filho

> *Por que essas revistas e esses grupos, após terem ditado as regras num domínio estreito, conseguiram um dia impor sua lei à República das Letras?*[2]

Em abril de 1938, foi criado, na capital federal, por João Augusto de Matos Pimenta, o Instituto de Estudos Brasileiros, que manteve atividades regulares pelo menos até 1944. Esse instituto, além de publicar uma revista, chamada *Estudos Brasileiros*, desenvolveu uma intensa atividade de organização de debates, seminários e trocas sobre o que seus praticantes diagnosticavam como os grandes problemas brasileiros, buscando também, indicar soluções técnicas e/ou políticas para os mesmos. Duas décadas depois, em 1960, em São Paulo, mais especificamente na USP, foi criado um outro Instituto de Estudos Brasileiros, por Sérgio Buarque de Holanda, com o propósito de estudar os grandes desafios postos pela modernização brasileira. No

[1] Texto apresentado por ocasião do IV Encontro Interinstitucional: Programa Moderno, Modernidade, Modernização: a educação nos projetos de Brasil, séculos XIX e XX, em Belo Horizonte nos dias 04 a 06 de novembro de 2015 em que foi debatido e avaliado e que comporá o quarto volume da publicação: Moderno, Modernidade, Modernização: a educação nos projetos de Brasil, séculos XIX e XX, a ser lançado em 2016.

[2] SIRINELLI, 1996. p. 258.

entanto, apesar da homonímia e da aproximação quanto aos propósitos, pouca coisa parece aproximar as duas instituições no cenário intelectual e acadêmico brasileiro.

Enquanto a história e atuação do IEB da USP são largamente conhecidas e reconhecidas, o IEB carioca é praticamente desconhecido, não havendo nenhuma pesquisa sobre o instituto.[3] Temos nos perguntado quais as razões para este apagamento da memória e da experiência desenvolvida no Rio de Janeiro e sabemos que não podemos desprezar o peso da liderança intelectual e acadêmica de Sérgio Buarque de Holanda ou da intensa atividade intelectual que exerce e guarda, ainda hoje, o instituto uspiano. Por esta razão a homonímia não deve ser desconsiderada, entretanto sob este aspecto entendemos que *estudos brasileiros* é uma etiqueta da época usada para reunir um conjunto de atividades que marcam a intensificação das publicações sobre as razões do atraso da nação em um contexto já em curso desde a década de 1920 preocupado em explicar a inadequação de modelos internacionais como o liberalismo e em compreender a nação.

> É justamente em função desse contexto mais amplo – nacional e internacional –, é que fica claro a indissociabilidade entre as contingências que marcam as décadas de 1920/30 e o verdadeiro boom do mercado de livros, marcado pelo que se convencionou chamar de estudos brasileiros. Tais estudos abarcavam um amplo e diversificado conjunto de reflexões, sendo por isso fundamental entender seu lugar estratégico como instrumento de ação política dos intelectuais do pós-30 e suas fronteiras disciplinares fluidas e abrangentes. Nesse momento, podemos verificar que eles abraçavam áreas como: literatura, história, geografia, etnografia, sociologia, biologia, direito, arte, educação, folclore, música e teatro, por exemplo. Como a designação indica, os estudos brasileiros buscavam conhecer as "raízes" do processo de formação histórica do país, para que se pudesse melhor orientar o traçado de diretrizes políticas, que permitissem ultrapassar nossos "males", considerados ancestrais, coloniais. Isso porque as metas de modernização do país só seriam alcançadas se afinadas à "realidade brasileira". Estava definitivamente encerrado o tempo das cópias de "fórmulas

[3] Nenhuma referência encontrada na comunidade científica, como congressos e revistas da área de história ou de história da educação, assim como na busca nos congressos e revistas da área de História do Brasil e História da Educação. Na tese de livre docência de Luciano Mendes de Faria Filho é mencionada ao falar sobre a atuação de Luiz Camilo de Oliveira Neto que atua no IEB entre 1940 até 1944.

estrangeiras", fossem elas quais fossem, pois sempre seriam inadequadas, irrealizáveis etc.[4]

Não podemos desconsiderar que os dois institutos fazem parte de projeto políticos e intelectuais distintos, não apenas por aqueles que se mobilizaram para efetivá-los, mas, sobretudo, pelas condições de realização do trabalho intelectual nas quais estavam imersos e pelos horizontes de expectativas que seus realizadores cultivaram. Enquanto o IEB carioca esteve cronologicamente acertado com o Estado Novo, num ambiente marcado pelo fortalecimento da atuação do Estado em todas as dimensões da vida social e por alterações profundas nas instituições e padrões de formação e sociabilidades intelectuais, o início dos anos de 1960 representa justamente o momento grande efervescência política e cultural da sociedade civil e de institucionalização de novos padrões de formação dos quadros intelectuais, padrões estes que levarão a uma crescente profissionalização da atividade acadêmica e da produção intelectual, sobretudo dentro do modelo de pós-graduação que será implantado e fortalecido durante os governos.[5]

Se, por um lado, a referência ao IEB-USP ajuda a chamar a atenção para práticas de memória a que estão sujeitas as instituições e para algumas das razões de sua consagração ou não no meio intelectual brasileiro, por outro, é preciso dizer que não interessa, neste texto, realizar um trabalho comparativo entre as duas instituições. Nosso interesse está voltado para o entendimento do lugar ocupado pelo IEB carioca no cenário intelectual, político e editorial da capital federal durante o período de sua atuação e, quais os projetos de Brasil elaborados e defendidos por aqueles que participaram de suas atividades.

***

Este texto se insere num esforço de pesquisa mais amplo que tem como objetivo explicitar e analisar a atuação de intelectuais brasileiros vinculados a projetos

[4] GOMES, 2014, p. 11.

[5] CARVALHO, 2007.

políticos em disputa nas décadas de 1930 e 1940, especialmente no Rio de Janeiro.[6] Sabemos que nestes projetos a educação figurava como tema central tanto na elaboração de diagnósticos sobre o Brasil, quanto na articulação de estratégias de intervenção no espaço público. Neste sentido, buscamos compreender, mais especificamente, como a educação é mobilizada e quais os sentidos lhe são atribuídos nestes espaços de/e em disputa.

Nosso interesse investigativo busca diálogo com trabalhos[7] que recompõem a ambiência política e cultural em que estes sujeitos atuaram e em como esta ambiência esteve configurada por dinâmicas de articulação dos grupos intelectuais atuantes na capital da república e no país durante a ditadura civil de Getúlio Vargas (1937-1945). Os espaços de atuação institucionais, assim como estes intelectuais configuraram espaços de sociabilidade que permitiram, por sua vez, o estabelecimento de um campo de atuação e de intervenção no político, como pedagogos da nação.

---

[6] Desenvolvido em nível de doutoramento, este projeto de pesquisa tem como objetivo compreender o lugar de atuação do Instituto de Estudos Brasileiros entre as décadas de 1930 a 1940 no Rio de Janeiro e no Brasil, especificando seu lugar em sua contribuição à constituição do espaço público brasileiro a partir do debate que promove por meio de conferências publicadas em sua revista. Buscamos alcançar este objetivo com a pesquisa histórica dos sujeitos sociais, aqui entendidos como intelectuais e vinculados às atividades do instituto, em suas relações que constituem redes de sociabilidades, assim como nas trajetórias e nos projetos políticos vinculados. Com isto nos aproximamos do IEB como sujeito social coletivo em suas ações de estabelecimento do debate educacional através da realização de conferências e de produção de uma revista. Este trabalho faz parte de um investimento coletivo – MMM Projeto Moderno, Modernização e Modernidade: a educação nos projetos de Brasil séc. XIX e XX, que reúne objetos de investigação que se organizam em torno do interesse em problematizar processos históricos de gestação de projetos de Brasil, elaborados pela intelectualidade brasileira no período compreendido entre 1820 e 1970. Interessa-nos sistematizar e interrogar conceitos, argumentos e intencionalidades presentes em discursos e ações que atribuíram à educação escolar o lugar de instância mediadora dos processos de construção da cultura nacional e racionalização de manifestações culturais diversificadas. Pretendemos por intermédio da pesquisa fazer avançar a elaboração de uma teoria sobre o lugar da intelectualidade brasileira na construção da esfera pública e produzir entendimentos sobre as noções de moderno, modernidade e modernização, presentes nesses projetos.

[7] BOMENY, Helena. Constelação Capanema: intelectuais e políticas. Rio de Janeiro: Univ. São Francisco: Ed. FGV, 2001; GOMES, Ângela Maria de Castro (Org.). *Capanema*: o ministro e seu ministério. Rio de Janeiro/ Bragança Paulista: FGV/EUSF, 2000; GOMES, Ângela Maria de Castro. *Essa Gente do Rio...*: modernismo e nacionalismo. Rio de Janeiro: FGV, 1999; MICELI, Sérgio. *Intelectuais e classe dirigente no Brasil* (1920-1945). São Paulo: DIFEL, 1979; OLIVEIRA, Lúcia Lippi; VELLOSO, Mônica Pimenta; GOMES, Ângela Maria de Castro. *Estado Novo*: ideologia e poder. Rio de Janeiro: Zahar, 1982; SCHWARTZMAN, Simon; BOMENY, Helena Maria Bousquet; COSTA, Vanda Maria Ribeiro. *Tempos de Capanema*. 2. Ed. Rio de Janeiro: Paz e Terra, 2000; SIRINELLI, Jean-François. Os intelectuais. In: REMOND, René (Org.). Por uma história política. Rio de Janeiro: UFRJ/FGV, 1996, p. 231-170.

Mobilizada por nós, a noção de sociabilidade intelectual indica não apenas uma intenção de congraçamento e reunião de intelectuais, mas também um engajamento interessado na realização de um determinado projeto político cultural e, por isso, educativo. Tomamos de empréstimo as elaborações de Ângela Castro Gomes para quem as abordagens das sociabilidades procuram "captar a ambiência sócio-político-cultural da cidade, para então mapear a dinâmica de articulação de seus vários grupos intelectuais reunidos em lugares de sociabilidade por eles legitimados, para o debate e a propagação de ideias, indissociáveis de formas de intervenção na sociedade".[8]

Ainda segundo a autora, o estudioso das sociabilidades "concentra sua atenção na lógica de constituição de seus grupos, postulando interdependência entre formação de redes organizacionais e os tipos de sensibilidades aí desenvolvidos".

> Esta abordagem seria segura e profícua para o historiador, por permitir uma aproximação das obras dos intelectuais, através do privilegiamento das condições sociais em que foram produzidas, enquanto constitutivas de um certo campo político-cultural. Sendo mais precisa [...] [trata-se] do reconhecimento da existência de um campo intelectual com vinculações amplas, porém com uma autonomia relativa que precisa ser reconhecida e conhecida. Isto poderia ser alcançado com uma investigação que acompanhasse as trajetórias de indivíduos e grupos; que caracterizasse seus esforços de reunião e de demarcação de identidades em determinados momentos; e que associasse tais eventos às características estéticas e políticas de seus projetos.[9]

Do mesmo modo, e por isso mesmo, no programa de pesquisa dessa historiadora, ganha relevo o estudo dos *lugares de sociabilidade*, entendidos estes como periódicos, correspondências, casas editoras, cafés, livrarias e associações culturais, ou seja, a diversidade dos lugares "onde os intelectuais se organizam, mais ou menos formalmente, para construir e divulgar propostas".[10] Já a noção de *repertórios culturais*, aqui também mobilizada, não se prendem exclusivamente a uma filosofia específica,

---

[8] GOMES, 1999, p. 10.

[9] *Idem*, p. 11.

[10] *Idem*, p. 11

tampouco ganham forma como resultado de propaganda política. Eles emergem em processos históricos específicos e estão imbricados ao campo cultural de uma época. Para Ann Swindler, eles funcionam como "caixa de ferramentas", às quais recorrem os agentes sociais, selecionando recursos conforme suas necessidades de compreender certas situações e definir linhas de ação. Trata-se, portanto, de um complexo de hábitos, habilidades e estilos, de visões de mundo, formas de pensar e formas de agir empregados pelas pessoas em diferentes configurações para definir e construir linhas de ação.[11] Partindo das formulações de Charles Tilly e Ann Swindler, Ângela Alonso adverte que os repertórios são compostos por padrões analíticos, por noções, argumentos, conceitos, teorias, esquemas explicativos, formas estilísticas, figuras de linguagem e metáforas, não importando a consistência teórica entre seus elementos. "Seu arranjo é histórico e prático".[12]

Para isto, utilizamos os documentos institucionais do Instituto encontrados em arquivos, em especial o folheto que apresenta a Ata de fundação. Analisamos também a revista *Estudos Brasileiros*, publicada pelo IEB, da qual foram encontrados 36 números publicados entre 1938 e 1944.[13] O trabalho inicial com estas fontes nos permitiu apresentar o IEB em suas linhas de atuação, funcionamento, circulação e debate, a partir do tratamento esquemático de sua composição assim como no produto de sua atuação que é a revista. Neste sentido, este texto busca apresentar e definir o que é o IEB ao demarcar sua finalidade em um contexto específico, o tratamento com as fontes, assim como as hipóteses que marcam este estudo.

O IEB E SEUS DIAGNÓSTICOS E SOLUÇÕES DOS PROBLEMAS BRASILEIROS

O Instituto de Estudos Brasileiros – IEB – congregou, entre 1938 e 1944, cerca de 300 pessoas de diversas localidades brasileiras, notadamente da capital federal, por meio da realização de conferências e sua posterior publicação. Segundo a ata de

---

[11] SWINDLER, 1989, p. 273.

[12] ALONSO, 2002, p. 39.

[13] A coleção que utilizamos foi adquirida pelo Centro de Pesquisa, Memória e Documentação da Faculdade de Educação da UFMG junto a uma livraria (sebo) de Salvador (BA) e é, aparentemente, a única coleção completa da revista existente no país. A Coleção está sob a guarda do Centro e pode ser consultada em suas dependências.

fundação, o IEB tem como objetivo o conhecimento do Brasil e a solução dos seus problemas, e, para isto, busca congregar a *elite cultural* do país estimulando ideias e o debate das questões de interesse nacional.

> O Instituto de Estudos Brasileiros será uma organização apolítica, não oficial, visando o maior conhecimento do Brasil e a melhor solução de seus problemas. Para isso congregará a elite cultural do país, encorajando e desenvolvendo o intercambio de ideias, estimulando o debate das questões de alto interesse nacional, tudo dentro de uma justa liberdade de pensamento e um sadio espirito construtivo. Não se especializará nem no estudo de problemas puramente especulativos, nem essencialmente técnicos; manter-se-á no plano das ideias, dos ensaios e das sugestões, abrangendo todos os sectores da atividade e todos os campos do conhecimento no que se distinguirá das organizações especializadas ou particularistas já existentes. Evitará a apreciação unilateral dos objetos de seus estudos, focalizando-os em todos os seus contornos, observando-os de todos os pontos de vista, um higienista, um economista etc. Graças a essa universalidade de visão, e a esse concurso de forças construtoras, o problema será considerado em todos as suas faces, caminhos serão abertos a soluções mais adequadas, maior, enfim, será o rendimento da inteligência brasileira pelo aproveitamento sinérgico dos seus melhores elementos.[14]

O IEB apresenta como objetivo o conhecimento do Brasil e a solução dos seus problemas, e para isto busca congregar a *elite cultural* do país estimulando ideias e o debate das questões de interesse nacional. Aos homens de pensamento e de cultura, é dada a missão de pensar sobre a nação, de compreendê-la, de propor soluções e, para isto, o IEB se coloca como um espaço de exercício do pensamento onde a reunião destes homens possa gerar um *espírito construtivo* para a nação. Entretanto, este não é o espaço da ação que cabe ao Estado, e sim o espaço do debate "das ideias, dos ensaios e das sugestões, não tanto no plano especulativo", mas também não prático nem especializado.

Em um momento de conflagração política, de grande fortalecimento das estruturas de Estado e de cooptação da intelectualidade, os fundadores da nova insti-

[14] Ata de fundação documentos informações, Gráfica Mendes Júnior, 1938.

tuição reforçaram o seu caráter *apolítico e não oficial*. Ao pretenderem atuar como uma espécie de *tribuna livre*, no sentido de ocupar um espaço importante do exercício intelectual, o IEB cria condições para a congregação das várias matrizes da elite intelectual e cultural do país e para se constituir num espaço privilegiado de convergência dessa intelectualidade em torno da missão de solucionar os problemas da nação. Em seu estatuto, reconhece-se que o benefício do debate se dá no plano *das ideias, dos ensaios e das sugestões*, o que evidencia um esforço de inserção no ambiente e no debate intelectual da época a partir da tradição dos institutos e academias que, desde o século XIX, dinamizam a vida intelectual e, do mesmo modo, mobiliza repertórios – conferências e revista, por exemplo – usual no período.

Os fundadores do IEB buscaram marcar a diferença em relação a outras iniciativas em curso, em especial as universidades de formação superior e a tendência da especialização do conhecimento com a criação da Universidade de São Paulo – USP (1934) –, da Universidade do Distrito Federal – UDF (1935) – e da Universidade do Brasil – UB (1937). A iniciativa que configura o IEB se insere num contexto de exercício intelectual que toma novo fôlego, a partir da década de 1930, com o fortalecimento das estratégias editoriais e com a crescente indústria do livro no Brasil. As universidades estavam em um processo de expansão e especialização caminhando para se tornarem o espaço privilegiado de produção do conhecimento nas décadas que se seguiram, mas a existência de institutos como o IHGB, a Academia Brasileira de Letras, das casas editoriais – José Olympio, Irmãos Pongetti –, assim como das associações, configuraram um amplo espaço de exercício intelectual muitas vezes com subsídio do próprio estado onde estes homens de letras empreenderam uma verdadeira missão de *pedagogos da nacionalidade.*[15]

Para que os objetivos do instituto fossem alcançados, foi necessário considerar os temas e os problemas do Brasil em todas as suas faces e de variados pontos de vista para que pudessem chegar a soluções mais adequadas. O IEB, assim, revestiu-se de imparcialidade ao congregar a elite cultural e ao apreciar os temas em sua completude, com isto intencionou funcionar como um *sujeito coletivo imparcial* capaz de chegar às soluções dos problemas e do atraso do país. O benefício do debate é da in-

[15] GOMES, 2014, p.12.

teligência brasileira e da elite cultural, que não apenas compreenderá melhor o país, mas sobre seus problemas apontará soluções que beneficiariam toda a nação.

Estes problemas são aqui entendidos em duas faces: primeiro, são da ordem do conhecimento do Brasil, ou seja, do pensamento social, histórico e político brasileiro; segundo, são problemas da ordem das políticas estatais, ou seja, sobre a estrutura de estado e suas ações. Ainda que o IEB coloque para si um espaço que é diferente da ação do governo, assim como é diferente da produção de conhecimento especializado, ele parece elaborar para si um lugar de transição entre esses dois mundos. Ao propor soluções, traz para si a missão de guiar as ações do Estado indicando os melhores caminhos para a resolução dos problemas da nação. E, noutra direção, ao mobilizar os especialistas em áreas do conhecimento, muitos deles professores das universidades recém-criadas no país, reforça a importância das ciências e dos saberes especializados na produção de diagnósticos e soluções para o Brasil.

Além da realização de conferências, o IEB também editou uma revista *Estudos Brasileiros* destinada à publicação das conferências e dos debates que se seguiam a estas, e de críticas literárias. Inicialmente tem-se o interesse de publicar seis exemplares ao ano. Entretanto, esta frequência de publicação se verifica apenas nos dois primeiros anos de publicação, ou seja, entre julho de 1938 a julho de 1940. A partir daí, verifica-se a perda da regularidade, que apenas retorna timidamente entre janeiro e julho de 1942, possivelmente devido à mudança de editor.[16] O Quadro 1 apresenta a distribuição dos volumes e dos números da revista ao longo seu ciclo de vida:

[16] Entra como editor-chefe Luiz Camilo de Oliveira Neto e sai Cláudio Ganns.

ESTUDOS BRASILEIROS	ANO	VOLUME	NÚMERO	PERÍODO
			n° 01	Jul - Ago
			n° 02	Set - Out
	1938	Volume 1	n° 03	Nov - Dez
			n° 04	Jan - Fev
			n° 05	Mar - Abr
Ano I		Volume 2	n° 06	Mai - Jun
			n° 07	Jul - Ago
			n° 08	Set - Out
	1939	Volume 3	n° 09	Nov - Dez
			n° 10	Jan - Fev
			n° 11	Mar - Abr
Ano II		Volume 4	n° 12	Mai - Jun
			n° 13 e 14	Jul - Ago - Set - Out
	1940	Volume 5	n° 15	Nov - Dez
			n° 16 e 17	Jan - Fev - Mar - Abr
Ano III		Volume 6	n° 18	Mai - Jun
	1941	Volume 7	n° 19, 20 e 21	Jul - Ago - Set - Out - Nov - Dez
			n° 22	Jan - Fev
			n° 23	Mar - Abr
Ano IV		Volume 8	n° 24	Mai - Jun
	1942	Volume 9	n° 25, 26 e 27	Jul - Ago - Set - Out - Nov - Dez
			n° 28	Jan - Fev
Ano V		Volume 10	n° 29 e 30	Mar - Abr - Mai - Jun
	1943	Volume 11	n° 31, 32 e 33	Jul - Ago - Set - Out - Nov - Dez
Ano VI		Volume 12	n° 34, 35 e 36	Jan - Fev - Mar - Abr - Mai - Jun
Ano VII	1944	Volume 13	n° 37, 38 e 39	Jul - Ago - Set - Out - Nov - Dez

Quadro 1: Quadro geral de publicação

Do ponto de vista de sua materialidade e forma, a revista tem o formato de 12cm x 22cm e não traz em suas páginas nenhum anúncio ou propaganda. Suas seções são: capa, contracapa, folha de rosto, sumário, conferências, debates e notícias sobre os conferencistas. Nos "capítulos", temos tanto o texto da conferência quanto os debates e, após esta seção, encontramos a revista de livros ou crítica de livros. A menção à gráfica da revista é mínima e quase imperceptível, constando apenas como 4768 – C. Mendes Júnior – Rio.[17] Em relação à circulação da revista, seu estatuto menciona que sua distribuição é gratuita para seus membros, ou seja, o Conselho Diretor e os Delegados Regionais, além do Fundador e mantenedores do Instituto, que pagarem contribuição. Menciona também que sua venda avulsa pode ser realizada em sua sede e que a assinatura da revista é uma das formas de financiamento do Instituto, entretanto, seu público-alvo é constituído daqueles que se "beneficiarão

[17] Funcionou no Rio de Janeiro, na Rua Riachuelo n° 192. O levantamento realizado na Biblioteca Nacional e no Arquivo Nacional apresentam 36 diferentes tipos de publicação entre livros e periódicos. Publica também documentos oficiais especialmente do Ministério das Relações Exteriores entre 1940 e 1945.

do espírito construtivo", ou seja, a elite cultural. Em relação a sua circulação, deve-se considerar, em primeiro lugar, que não é uma revista de fácil acesso em espaços de guarda e entre outros espaços públicos. Este aspecto material da revista, em relação a sua pouca ou nenhuma perenidade nos espaços de guarda nos indica uma possível tiragem ínfima direcionada a poucos de seus membros, mantenedores e assinantes. Em segundo lugar, deve-se dimensionar o aspecto material do periódico, ou seja, pelo formato de livro e pela ausência de propaganda. Essas dimensões do impresso dão conta do alcance do empreendimento, ao menos em termos de proposição. Se por um lado era necessário estabelecer contato com intelectuais por todo o país, por outro lado a circulação de sua revista teria como público os próprios intelectuais objetivando alongar o debate realizado no IEB pelo Brasil.

Ainda em relação ao periódico e aos textos das conferências, encontramos uma profusão de tipos e modelos de textos. Muitos deles apresentam referências bibliográficas, citações, outros se assemelham a ensaios. Muitos, ao longo do tempo, não são objeto de debate algum, o que supõe como texto recebido para publicação. Como, em sua maior parte, os textos da revista são as conferencias e seus debates, é possível perceber as marcas da oralidade de uma palestra, assim como marcação do escrito, o que indicia que o conferencista já o elaborou o e distribuiu com antecedência. Por outro lado, o debate que segue a conferência apresenta um forte teor da oralidade, com críticas, pausas, risos e discussão. Tais marcações necessitaram do trabalho de registro o que indicia a existência de um profissional acompanhando as conferências e, ao mesmo tempo, reforça a importância da dinâmica *conferência-debate* na revista, bem como dos debatedores e convidados no projeto do instituto. Por outro lado, a ideia de que a presença na condição de debatedor só se faz possível apenas por convite, por participação como membro ou como mantenedor, demonstra que o debate não estava aberto a todos.

A existência desta dinâmica de atuação supõe a existência de outra dinâmica no instituto que aponta para sua organização e logística. Nela colaboram o Secretário Executivo, além de Conselhos Editorial e Diretor permanentes e atuantes, bem como dos Delegados Regionais distribuídos pelo país.[18] O IEB significou, assim, um duplo

[18] É curioso também notar a existência de uma função específica dentro do Conselho Diretor denominada de Ligação Intelectual, que inicialmente é ocupada pelo Comandante Eugênio de Castro que, logo após o primeiro semestre de atividades, é substituído por Leonidio Ribeiro. É um lugar de posicionamento estratégico

espaço de sociabilidade: aquele demarcado pelo exercício de funções em sua estrutura organizacional e no trabalho interno ao instituto; e na realização dos debates. Este traço de atuação do IEB caracteriza a especificidade de sua constituição como lugar de sociabilidade intelectual, que por sua vez, guarda relação com o modo como a intelectualidade se insere nos debates do período através de espaços de sociabilidade como os institutos e as associações.

***

A questão que se segue diz respeito ao reordenamento do campo intelectual e ao IEB, que buscou acompanhar a tendência do academicismo crescente. Ao corroborar com isso, apresentou uma diferença significativa nos quadros que compõe o instituto e os debates. A hipótese aqui se centra em reconhecer que esta ambivalência do sujeito coletivo – IEB –, um, imparcial e mediador, o outro, especialista/debatedor/colaborador, revela um contínuo exercício intelectual presente nas décadas de 1920 e 1930 – de onde parte dos colaboradores do IEB foram atuantes. Por meio do IEB que seus membros criaram possibilidades de mobilizar sujeitos, grupos, temas, recorrendo às redes estabelecidas e adaptando-se a novos modelos, protocolos de atuação e léxico científico.

Compreender o tipo de inserção do IEB na sociabilidade intelectual carioca e brasileira nos remete à compreensão da sua constituição em lugar de sociabilidade. Em uma escala maior está o modo como esta intelectualidade, atuante na capital da república, se insere nos debates do período e define um campo de atuação e, em uma escala menor, a forma como o sujeito coletivo IEB exerce mediação de temas e pessoas engajando uma disputa do campo intelectual e político em que se movimenta. Aqui fazemos uso de um duplo entendimento, de que o IEB constitui e é constituído por esta sociabilidade, e que sua atuação na mediação dos sujeitos, se realiza a partir do uso das formas de inscrição social destes intelectuais no contexto de atuação da intelectualidade em especial no Rio de Janeiro.

---

na atuação do IEB e permite uma maior possibilidade de ação na mobilização da elite cultural, ou intelectual, a que se dirigia o instituto.

Para isto é necessário compreender que o IEB está cronologicamente localizado em um período de acirramento de posições políticas e, especificamente no Rio de Janeiro, veremos o fortalecimento do aparelho de estado e a entrada de muitos destes intelectuais em cargos do funcionalismo público, além da criação do Ministério da Educação e Saúde, estrategicamente comandado por Gustavo Capanema, do já existente e atuante Ministério das Relações Exteriores e do recente Departamento de Imprensa e Propaganda o DIP, além da tentativa de criação e fechamento da Universidade do Distrito Federal e da criação da Universidade do Brasil. Este período, diferentemente dos anos 1910 e 1920, assiste ao fortalecimento do Estado, do autoritarismo e do catolicismo no debate público em um clima de luta e radicalização política, onde a disputa no campo de atuação intelectual diz respeito a disputas de projetos para a nação.

O acirramento do debate, a radicalização de posições políticas, a entrada considerável de intelectuais no funcionalismo público, a ampliação do aparelho de Estado, o debate autoritário e católico, modificam o quadro de atuação destes sujeitos não apenas no estabelecimento de ligações e na montagem de redes de sociabilidade, mas no reordenamento do campo de atuação destes intelectuais. Sergio Miceli (2001) chama de racionalização burocrática, o modo como a procedência social se mescla às novas necessidades décadas de 1930 e 1940 configurando um novo tipo de ordenamento com o auxílio da intelectualidade proveniente das classes dirigentes em decadência.

> No que diz respeito às relações entre intelectuais e o Estado, o regime Vargas se diferencia sobretudo porque define e constitui o domínio da cultura como um "negócio oficial", implicando um orçamento próprio, a criação de uma intelligentsia e a intervenção em todos os setores de produção, difusão e conservação do trabalho intelectual e artístico[19].

E, mais adiante,

> cumpre admitir que o novo estágio da divisão do trabalho administrativo acabou suscitando mudanças de peso nas relações entre os intelectuais e a classe

[19] MICELI, 2001, p. 198.

> dominante. [...] os intelectuais do regime Vargas estavam muito mais vinculados aos figurões das elites burocráticas do que aos dirigentes partidários ou as facções políticas de seus respectivos estados [...] se empenhavam com garra em ampliar, reforçar e gerir as "panelas" burocráticas de que faziam parte e só se sentiam credores de lealdade em relação ao poder central. Dessa maneira, os intelectuais contribuíam decisivamente para tornar a elite burocrática uma força social e política que dispunha de certa autonomia em face tanto dos interesses econômicos regionais como dos dirigentes políticos estaduais.[20]

A noção de racionalização burocrática presente em Sergio Miceli diz respeito não só a essa entrada de intelectuais no aparelho de Estado, mas em como o governo de Vargas estabelece uma lógica de intervenção nos setores de produção e difusão cultural, fazendo da cultura um negócio oficial com funcionamento burocratizado. Ou seja, diferentemente das décadas anteriores, em 1910 e 1920, onde estes intelectuais estavam organizados em torno de casas editoriais, cafés, livrarias e compunham grupos de atuação mais ou menos institucionalizados, nas décadas seguintes ocorre a ampliação do estado com a criação de órgãos como o próprio DIP e a Secretaria do Patrimônio Nacional, entre outros, para absolver grande parte daqueles que empreenderam projetos e em torno deles obtiveram algum sucesso.

É isso que aponta Ângela de Castro Gomes no livro *Essa gente do Rio* ao tratar do encerramento da publicação do periódico *Festa* comandado por Tasso da Silveira e Andrade Muricy que adentram respectivamente na Universidade do Brasil e na Universidade do Distrito Federal, "desta forma, Muricy e Tasso estariam integrados no que se constitui como o mais significativo espaço de sociabilidade intelectual do país, nos anos 30: a universidade".[21]

O IEB EM SUA ESTRATÉGIA DE ATUAÇÃO: A MEDIAÇÃO

O IEB congregou indivíduos de diferentes grupos no debate sobre diferentes temas, com o objetivo de que esta atuação coletiva caracterizasse um esforço capaz de indicar a intelectualidade quais as melhores formas de resolver os problemas do país.

---

[20] *Idem.*

[21] GOMES, 1999, p. 76.

Com isto, foi necessário uma longa análise da documentação e da revista, diferenciar as formas de participação dos sujeitos, ou seja, as entradas que estes indivíduos realizavam no instituto. Esta normatização da atuação está organizada no Estatuto em que a própria direção do IEB se encarregou de formatar, e caracterizava a mobilização dos intelectuais pelo tema escolhido e então a escolha de seu conferencista/especialista, caracterizando o debate pelo reconhecimento de diferentes intelectuais relacionados ao tema de interesse do IEB.

A dinâmica que se estabeleceu esteve centralizada na atuação da diretoria do IEB que foi composta por seu fundador o médico Mattos Pimenta, o funcionário público Mário de Brito, o Comandante Eugenio de Castro substituído logo depois pelo médico legista Leonidio Ribeiro, o editor Cláudio Ganns substituído, em 1942, por Luiz Camilo de Oliveira Neto e Cypriano Amoroso Costa. Todos atuantes no setor comercial do Rio de Janeiro em especial no setor imobiliário.[22] Além do Conselho Diretor, os Delegados Regionais[23] estiveram junto com estes, responsáveis pela escolha dos conferencistas e seus debatedores sendo eles: Carlos Estevam de Oliveira, Ulysses Pernambucano de Mello, Braz do Amaral, Lúcio dos Santos substituído logo no primeiro ano por F. Magalhães Gomes, Fernando Azevedo, Ary de Abreu e Lima.

Por outro lado, um conjunto de membros do instituto reunidos como Conselho Editorial, teve participação mais significativa. Entre eles estão Affonso Arinos jurista mineiro, Álvaro Alberto da Mota e Silva químico atuante na Marinha, Annibal Machado, Castro Barreto médico e membro da Sociedade Médica Cirúrgica, Comandante Eugenio de Castro, Firmo Dutra, Helio Vianna mineiro que participou da Ação Integralista e professor de História com intensa participação em associações e institutos como IHGB, M. Paulo Filho, ligado a Anísio Teixeira e diretor do Correio da Manhã, Octavio Tarquínio professor de direito com intensa atividade editorial, Roberto Seidl e Santiago Dantas também ligado a Ação Integralista, além de professor. Assina também, na crítica de livros, Alceu Amoroso Lima.

Esta miscelânea que caracteriza a composição do IEB corrobora com a ideia

---

[22] Durante o período de funcionamento do IEB todos estiveram reunidos no funcionamento da Imobiliária REX.

[23] Embora não tenhamos acesso aos documentos correntes do IEB, a função dos Delegados Regionais esteve ligada não só a indicações de intelectuais especialistas, mas cumpriu função de referência ao empreendimento de criação de um espaço de debate entre intelectualidade carioca e brasileira, apesar da pouca participação nos debates.

de variados pontos de vista e nos impõe um desafio em compreender a atuação de um conjunto tão diverso de intelectuais em um período de acirrada disputa política especialmente entre os anos de 1937 a 1945. O IEB se colocou como uma iniciativa diferente das demais, e legítima, por trazer o debate de posições antagônicas como o produto de sua atuação e com isto buscou figurar como um roteiro se sugestões técnicas e políticas para a solução de problemas da nação. Com isto objetivou adentrar no meio intelectual tomando de empréstimo uma dinâmica de organização já estabelecida entre os intelectuais da época os convidando e os incorporando como seus pares em meio a uma elite cultural e em meio a especialistas.

A composição de conferencistas apresenta nomes como Roquette Pinto, Levi Carneiro, Pedro Calmon, Jonathas Serrano, Francisco Venâncio Filho, Affonso de A. Taunay, Gustavo Barroso, entre outros:

Preito de Saudade	Conferência
Aplicação do princípio domiciliar para reger a capacidade dos estrangeiros no Brasil	Philadelpho de Azevedo
Os problemas do jornalismo no Brasil	Austregesilo de Athayde
Atualidade da cartografia brasileira	Christovam Leite Castro
Cinema educativo	Roquette Pinto
Assistência social no combate à lepra no Brasil	D. Eunice Weaver
O problema dos trabalhos manuais na educação	Francisco Venancio Filho
O problema do livro nacional	Levi Carneiro
Teses – Considerações pedagógicas	Edgard Sussekind de Mendonça
A nacionalização da indústria de sal no Brasil e a regularização do seu comercio	Dioclecio D. Duarte

Quadro 2: Conferencias mais visitadas pelos mais atuantes dentro do IEB

Castro Barreto	"A criança é o melhor imigrante", "Trabalho precoce de menores"
Francisco Marques dos Santos	"Ourivesaria no Brasil antigo", "A sociedade Fluminense em 1852"
Felipe dos Santos Reis	"Engenharia econômica aplicada à movimentação das riquezas brasileiras", "As verdades científicas e morais, como estruturas de estabilidade, para a construção da ordem mundial"

Firmo Dutra	"O histórico da borracha e seus problemas", "Relatório de uma viagem a Mato Grosso, para atualizar o problema da borracha naquele estado"
Francisco Venancio Filho	"A função educadora dos museus", "O problema dos trabalhos manuais na educação"
José Marianno Filho	"Pseudo Estylo Barroco-Jesuítico e suas relações com a Architectura Tradicional Brasileira", "Considerações acerca dos templos de Nossa Senhora do Rosário e São Francisco de Assis em Ouro Preto"
José de Almeida Santos	"Introdução ao mobiliário artístico brasileiro", "Lustre"
Edgard Teixeira Leite	"Salário mínimo – Aspectos do problema na vida rural, principalmente no Nordeste", "Vazios demográficos e ocupação econômica"
Pedro Calmon	"O Ensino de História do Brasil e as Realidades Nacionais", "Elogio Acadêmico dos Jesuítas"
Alceu Amoroso Lima	"A Igreja e o Salário Mínimo", "A companhia de Jesus e o Brasil"

Quadro 3: Conferencistas que mais circularam e que mais atraíram debate dentro do IEB.

Os quadros de composição, assim como as ligações estabelecidas entre conferencistas e debatedores demonstraram que alguns dos sujeitos que circularam dentro do IEB o fizeram no sentido de mediar o debate, seja no estabelecimento dos conferencistas e seus debatedores e com isto o agendamento do debate. Lembremos que o IEB se propõe ao debate e é na participação que os sujeitos se colocaram. Nestes debates, a existência de constrangimentos e conflitos que se estabelecem ao longo da existência do IEB, tomemos como exemplo a conferência realizada por Levi Carneiro sobre *O problema do livro nacional* que discorre acerca da constatação de que no Brasil há uma crise do livro causada pela educação livresca. Na ocasião, o debate, que conta com a presença de Lourenço Filho, Afrânio Peixoto, o livreiro José Leite e o editor Paulo Azevedo, foi dominado pelo contraponto entre Lourenço Filho e Levi Carneiro sobre a existência ou não de uma crise do livro; sobre a escola ativa que aprofunda esta crise do livro, na opinião de Levi Carneiro; e sobre os problemas de ordem da leitura, da produção, distribuição e edição e sua estrutura em bibliotecas. Reafirmada a assertiva da crise do livro pelos outros membros do debate, Lourenço Filho se vê acuado na acusação de que ocupa um espaço do funcionalismo público de desmedido otimismo.

Em várias conferências, a surpresa dos conferencistas em ter sido convidado, as palavras de reafirmação do novo projeto de alguns homens ilustres, ou ainda, a autopropalada singularidade da empreitada, estão presentes nos debates ou no início da fala dos conferencistas. Na conferência intitulada *Os problemas do jornalismo no Brasil*, proferida por Austregesilo de Athayde, o debate que segue com a fala de Joaquim de Salles faz referência a cartões entregues por Mattos Pimenta convidando-o para o debate no Instituto: "Quando me foi entregue o amável cartão de Mattos Pimenta, recebi também a cópia de alguns dispositivos de nosso Regulamento Interno, cujo artigo 5°, veta os elogios recíprocos".[24]

A questão que aqui se apresenta, diz respeito à constituição de um espaço de debate através da mobilização de intelectuais e temas por um grupo que esteve situado na diretoria do IEB e que ao fazer uso de repertórios comuns buscaram encampar o debate político-intelectual através do IEB e em meio à sociabilidade intelectual da época, assim como, empreenderam um projeto de atuação no espaço público brasileiro que almejou constituir-se como um roteiro de sugestões dirigidas ao Estado. Aqui nossa hipótese busca se afirmar ao reconhecer que estes sujeitos elaboraram estratégias para adentrar ao meio intelectual carioca e nacional, seja através dos repertórios intelectuais, seja na mediação do debate, seja na constituição de um espaço como tribuna livre dirigida ao Estado.

O IEB empreenderá um número significativo de debates ao longo de sua existência, e em tais debates os temas de interesse nacional são apresentados e levados à crítica. Os conflitos de opinião, os constrangimentos, os silenciamentos, as composições do debate são elementos que definem a tentativa de ocupar um espaço importante do exercício intelectual. A missão do IEB em compreender o país está ligada ao entendimento e a capacidade destes intelectuais de exercício do pensamento político social e do reconhecimento do estado como vetor de mudanças, mas não apenas isto, foi também o reconhecimento do papel deles como intelectuais em elaborar um conjunto de entendimentos sobre a nação.

Os debates realizados pelo IEB abarcam um conjunto de temas relacionados a educação, ensino secundário, Escola Ativa, mercado editorial, mas também a temas relacionados a estrutura econômica, estradas, salário mínimo, assim como

[24] ATHAYDE, Austregesilo de. Os problemas do Jornalismo no Brasil. In: *Estudos Brasileiros*. Rio de Janeiro: Gráfica C. Mendes Junior. 1939, p. 30.

a imigração, infância, patrimônio cultural, ensino de história, jornalismo. Estes temas por sua vez se relacionam a um debate em questão no país. Acerca do jornalismo o debate que se apresenta diz respeito a formação do jornalista, das necessidades de formação de uma escola para jornalistas ou não. O conferencista se responsabiliza por apresentar um diagnóstico e seus problemas, a partir daí algumas noções se apresentam. No caso deste tema, Austregésilo de Athayde apresenta questões relacionada a indústria do jornalismo e a ampliação do merca editorial e os problemas que isso acarreta no exercício da atividade, culminando com a dicotomia entre o idealismo do jornalista caracterizado pela "força intelectual de alguns homens" e o materialismo da indústria caracterizado pelo custo técnico e pelas vendas de jornais. Perpassa questões de ordem financeira, desde propagandas a vendas e encerra com a possibilidade de formação de cartéis para manutenção dos jornais, a criação de uma associação de jornalistas e a reafirmação da não necessidade de formação acadêmica para o exercício do jornalismo. No debate, o maior contraponto está em relação à discordância na formação acadêmica, onde grande parte dos debatedores acreditam que é importante a existência de um curso para jornalistas, que é uma tendência já reconhecida da especialização do conhecimento. É importante mencionar que o próprio Austregésilo de Athayde fez parte da Associação Brasileira de Imprensa e os Diários Associados.

Outro debate importante de ser mencionado foi realizado por Pedro Calmon acerca do *Ensino de História do Brasil e as Realidades Nacionais*[25] desencadeado pelos problemas relativos ao ensino secundário acerca da mudança curricular em que a Disciplina de História do Brasil foi incorporada a de História da Civilização. A partir deste problema apresenta qual a importância do ensino de História da Pátria e discorre sobre a superação do ensino livresco, mnemônico; sobre a formação de professores de pouca cultura; o problema das teses sociológicas. No debate, que conta com a participação de Gustavo Barroso, Wanderley de Pinho, Severino Sombra, questões como a necessidade de dar a história caráter científico que a sociologia estava conquistando, separar a sociologia da história e crítica as suas teses consideradas fracas, assim como a aproximação de um caráter determinista e total da história, como exemplo e verdade. Todos concordam que a história apresenta caráter patriótico e

[25] CALMON, Pedro. O Ensino de História do Brasil e as realidades nacionais. Rio de Janeiro: Gráfica C. Mendes Junior. 1938, p. 37.

enfatiza com isto o ensino como lição de conduta, onde explicar as causas e o como, de maneira objetiva e racional, possa fazer o estudante se ligar a História.

CONSIDERAÇÕES FINAIS

Cinema, lustre, livro, estradas, criança, ensino. São algumas das palavras mobilizadas que se ligam a questões em disputa entre os anos do Estado Novo, seja em relação à cultura, à educação, à modernização, à imigração. As questões estavam ligados a um debate e o debate estava sendo realizado nas associações, nos jornais, nos periódicos, no ministério, e nas universidades. Alguns homens influentes no setor comercial do Rio de Janeiro, capital federal, criaram o Instituto de Estudos Brasileiros, lançam uma revista e promoveram conferências. Almejaram com isto fazer parte do debate público, e exerceram suas estratégias para tal. A nação como objeto de estudo foi esquadrinhada em temas que compunham sua unidade, o sujeito ambivalente, o instituto, foi não só o conjunto do empreendimento do instituto, mas também o conjunto daqueles convidados para os seus debates.

O IEB do Rio de Janeiro configurou sua proposição em aspectos específicos relativos à sua sociabilidade, especialmente em suas estratégias de mediação intelectual pela tentativa de agendamento do debate público como *tribuna livre*. Contribuíram para configurar uma experiência particular, em primeiro lugar por ter se constituído a partir de um registro de sociabilidade que mobilizou diferentes grupos de intelectuais, que apresentavam propostas políticas diferentes e divergentes entre si, em segundo lugar, pela tentativa de transitar em um registro científico que ganha impulso.

O que faz do Instituto de Estudos Brasileiros uma experiência incomum é a sua tentativa de ocupar o espaço público ligando diferentes estratégias de atuação ao propor o debate político-intelectual pela convergência de diferentes pontos de vista.

REFERÊNCIAS

ALONSO, Ângela. *Ideias em movimento: a geração de 1870 na crise do Brasil Império*. São Paulo: Paz e Terra, 2002, p. 39.

BOMENY, Helena. Constelação Capanema: intelectuais e políticas. Rio de Janeiro: Univ. São Francisco: Ed. FGV, 2001.

CARVALHO, Maria Alice Rezende de. Temas sobre a organização dos intelectuais no Brasil. RBCS, vol. 22, n. 65, 2007.

EASLEY, David; KLEINBERG, Jon. Networks, Crowds and Markets: Reasoning about a Highly Connected World. Cambridge. USA, 2010, p. 358.

FARIA FILHO, Luciano Mendes de. A publicação das Obras Completas de Rui Barbosa: edição e sociabilidades intelectuais (1930 – 1949). Tese (titulação) – Universidade Federal de Minas Gerais, Faculdade de Educação, Departamento de Ciências aplicadas à Educação. Defesa: Belo Horizonte, 2012.

FARIA FILHO, Luciano Mendes de. *Edição e sociabilidades intelectuais: a publicação das obras completas de Rui Barbosa*. Belo Horizonte: EdUFMG/Autêntica, 2015 (no prelo).

GOMES, Ângela Maria de Castro. *Educação, ciência e edição: consagração intelectual dos periódicos às coleções*. Revista Brasileira de História da Ciência, Rio de Janeiro, v. 7, n. 1, p. 6-15, jan./jun. 2014.

GOMES, Ângela Maria de Castro (Org.). *Capanema*: o ministro e seu ministério. Rio de Janeiro/Bragança Paulista: FGV/EUSF, 2000.

GOMES, Ângela Maria de Castro. *Essa Gente do Rio...*: modernismo e nacionalismo. Rio de Janeiro: FGV, 1999.

MICELI, Sérgio. *Intelectuais e classe dirigente no Brasil* (1920-1945). São Paulo: DIFEL, 1979.

NIEVES, J. L. Costa. *Leitor Amigo.* Rio de Janeiro, Annuário Brasileiro de Literatura, 5-7, 1937.

OLIVEIRA, Lúcia Lippi; VELLOSO, Mônica Pimenta; GOMES, Ângela Maria de Castro. Estado Novo: ideologia e poder. Rio de Janeiro: Zahar, 1982.

SCHWARTZMAN, Simon; BOMENY, Helena Maria Bousquet; COSTA, Vanda Maria Ribeiro. Tempos de Capanema. 2. Ed. Rio de Janeiro: Paz e Terra, 2000.

SIRINELLI, Jean-François. Os intelectuais. In: REMOND, René (Org.). Por uma história política. Rio de Janeiro: UFRJ/FGV, 1996.

SORÁ, Gustavo. *Brasilianas: José Olympio e a gênese do mercado editorial brasileiro.* São Paulo: Edusp, 2010.

SWINDLER, Ann. Culture in action: symbols and strategies. *American Sociological Review*, n. 51, 1989, p. 273.

Fontes

ATA DE FUNDAÇÃO DOCUMENTOS INFORMAÇÕES. Rio de Janeiro: 4768 – C. Mendes Junior – Rio, 1938.

ESTUDOS BRASILEIROS. Rio de Janeiro: 4768 – C. Mendes Junior – Rio, 1938-1944.

Sobre autorxs

ANA CAROLINA DE ALMEIDA BERGAMASCHI – Pedagoga e Mestre em Ciências pela UFRRJ. Técnica em Assuntos Educacionais do IF–Sudeste MG. Doutoranda do Programa de Pós-Gradução em Educação da Faculdade de Educação da UFMG. Pesquisadora do Grupo de Estudos e Pesquisas em História da Educação da FaE/UFMG.

BRUNO GERALDO ALVES – Bacharel e Licenciado em História pela UFV. Mestre em Educação pela UFMG e Doutorando em Educação pela USP. Membro do Centro de Estudos e Pesquisas em História da Educação (GEPHE-UFMG) e do Núcleo Interdisciplinar de Estudos e Pesquisas em História da Educação (NIEPHE-USP).
E-mail: <bruno.gealves@gmail.com>

DANIEL LUIZ SANTOS MENESES – Licenciado em História e mestrando em Educação pela Universidade Tiradentes (UNIT). Graduando do curso de Filosofia da Universidade Federal de Sergipe (UFS).
E-mail: <danielluizmenezes@hotmail.com>

ELAINE APARECIDA TEIXEIRA PEREIRA – Pedagoga pela Universidade Federal de Santa Catarina (UFSC) e Mestre pelo Programa de Pós-Graduação em Educação da mesma instituição, na linha de pesquisa Sociologia e História da Educação. Integrante do Grupo de Pesquisa Ensino e Formação de Educadores em Santa Catarina (GPEFESC), do CED/UFSC.
E-mail: <elaine.tp@gmail.com>

GUSTAVO DOS SANTOS – Licenciado em História e Mestre em Educação pela Universidade Tiradentes (UNIT).
E-mail: <profgustavo91@gmail.com>

HENRIQUE DE OLVEIRA FONSECA – Possui graduação em História pela Universidade Federal de Ouro Preto (UFOP) e mestrado em Educação pela Universidade Federal de Minas Gerais (UFMG).
E-mail: <henrique_ofonseca@hotmail.com>

ILKA MIGLIO DE MESQUITA – Graduada em História pela PUC-MG, Mestre em Educação pela Universidade Federal de Uberlândia, Doutora em Educação pela Unicamp e Pós-Dourado em História da Educação pela UFMG.
E-mail: <ilkamiglio@gmail.com>

LUCIANO MENDES DE FARIA FILHO – Graduado em pedagogia pela UFMG, Mestre em Educação pela mesma universidade e Doutor em Educação pela USP. Professor titular da UFMG, onde exerce a função de Diretor do Centro de Pesquisa, Memória e Documentação e coordena o Projeto Pensar a Educação, Pensar o Brasil – 1822/2022, iniciativa desenvolvida em rede por mais de uma dezena de instituições universitárias do Brasil. Participa do Conselho Editorial dos seguintes periódicos: *Educação e Realidade* (UFRGS), *Educação e Pesquisa* (USP), *Presença Pedagógica, História da Educação* (UFPel), *Quaestio* (UNISO), *Educação em Foco* (UFJF), *Revista Mexicana de História de la Educación e Tarrae Didática* (Campinas). Foi membro do Conselho Deliberativo do CNPq (2014-2016) e da Câmara de Ciências Humanas, Sociais e Educação – CHE da FAPEMIG (2013-2016). Foi Coordenador do GT–História da Educação da ANPEd e vice-presidente da Sociedade Brasileira de História da Educação (2003-2007). Foi membro do CA-Educação/CNPq (2007-2010) e participou da Comissão de Assessoramento Técnico Científico (CATC/CNPq) (2008-2009). Ainda no CNPq, foi designado pela Diretoria para a função de Ponto de Contato Nacional (National Contact Point) da Área de Humanidades (Socio-Economics Sciences and Humanities) para a Cooperação com a União Europeia dentro do 7°. Programa Quadro (2009-2011). Tem experiência na área de Educação, com ênfase em História da Educação, atuando principalmente nos seguintes temas: história da educação; história da infância; cultura escolar; história da escolarização; intelectuais e educação no Brasil; pensamento social brasileiro e educação.
E-mail: <lucianomff@uol.com.br>

MARCUS VINICIUS CORRÊA CARVALHO – Professor na Faculdade de Educação da Universidade Federal Fluminense (UFF), na área de História da Educação. Licenciado em História pela Universidade Federal de Ouro Preto (1993), Mestre em História pela Universidade Estadual de Campinas (1997), Doutor em História pela Universidade Estadual de Campinas (2003) e Pós-Doutorado em História da Educação pela Universidade Federal de Minas Gerais (2012). Fundador e membro do Coletivo de Estudos e Pesquisas

em História Social da Cultura, Educação, Ética e Estética, vinculado ao Grupo de Pesquisa História Social da Educação da Universidade Federal Fluminense.
E-mail: <marcuscarvalho.uff@gmail.com>

MARIA DAS DORES DAROS – Doutora em História e Filosofia da Educação pela Universidade de São Paulo. Realizou Estágio de Pós-Doutorado na Universidade de Coimbra. Atualmente, é professora titular aposentada da Universidade Federal de Santa Catarina, com atuação no Programa de Pós-Graduação em Educação dessa Universidade. É membro do Laboratório de Pesquisas Sociológicas Pierre Bourdieu. Tem experiência na área da Sociologia, com ênfase em Teoria Sociológica, atuando principalmente nas seguintes temáticas: história da formação de professores, escola normal, história da educação e intelectuais.
E-mail: <m.daros@ufsc.br>

MARILÂNDES MÓL RIBEIRO DE MELO – Doutora e Mestre em Educação em estudos sobre Sociologia e História da Educação. Atualmente é professora no Instituto Federal Catarinense – Campus Araquari.
E-mail: <marilandesmel@gmail.com>

MATHEUS DA CRUZ E ZICA – Licenciado em História pela Universidade Federal de Minas Gerais (UFMG), Doutor e Pós-Doutor pela Faculdade de Educação da UFMG, na linha de História da Educação. Professor Adjunto II do Departamento de Ciências das Religiões do Centro de Educação da Universidade Federal da Paraíba (UFPB), do Programa de Pós-Graduação em Ciências das Religiões (UFPB) e do Programa de Pós-Graduação em História da Universidade Federal de Campina Grande (UFCG).
E-mail: <matheusczica@gmail.com>

RAPHAEL RIBEIRO MACHADO – Mestre em Educação Profissional e Tecnológica pelo CEFET-MG (2013). Professor do Ensino Fundamental e Médio da rede particular e pública em Ouro Branco-MG. Pesquisador externo da UFOP. Membro do Grupo de História da Educação da UFOP.
E-mail: <raphamachado25@hotmail.com>

RAYLANE ANDREZA DIAS NAVARRO BARRETO – Doutora em Educação pela Universidade Federal do Rio Grande do Norte (Natal, RN, Brasil), com Pós-Doutoramento na Universidade de Lisboa e professora PPG 2 da Universidade Tiradentes (Aracaju, SE, Brasil).
E-mail: raylanenavarro@bol.com.br

RITA CRISTINA LIMA LAGES – Professora Adjunta do Departamento de Letras da Universidade Federal de Ouro Preto. Doutora em Educação (UFMG, 2013). Doutorado sanduíche pela Faculdade de Ciências Sociais da Universidade de Buenos Aires (UBA, 2011). Mestre em Educação (UFMG, 2007). Graduada em Letras (UFMG). Graduada em Pedagogia. Tem experiência nas áreas: Letras, Educação, Ensino de Línguas Estrangeiras Modernas, Orientação de Estágio Curricular/Formação de Professores, Gestão Escolar, Educação a Distância. Como pesquisadora, atua nos seguintes temas: História do Ensino de Línguas no Brasil; História do Currículo e das disciplinas escolares, História da Educação.
E-mail: <ritallages@yahoo.com.br>

ROSANA AREAL DE CARVALHO – Doutora em Ciências Humanas pela USP (2000). Professora do Departamento de Educação e do PPGE da UFOP e pesquisadora na área de História da Educação: instituições e sujeitos escolares; educação e política; intelectuais e educação. Coordena o Grupo de História da Educação da UFOP.
E-mail: <rosanaarealdecarvalho@gmail.com>

VANESSA COSTA DE MACÊDO – Graduada em História pela Universidade Federal de Campina Grande e Mestre em Educação pela Universidade Federal da Paraíba. Atualmente, integra o Centro de Pesquisa em História da Educação – Gephe, o Projeto Moderno, Modernidade e Modernização: A educação nos projetos de Brasil – Séc. XIX e XX e o Pensar a Educação Pensar o Brasil – 1822/2022, como doutoranda da linha de História da Educação pela Faculdade de Educação da Universidade Federal de Minas Gerais. Tem experiência na área de História, com ênfase em História da Educação, atuando principalmente nos seguintes temas intelectuais, patrimônio histórico, impressos, espaço público e debate educacional.
E-mail: <vcmacedo@gmail.com>

VERA LÚCIA NOGUEIRA – Doutora (2009) e Mestre (2002) em Educação (FaE/UFMG). Pedagoga (1995) pela mesma Instituição. Tem experiência na área da Pedagogia atuando nas áreas de Políticas Públicas; História da Educação; Educação de Jovens e Adultos; Metodologia de Ensino; Projeto Político-Pedagógico; Gestão da Educação e da Escola. É pesquisadora da História da Educação e membro do Núcleo de Estudos e Pesquisas em História da Educação NEPHE/FaE/UEMG – e do Centro de Estudos e Pesquisas em História da Educação. GEPHE/FaE/UFMG. Realizou estágio de pós-doutoramento na FaE/UFMG sob a supervisão do prof. Dr. Luciano Mendes de Faria Filho. Professora e coordenadora do Programa de Pós-Graduação em Educação e Formação Humana (PPGE) da Universidade do Estado de Minas Gerais (UEMG). Coordena a Coleção Pensar a Educação Pensar o Brasil (FaE/UFMG).
E-mail: <vlnogueira2010@gmail.com>

VERA LÚCIA GASPAR DA SILVA - Doutora em Educação pela Faculdade de Educação da Universidade de São Paulo, com estágio na Universidade de Lisboa, em Portugal. Realizou estágio de pós-doutorado na Faculdade de Educação da Universidade de São Paulo. Professora Associada da Universidade do Estado de Santa Catarina. Bolsista de Produtividade em Pesquisa do CNPq.
E-mail: <vera.gaspar.udesc@gmail.com>

A Coleção **Pensar a Educação Pensar o Brasil** é fruto de uma parceria entre a *Mazza Edições* e o *Projeto Pensar a Educação, Pensar o Brasil – 1822/2022.* Este Projeto, desenvolvido em parceria por docentes e discentes da Pontifícia Universidade Católica de Minas Gerais, da Universidade Federal de Ouro Preto e da Universidade Federal de Minas Gerais, envolve ações de ensino, pesquisa e extensão que buscam refletir sobre o lugar da educação no âmbito dos projetos de Brasil delineados ao longo de nossa história. Fazem parte do Projeto um *Programa de Rádio*, levado ao ar toda semana na *Rádio UFMG Educativa*, *Seminários Anuais* sobre temas relevantes para a educação Brasileira e a presente *Coleção*.

Integram a Coleção cinco séries: *Série Seminário*, *Série Estudos Históricos*, *Série Clássicos da Educação Brasileira*, *Série Diálogos* e *Série Ensaios*.

A **Série Seminários** publica os textos apresentados nos Seminários Anuais do Projeto, dos quais participam os mais importantes pesquisadores em educação do País. A **Série Estudos Históricos** publica trabalhos de história da educação e de áreas afins que contribuam para alargar o entendimento sobre o lugar da educação no âmbito dos projetos de Brasil delineados ao longo de nossa história. A **Série Clássicos da Educação Brasileira** traz resenhas introdutórias das principais obras sobre educação brasileira publicadas pelos principais pesquisadores em educação do País. A **Série Diálogos** publica textos que buscam fortalecer o intercâmbio entre o professorado da educação básica e os(as) pesquisadores(as) das diversas áreas da educação. A **Série Ensaios** publica interpretações da relação entre a educação e as grandes questões que marcaram e marcam a história da sociedade brasileira nos últimos 200 anos.

O objetivo da Mazza Edições e do *Projeto Pensar a Educação Pensar o Brasil – 1822/2022* é que a Coleção contribua para a discussão da educação brasileira e, por meio desta, da constituição da própria sociedade brasileira.

Este livro foi composto em Minion Pro Cond e impresso
em papel Offset 75 g/m² (miolo) e Cartão 250 g/m² (capa),
no mês de dezembro de dois mil e dezesseis.

Impressão e acabamento:

Orgrafic
Gráfica e Editora
tel.: 25226368